U0905556

主编◎浅一
毋憷
中国青年出版社

目录

[卷首]居无定所的花园

◎陌陌辛西娅

我在花园里种满了鸢尾。白的洁净。蓝的肆虐。紫的妖娆。

一个名唤花逝的女子说：从看见鸢尾的第一眼就不能承受她丰盛如妖孽般的色泽跟姿势，你爱这样会伤害人的花。

呵。我微笑。手里捧着一罐可乐，百事。雨点微微地落下来，夹杂着泥土的腥热。

怀念那个雷雨如注的夏天，夜里的惊雷一个接一个在头顶炸开。比烟火更明亮。从床上跳下来赤着脚踏在冰凉的地板上寻找鞋子。

种养的栀子花在盛期的时候折断，心疼而无法安置她们。打开抽屉深处那只红色锦缎面的盒子，那里留着我十四岁末年的一缕断发。微微的香。

我把那些失却了水分的栀子放在它身边，它还束着那条淡粉色的发带。是我在年华里不得不承认丢失的纯真。

挑拣了一张盘插进光驱里，盘坐在电脑前为自己的手指涂抹黑色的甲油。

《空房间》，一场无声地对视觉的质疑。

唯一的一句台词。是那个女子开口说出的我爱你。

我爱你。

成为唯一也是最大的真理。

居无定所的日子，只因为内心的漂浮和不肯安定。

收拾行装的时候，黑色的箱包里往往只简单地塞着两套换洗衣物，一些巨大的还未完工的十

北十字工作室网站 www.atshi.com

字绣。还有一些手稿。

喜欢一切安静的地方,无关繁华或者荒凉。

对着雨后的湿润地面。常常幻想,有没有白衣曳地的女子在晨风里奔跑,泪流满面。没有安慰。

我们的日子终不会再来。

所以,不要悲伤。

随我来听这花园的浅吟轻唱罢。

嘘,这是静谧的殿堂,只收取你灵魂深处的合音。

陌陌辛西娅。

牧羊座。中长发。颈上佩戴十字。

惯常沉默。当对一座城市没有好感便鲜少外出。

每日不过同他人一样抱了书本上课并对所学的商务类课业不甚感兴趣。

习惯在摇滚乐声里敲击文字。渴望行走。

现实中有略微的手足无措。不习惯表达情绪。

骨子里有豪爽的天性。但在安静的外表下隐匿。

有倔强的因子。也往往宁愿逆流于人群的固定模式。

欢喜于陌生人刹那间的灵魂碰撞。像一场巨大的素未谋面的爱。

亦同样欢喜沉默的人。因为认定他们善良。

有一个小自己一岁的妹妹。于是有了《双生》的初拟。

有很多深爱的人。于是有了《双生》的血脉。

不想炫耀这一刻的梦想有多恢弘。不想描述这些人的聚首有多难得。

只是突然开始想快点见到书出版的样子。

因为这些人努力了太久。

因为想对我的父亲说：我只是喜欢以写字为生的方式。

游离色

游离色。84年射手座女子。学生。俗人一个。

浮躁。热爱金钱美色。曾经的梦想是有朝一日能数钱数到吐血。总希望自己能捡到有钱人丢的钱包。好吃懒做,不修边幅,生性懒散,像极了某种贪图享乐的生物。眼下最大的愿望是家人能过得好些,自己可以放心地做个背包族,去每一个向往的地方,成为一个皮肤黝黑神情淡然的安详的女子。

感觉迟钝,思维混乱,一度怀疑自己大脑里的数据被篡改,平时玩笑开得多了说话让人不敢相信,认真起来就显得笨拙。不和自己不喜欢的人说话,甚至一句谢谢。对他们极度吝啬自己的语言。有时沉默有时聒噪。对着电话常常会不知道自己说什么,沉默但是不愿意挂电话,想听听曾经相通的人的气息。不对身边的人说我在为自己的梦想努力,等成功以后我会拿着我的骄傲告诉他们,这段时间我在做梦,并且成真。

曾经与舍友讨论过为什么活着这种话题,结果聊着聊着就忘了自己在聊什么。注定不是个深刻的人。

不喜欢逛街。不化妆。用某些人的话说看起来不像个女的。视电脑为自己的另一半,收集漂亮的烟盒。

在ZIPPO专卖柜台前会挪不开脚。喜欢一切看起来旧旧的东西。

不喜欢被包装的玫瑰,梦想会有人为我种一大片的向日葵。

一直不是一个能让父母引以为傲的孩子。甚至一度不懂事地伤害他们,自觉不是一个好孩子。遗憾的是没有做过诸如离家出走的大事,20年居然稳当地过去了,在青春的尾巴上,终于做了一件感动自己的事,把这本书送给自己当二十一生日礼物。嗯。就祝自己快点发财吧,呵呵。

米你曲奇

米你曲奇。北京某高校大学生,喜欢音乐和体育,对文学更有特别的偏好。

崇尚自然,觉得只有纯粹的商业,没有纯粹的东西。

性格开朗,喜欢交朋友。

Coffee

Coffee。北京工商大学学生。

我出生在一个夏末的傍晚,五点四十分,晚霞最灿烂的时候。

那一天,妈妈笑得眯上了眼睛,她说,她是在那一瞬间明白了作为一个母亲的快乐。我就这样,承载着妈妈的希望与幸福,来到了这个世界上。

后来,爸爸告诉我,生我的那一天,天边的晚霞美丽得像一块精美的玉石,神秘而且晶莹。于是,他们决定给我起名叫璐。璐,美玉的意思,爸爸说我是陈家的美玉,我有了自己的名字,陈璐。

熟识我的人都说我是一个太过于幸运的人，同时拥有了爸爸妈妈的宠爱，爷爷奶奶的挂念，还有来自姑姑、姑父和哥哥们近乎溺爱的关怀。他们告诉我，璐璐，你要好好学习，将来要有大出息。我点头，我知道，我所听到的不单单是一句要求，而是家里人的期许与愿望。所以，在我三岁的时候，其他的小孩子都还在外面玩沙子玩泥的时候，我就已经坐在家里的小板凳上，跟爷爷学会了3000多个汉字。所以，我从小学到现在，都一直在班里做着班长或是学习委员的工作。邻居的爷爷奶奶见了我，都会说，璐璐，你真棒。我就会乖巧的笑，告诉自己，我是大人眼里的乖宝宝。我没有对他们任何人讲，其实我是多么的不愿意对着那些被人传授过无数遍的教材做那些变幻莫测枯燥无味的习题，我没有对他们讲，其实我是多么的渴望流浪，多么的想去过一种和现在不一样的生活。

然后，有了网络。然后，我开始在网上虚拟一个自己想要的自己，我管虚拟的自己叫coffee。再然后，我就在虚拟的世界里碰上了浅一。我们说话，聊天，我看到了一个为自己的梦不顾一切的孩子，看到了梦想的力量，也仿佛看到了自己想要的和现在不一样的生活。

我加入了他们的行列，认识了这些可爱的人。我们一起把遥不可及的愿望一步一步变成现实，我们在做，也许很快就要做到了。

现实的世界，同样有梦想撑腰。在就要写完这些字的时候，我对自己说，璐，是为自己的梦做些什么的时候了。

庆庆

庆庆。

当我落笔介绍我自己的时候，我才发现这是一个美丽而又悲伤的季节。

我渐渐懂得了菁菁校园中的真情。

庆庆，一个四处游走在“五一”出生的男孩子。去过很多地方，经过无数站台。背着大大的旅行包始终遮掩不住他流浪的轨迹。

离开的地方是好地方，没去的地方是好地方。我，总是在向往与思念之间流浪。看着站台怅然相望。

敞开的经纬，坦荡而宽阔。他没有精神矍铄的表现，有温柔漂泊的浪子心结，没有气势磅礴的文字，却有桀骜不驯的独立风格。

曾经流浪的慑人气势，已变为满目疮痍。

年少骄傲的雄姿英发，已变为青春往事。

灵魂的沉浮把文字荡入真实的旋涡。

我想我对庆庆了解就这么多。

浅一

浅一。天津商学院学生。

05年秋季个性签名:帅是肤浅的,我是天下第一肤浅,故名浅一。

05年是我生命里最值得纪念的一年,这年我结识了米你曲奇等5人,像陌陌说的那样:我们在一场未知的征途上,手牵着手继续。

我只是想走一条文字的道路,同时这条道路上的物质足够我生活。

我并不奢求什么,我只是很庸俗地想起抚育我的父母,这么多年来对我的悉心照顾与对我的包容;想起那些并不一定在我身边却给我力量的朋友,这些日子以来对我的文字从不认可到欣赏;想起我们工作室,我浅一何德何能,承蒙了你们所有的力量,去寻找到属于我们的后花园。

尽是温暖的纪念。

北十字工作室网站:www.atshi.com(网络技术支持:蝎子)

很多很多年以后，七袭对榄析的印象，仍然是那个四岁的在她掌心里挣扎着要脱离的孩子，她倔强的眼神穿透了七袭软弱的神经，七袭愣怔了一下，她已经甩开自己的手飞快地跑开了。

七袭望着自己的手掌发呆。她回头看见爸爸妈妈追随着榄析而去的目光。榄析扑进姨丈的怀里，她仰起脸说，爸爸，我要回家。

七袭想，自己就是这样，他们说榄析其实是自己的双胞胎妹妹，自己就接受了；他们要自己把榄析留在家里住一晚，她就上去拉扯榄析的手了。她为什么没有像榄析不认她这个姐姐一样，拒绝认这个妹妹呢？

[01]榄析，他是你的

高三。七袭安静地抱着书穿过篮球场。她知道左铮在场上厮杀正酣。她模糊地望着他的眉眼。她始终觉得他是这样干净的一个男孩子。他们认识已经五年，他的女朋友也换了一个又一个。

七袭不想成为其中的任何一个。

所以他们只是一直在一起聊天，开一些无伤大雅的玩笑。七袭每次看见他牵着不同女孩子的手，都只是无比沉静的微笑。

她想，她不在乎。因为左铮从未真正属于某个人。他的心，还未安定。她可以等。多久都可以。

直到那一天夜里她跟榄析坐在凉台。天色幽蓝得像某种魅惑。月亮很大，很圆，寂静地挂在她们的视野前方。榄析突然就流了泪：姐，为什么左铮要跟那么多女孩子在一起呢？他只喜欢我一个不够么？

七袭那一刻怔住,像十三年前榄析挣脱了自己的手掌一样的无措感。所有的闪光灯聚集在她头顶将她的尴尬醒目至无可隐藏。她的嘴角有稍稍的抽动,手指一刹那僵直,她听着自己的血管在倾泻的月光里一圈一圈清脆地剥落掉,鲜血以无比迅猛的姿态弥散进整个身体,她捂住胸口,她觉得那里随时要喷出血来。

她枯萎的手握住榄析同样冰冷的手掌,榄析,他会是你的,他从前只是个不懂爱的孩子,现在有了你,他就会长大了,会学会心疼他喜欢的女孩子,他会只是你一个人的,没有人抢得走,因为榄析,是这么温柔又美好的女孩子呀。

七袭揽着她臂弯里的这个孩子,和她流着同样血脉的孩子。她惟一的妹妹,仅可以爱的妹妹。她可以给这个孩子一切,包括生命。那么,何况爱情。

月亮安静的看着,笑着,不说话。

[02]因为你是我姐姐

七袭记得榄析五岁时的样子。爸爸妈妈终于说服了姨娘和姨丈将榄析接回家里。姨娘膝下无女,一直视榄析如同亲生。榄析那一天沉默的站在屋子中央没有说话。七袭从那一刻感知她是一个认命的孩子,无论她的眼神可以凌厉地穿透任何东西,她都没有要反抗的欲望。

从此在一起生长,榄析从不跟七袭争抢任何东西。也许是因为她始终觉得自己是这个家庭的闯入者。也许,是因为疼惜。

一个妹妹,对姐姐的疼惜。

邻居们开始惊叹这一对姐妹的相似,一样如花的脸白瓷一样的皮肤,一样的衣衫和长发,一样看到谁都礼貌地微笑。始终手牵着手从上学的路走到放学的路。安稳,无害。

十岁那一年。夜幕。昏黄的屋灯。男人和女人在争吵声里开始厮打。七袭看见女人锋利的指甲刻进男人赤裸的背,一道一道尖利的红刺伤她的眼。她看见女人的头颅在男人的手上拼命挣扎。她的喉咙嘶哑,张开口软弱的声音立刻被嘈杂的混沌完全吞没。四处狼藉,沾满灰尘的台扇在男人的身上发出最后的呻吟然后散落。

七袭不知道自己是什么时候站在了男人和女人中间。女人的手还死死掐住男人的脖子,男人揪着女人头发的手背上青筋暴起。七袭拉扯着他们的手臂,她听见自己用了今生最大的声音喊出那句话,停……止……啊!

七袭,你让开。七袭睁大眼,望着男人铁青的脸。这个男人,这个自她出生起就沐浴在和母亲的征战里的男人,这个眼神里布满兽欲和野性的男人,真的,真的,是自己的父亲么?

七袭仰起她桀骜的脸,我不让。

男人宽厚的手掌扑面而来。七袭甚至听见了它裹挟而来的血腥的风声。她在那股腥甜里微微闭上了眼,她所有紧绷的神经在那一刻松弛瘫软,所有野兽一样的语言,在她的听觉里突然静谧。她的记忆里,空无一人。

钝重的耳光声。七袭看见一个弱小的身影在自己眼前摇晃着扑倒。她迟疑着伸出手想搂住那个身影,突如其来的重量却连带着自己的身体一起坠落地面。

她惊慌地扳过榄析的脸,白嫩的皮肤被火辣的红覆盖。她轻轻的伸手捧住榄析的面庞,

榄析,你怎么竟会笨到跑过来?

榄析伸手抹掉七袭的眼泪,她的手指冰凉,因为你是我姐姐。姐姐,我不疼。真的。一点儿都不。

七袭搀起榄析到墙角的沙发上坐下。她回头看着男人和女人的厮缠继续。她握着榄析的手,感觉自己的心脏被阴冷的风一寸一寸席卷。在她们的父母眼中,她们就如此无足轻重么?

七袭瞥见桌上的玻璃杯。她想也没想地抄起它摔在地上。碎片四溅,在昏黄的灯光下闪着凛冽的光。七袭弯下身子,将那些碎片紧紧紧紧地握进右手里,她骄傲地举起她的右手蔑视地看着男人和女人,鲜红的液体顺着她洁白的手臂蜿蜒而下,她听见自己的声音不含带一丝感情,

这样,你们,可以停止了么?

[03]捕风捉影

七袭微笑地看着左铮牵着榄析的手向自己走过来,他们真的在一起了。她透过左铮的瞳人看见那天的自己掂起脚尖靠近左铮的耳朵,她说,榄析一直爱恋你,恋到要生病了……左铮,你也该考虑认真一次了吧!然后左铮抬起头就看见七袭狡黠地笑。

她将自己五年的暗恋,双手交托给了自己的妹妹。

而她不能够转身不看这一切。

她望着自己的手掌,迎着日光。手心薄如透明的蝉翼。她捂住自己的眼睛。它们是干涸的。没有任何液体可以流下。

她记得十岁那年榄析跪在自己面前仰脸帮自己清理伤口的样子。整个的右脸都肿起来,可是没有叫一声疼。七袭那一刻在她的眼神里没有看见任何桀骜的凌厉,她的眼神那样温和而且淡然,宛若幼时始终垂手接受一切的自己。

七袭那时候想,我要保护这个孩子,耗尽所有的生命也在所不惜。

七袭也记得十五岁那年,一样是父亲和母亲无休止的暴力纠缠。七袭安静地待在自己房间里,没

有任何劝解的欲望。榄析推开她房间的门。七袭在窗前转过脸来望着她，双唇紧闭。她伸开手迎榄析进她的怀里，榄析抱着她冰冷的身体哽咽。

七袭把脸贴在榄析柔顺的头发上，很久，她说，榄析，主会保佑我们。

她们靠在一起听她们最亲的人像野兽一样互相摧毁，她们开始知道天光大亮有多么的漫长。

榄析趴在窗台上，头发滑落下来覆盖了她的脸。她说，姐姐，我什么时候会死？

七袭从后面抱紧她。她的下巴抵在榄析的头顶上，她说，榄析，有我在，你怎么会死。

有冰凉晶莹的液体打在榄析的睫毛上。榄析的睫毛轻颤，她想到蝴蝶惊惶的翅膀。

然后七袭就带着榄析去了一个完全陌生的北方城市，没有任何交代。她只是对这个家庭无比失望。她想，即使只能离开几天，只要能离开几天也是好的。

她们走得义无反顾。带着对初次离家的惶恐和惊喜。白天就沿着陌生的街道漫无目的地行走，晚上就花30块钱在一家通宵影院里缩在座椅上睡觉。七袭记得有一晚她打车带榄析去广场看喷泉。榄析在盛大如玫瑰色的水雾里奔跑雀跃，她的白色的裙角翩跹旋转出好看的纹路。无数的人流簇拥在周围看着这个欢喜如纯真精灵的孩子，他们善意地欢呼。水面和绚烂灯火一起静谧下来的时候，榄析附在七袭的耳边说，姐姐，我真想全世界只有我跟你。

可是她们只待了五天，七袭用最后仅剩的钱买了回家的车票。她们还是要回去。现实之中，她们没有任何可以存活的能力。

回到家的当晚，七袭被罚跪了整整一夜。榄析要陪她，被七袭硬赶回房去。

而七袭惟一一生都不可忘的，是第二天在学校遇见左铮，左铮挥手给了她一个耳光。他狠狠地说，骆七袭！如果你要发疯！就自己去疯！不要拉上榄析！

不要……拉上榄析。

七袭抬起头笑了，她听见自己的声音如此陌生，左铮，你的牙齿要咬碎了呢，呵呵。

七袭有时候会想，我，是残废的吗？

风声穿指而过。所有爱欲，捕风捉影，空荡无声。

[04]我多想像孩子一般天真

过了这一天就是圣诞节。

男人和女人终于分开了。

榄析看见七袭的眼神凌厉像桀骜的兽。

她一字一句地重复，我要和榄析在一起，我能照顾她。

男人的口气终于缓和下来，七袭，你不要任性。

七袭倚在门旁轻蔑地笑。在他们年复一年的争吵里榄析无数次地看见她这样的笑。笑他们，更笑她自己。

是他们将她变得如此坚硬。

榄析走过去握着七袭的手，我要和姐姐在一起。

最终他们走了，她们留下。

再不会有那样凄厉的叫声和肉体被钝重推打的声音了。

他们怎么竟用最好的年华来彼此折磨。

这一天晚上他们没有上课。祈薇嚷着不管什么可恶的高考了，我们去长堤放松一下吧。很多孩子摔掉书本欢呼响应。祈薇是个人缘很好的女孩子，大大咧咧的性格，笑容始终比夏日里的阳光还要灿烂。七袭跳过去揽住她的脖子，“翘课”这么好的事当然要算我一份啦。

天很黑，很多人半路折返。最后只剩下左铮骑着单车载着榄析，祈薇自己一辆车轰轰烈烈地在前面开路，合欢载着七袭落在最后面。他们一路向西去往这个城市最荒凉的地方。合欢的右手背在后面握住七袭的手，七袭望着他的背影讲不出任何拒绝的话。合欢是个多么单纯的孩子。他今晚的快乐，全都悬在自己被握着的手上了。

他不清楚七袭的世界里有多少黑暗的泡沫，尽管七袭不爱他，可是她是那样的贪婪温暖，哪怕这温暖是来自于异性的一只手。

她不想被左铮他们看到自己的手和合欢握在一起。可他又是个多么固执的孩子呵，他就那样固执地用力地握着七袭的手，仿佛一松开就会受伤。

七袭看着风在远处稀疏的灯光里旋转出深蓝色的旋涡，掠过合欢的发尾继续旋转。七袭想说，我们做那种没有任何性别差异的哥们儿好么，可是她说不出口，她怕那只温暖的手突然失去力量。

远处的天空突然缤纷起美丽的烟火。在炫目的流光里，他们一个个从车上跳下来欢呼雀跃。

七袭没有看见左铮忧伤地望着自己的眼光，她只看见自己孩子一般的天真，在漫天烟火中居然是那么荒凉。

七袭从梦里哭醒过来。她梦见她和左铮站在无人的旷野里。风把她的长发像丝缎一样打开，大雪不断地落。她觉得自己的身体一直往下沉，沉，好像就要这样坠进死里去。她仰脸望进左铮星星点点的眼睛里去，他俯视着她的下沉，他轻轻地说七袭对不起像在念一个符咒——他不来救她。

七袭坐在床上开始写日记：

我总是想，如果让我的血液，流过这房间的每个角落，那会是一种什么样的感觉。然后当阳光肆虐地照着的时候，他们推开门就会看到在猩红里安睡的我。可是我不用看见。我在黑暗的时候就闭上了眼睛，听着自己的血液剥离出自己身体的声音就闭上了眼睛。它们或许在诡谲地微笑，或许在绝望地哭泣，或许在张狂地呼啸，但是它们都是我的孩子。孩子。

我多么希望我还是当年那个会为了一辆玩具车嘤嘤哭泣的孩子。躲在自己的臂弯里，睁着黑黑的眼睛看潮汐涨落星月韶华。

我的胃痛一日一日地加剧，我知道我的身体已经残损。而我一次次地割开我的皮肉。我只是想知道我的血是不是黑色的，否则它的流动怎么会如此迟缓而且冰冷。

父亲和母亲终于放过了彼此，榄析不会知道这解脱迟来了十五年。我永远记得母亲告诉我的我两岁那年所犯的罪孽。那时候父亲已经决定离开。他把一切都留给我和母亲要独自去南方从此一个人过活。他的一只脚已经跨出了家门。是我蹒跚地爬过去扯住了父亲的裤管，我说，爸爸，你别走……

是我让他留了下来继续这厮缠。看，我竟然在两岁的时候就已经丢失了单纯。

七袭丢下笔抱着自己的膝盖轻轻地哼歌，

如果/如果/如果/你不能爱我/就请原谅我的寂寞/如果/我还/继续爱你/也请原谅我的忧郁

如果/如果/如果/我还能爱你/我的忧郁却打扰了你/就当/它是/就当它是你/就当它是风的叹息……

[05]我爱你，再见

左铮从来没有吻过榄析。他只是会牵着榄析的手过马路，到了对面又马上放开。他偶尔会微笑着揉乱榄析的头发，眼光里是哥哥疼爱妹妹一样的光泽。有时候他也会很认真地看着榄析，然后说，榄析，你和七袭越长越像了呢。

榄析的心就这样一直在风里面摇摇欲坠。

毕业那一天，榄析看见七袭和左铮站在教学楼前的玉兰树下等她。她看见左铮从七袭的指尖夹过燃了一半的七星，目光温柔专注。

榄析想，他们三个，就要这样各自天涯。

合欢和七袭一起考去了北京，左铮远赴厦门，榄析拿到了湖北美院的录取通知。

七袭先走，她执意不让榄析和左铮去送她。左铮望着她欲言又止。榄析知道他和自己一样明白七袭只是不愿意离别。

七袭拍拍榄析的脸，榄析，要加油啊，我等着参加你们的婚礼呢。

榄析看着七袭的眼睛在自己面前弯成美好的月牙儿。她看见左铮走过去拍拍合欢的肩膀，合欢，好好照顾七袭。榄析知晓他的眼睛里面蒙了雾气，风生水起，暗涌不息。

左铮走的时候，榄析执意要去送他。长长的站台一片喧嚣的空虚。榄析模糊的看见自己十五岁那年跟随着七袭踏上列车头也不回的样子。自己生命里的惟一一次勇敢跟反叛，在七袭的掌心里被成全。

榄析扑进左铮怀里，双手紧紧地环住他。这一刻的温暖这样容易丢失。榄析感觉到即将抽空的无力。她留不住他，尽管他的笑容还在她眼前。可是这么快这么快就要像烟雾一样消散掉。

什么都不会给她留下。

榄析觉到左铮的手迟疑了又迟疑终于落在了自己的肩膀。他说，榄析，你要好好的，好好照顾自己。

火车扬长而去的刹那榄析望见自己手掌里的虚空。她想，铮，你为什么不跟我说分手。你说了，我就可以把你忘记了。可你不给我机会。

周末的时候，合欢会穿越整个城区过来陪伴七袭。他们多数时候是沉默的，就埋首在那些高大的银杏树影里穿行。合欢说，我不会勉强你，这样的关系，已经很好。

七袭微笑接受一切的安排。

在合欢的眼睛里这是一个模糊的女孩子，走路的时候完全忽略汹涌的车流和人海，过马路的时候也从不看红绿灯，合欢第N次将她从冲撞过来的车辆跟前拉开的时候，他笑她，你是不是随时都抱着必死的决心啊，七袭就仰脸笑靥如花。

他们的关系暧昧。只是各自清楚。彼此对彼此。从来什么都不是。

七袭还是常常胃痛。她在清冷的早晨平静地看自己呕出来的腥臭的血块。她已经很少吃东西，细长的手指夹着的香烟在阳光底下跟她一起呼吸。她瘦得仿佛可以清晰看见所有的血脉。

她想，就快自由了。

一树一树的槐花香。换上裙装的俏丽女子。咿咿呀呀摇摆着小小身体的孩子。地铁里紧紧拥抱的恋人。七袭摘下耳麦扣进合欢的耳窝里，《Dying in the sun》，一遍，一遍，唱响，唱响——

Like dying in the sun,

Like dying in the sun……

[06]姐姐，我要把他还给你

榄析看到滨崎步的专辑封面，两个同样容颜的女子安睡着。她把它插进光驱里。她看着那个女子伸出手去触摸另一个泪流满面的自己。她的眼泪落下来。她铺开墨蓝色的信笺，她写，姐姐，我要把他还给你。

七袭安静地坐在教室第七排靠窗的位子。她摊开榄析的来信,她仰脸望窗外一小块蓝色的天空,没有任何争执和疤痕的纯净。不动声色地,没有一只飞鸟来划破它的静谧。

七袭给榄析回信,同样只是一句话,榄析,我要休学回家了。

[07]我们都失去

七袭拖着行李箱最后一次穿行这所校园。她在这里生存了十三个月。她知道自己的身体和灵魂都不能再支撑。她要回家。回去她最初生长的地方。回到那里看所有过往的深浅印痕。然后,重生。

她抬头看见合欢安静地站在校门口的银杏树下。同当年一样的纯白色衬衣站在风里对她隐忍着微笑。这个曾经无比单纯的孩子,因为她拒绝了他的爱情而布满伤创。

她握紧自己的手掌,长长的指甲嵌入掌心。七袭,你的手心里永远有血的腥甜,它们的颜色将一直见证你的罪孽,你罪无可恕。

七袭跟着合欢去了教堂。步入殿堂的大门时,她清楚看见自己的颤抖和畏惧。她的手掌生疼,它们在挣扎着呼唤拯救,她双手合着颈上的十字架仰起面孔缓缓闭上眼睛,她开始感觉到平静,远在天国之上的父,你是否可以以你的仁慈接纳并宽恕这样的我。

站台上。七袭抚开合欢的左手,将自己的右手重叠上去。她说,合欢,我听过一个故事,每个人在世间的某个角落,都有一个可以和自己的掌纹完全重合的人,那个人会是注定的爱人,相同的掌纹会让他们彼此吸引。而我的掌纹,是生来的驳乱。

合欢长久地注视着眼前他珍爱的女子,他知道他给不了她任何救赎,连陪伴都是负重。他轻轻放开了她的手,他知道这一次他是永远的失去。在还没有得到的时候,就永远地失去。

七袭一个人住在空荡的屋子里。这里还处处有榄析留下的痕迹。窗台上榄析种养的仙人掌依然坚韧地存活着。屏风上榄析的大幅照片还在没有任何阴霾地笑。那对印着同样女孩子容颜的杯子,也仍是安好地待在洗漱室里。七袭在空空的屋子里赤着脚来来回回地走,阳光洒落进来照出满地碎裂的心血,七袭眯起眼睛,晶亮的液体在她的眼眶里颤动,她垂手站立,听任它们肆虐地划伤了她的脸。

刷卡。看到取款机上的金额又多出五位数。不是男人就是女人。他们同样有能力让各自的生活丰足。七袭沉默地抽回信用卡——她还和她的父亲母亲生活在同一座城市,可是她和他们再也不会谋面。

只有她和榄析。只要有她和榄析两个人就可以。她们是双生的花朵。一朵枯萎了,另一朵将吸尽所有精血更加浓郁地怒放。

七袭开始每天在一个固定的论坛游荡。她注意到一个ID唤作七年的男人。他总是在七袭长长的文字后面写上同样长长的跟帖。言语犀利像桀骜的兽,深藏的凶狠的温柔。七袭看见相通的触觉。她看着那些闪光的文字想像七年坐在电脑前一杯一杯地喝蓝山然后凶狠抽烟的样子,她对着自己指间灼烧的红光微笑。

和爱情无关。可是可以相爱。

榄析笑着看着桐泽,她说,我们去喝酒。

桐泽一向玩世不恭的面容上有一刹那的凝滞。然后他恢复他肆无忌惮的表情,好啊,我跟很多酒吧的老板都很熟。

桐泽带她去了浅口杯。他一路上始终用眼角的余光观望着这个一直温婉如玉的女孩子。她和那些环绕在自己身边的满身充斥着物欲气息的女孩子不同。上课下课,饭堂操场,他一直在和别人的嬉笑里注视着榄析的温和跟安静。他突然就那么想要保护她。

浅口杯是一间安静的酒吧。淡淡的灯光下只有少数几个人落座。低缓的爱尔兰音乐弥散四处,很多的心情就深深浅浅地漂浮在空气里,暧昧而且忧伤。桐泽携榄析坐在吧台,微笑着对正在低头调酒的女子说,恩禾,老规矩。

两杯加了冰的威士忌递上来。琥珀色的液体闪着清冷的光。榄析举杯猛灌了一口,辛辣的气息裹着寒气一下冲击了她的鼻腔,她努力地仰起脸控制着不让眼泪掉下来。

那个不太适合你,试试这个。恩禾将调试好的鸡尾酒放在榄析面前。上层是淡淡的薄荷绿,中层是稀释了的蓝和红云朵一样的缠绕,底层的蓝很深,幽深的色泽,像可以席卷一切的海水般有深邃无底的感觉。

爱琴海的不归路,桐泽笑着,这是恩禾的招牌鸡尾酒,举世无双的。

榄析笑着,一直笑着没有说话,只要可以醉,什么都可以,什么都可以不是么?

[08]我不知道你有多爱他,我只清楚我想跟你在一起

左铮偶尔给榄析打来电话,淡淡地说着厦门的海,最后总低沉地问一句,榄析,你好不好。

扣掉电话的时候榄析总是望向窗外发愣。七袭一个人在家里过得好不好呢。她说她开始习惯以写字获得乐趣了。这样很好吧,她该喜欢这样的生活。

而自己呢。该什么时候跟左铮开口放彼此自由。自己知道他是一直喜欢七袭的。从第一次看到左铮和七袭站在自己面前的时候就知道,是自己一直自私。一直以为假装不知道就可以安安稳稳地过下去。

她始终忘不掉高三那年他们一起"翘课"的平安夜。她在漫天烟火里清楚看见左铮望着合欢和七袭握在一起的手眼神里布满的绝望。七袭早自己认识左铮三年。他们为什么从不给彼此机会开口说爱。

回到醉酒那一晚。恩禾摁灭手里的烟说桐泽你送她回去吧,以后别让她出来喝酒了。她还只是个孩子。

榄析没有哭闹。她仍旧像来的时候一样安静地随着桐泽走回去。桐泽牵住她的手,防止她摇晃着的身体随时会跌倒。

路越走越漫长,心越走越凄凉。

榄析筋疲力尽地歪在路边的长椅上,桐泽,我要休息,我需要休息,我很累,很累很累……

桐泽把榄析的头靠在自己的肩上,榄析,难过就哭出来,哭过了就没事了。

我不想哭。一点都不想。不是说喝醉了就什么都忘了吗?我怎么还是记得这么清楚?

桐泽,为什么陪着我的是你不是他呢?

为什么这么些年他爱的始终仍然不是我。我只是一个影子,样子相似可是绝不相同的影子。我一直以为可以假装什么都不知道。其实假装有时候会让自己幸福一点,是不是?

那我为什么要让这假装苏醒了呢?

榄析模模糊糊地说着。她的眼睛已经困顿得没有力气睁开。她任凭桐泽的双手抓住自己的肩膀扶正自己的身体,她听见他说,榄析,我不知道你有多爱他,我只清楚我想跟你在一起。这是我这辈子说过的最认真的话。

她费力地撑开自己的眼睛。夜风冰凉。桐泽的容颜在眼前幻化。她感觉到胃里压抑不住的翻滚。她推开桐泽的手反身扶住路边的树干呕吐。都吐掉了,吐空了,是不是就可以遗忘了。

榄析听着电话那头左铮依然平静的声音,榄析,我要出国留学了。所有的都已经办妥,下周一启程。原谅我这么久没有告诉你。

她终于开口问出,你要去哪里。

希腊,雅典。

……

爱琴海的不归路。原来一切,早已经埋下未来的伏笔。不归的路,她知道他不会再回来。至少为了她,他不会回来。

他只是不想残酷地跟自己说结束,所以用了这个最婉转的结局不是么?

左铮,无论多少年,我的记忆里,终有一天会再也没有你。

[09]我只想在相似的灵魂里，找到一个出口

七年每天发给七袭一首贴合内心的曲子。七袭就光着脚盘坐在电脑跟前衔着烟反复地听，都是一些饱含碎裂感情的音色，在空寂或者喧嚣的配乐声里隐藏。

七年说，情感的表达本身就是一场没有注定的败局，谁先妥协，谁最留恋，谁先落泪，谁就先走向末路……

左铮，你此刻在那个西方的白色城堡里安然地行走着吧。七袭眯起眼睛对着窗外的夜幕微笑。我们谁都没有妥协，可是我已经走上末路。

她的目光再次锁定这个叫做七年的男人。他陪她度过了无数个不能成眠的夜晚。她看得见彼此的灵魂撞击出的残损和花火。她开始收拾她的行囊。她不知道这一次出行能看到什么。她只是想在剩余的光阴里，投奔这个和她同样在黑色暗涌里沉溺的男人——也许，可以给自己残缺不堪的灵魄，寻找到一个最好的出口。

榄析望着外面的枝叶一天天枯寂。冬天来了。风裹挟肃杀的寒气突袭进身体的最深处。桐泽依然站在她面前带着特有的玩世不恭的笑容。她的内心一点一点温暖。

她把自己冰凉的手安心地放进他宽厚的掌心里。

如果还不能爱，被爱也是好的。

七袭裹着黑色的风衣站在南京城的街头。她把衣领竖起，脖颈努力向下瑟缩。她拖着小小的行李箱埋首行走过这条陌生且不知名的街道。站在下一个十字路口，她打电话给七年，我到南京了，你来接我。

七年带她回公寓，他的容颜和七袭想像中一样凌厉。他眼神里的激烈石流隐匿在沉稳的目光里外泄。他的面容是锋利的，像冬日里的风刮过人心里留下刻痕。不是绝对英俊的男人，可是过目便不能忘。

电梯。七楼。左手边。钥匙插进锁孔。转动。七年提着她的行李箱侧身引她进来。

三居室。干净明亮的屋子。清新的薄荷清香里还混有淡淡的烟草气息。窗帘和沙发都是纯净的蓝。墙壁上挂有一幅盛大的鸢尾图，黑白的色调，觉得柔软。抬眼望见墙角的几柜上还插着一大把紫色的情人草，七袭心里隐约有了预感。

是七袭来了么？应声而出的是一个纤柔的女子，白净的面孔望着他们露出童真一般的笑。

嗯。七年淡淡地应，回头转向七袭，我太太，苏婉禾。

晚餐很舒适。一盘一盘清脆的绿与红的搭配。婉禾柔和地笑着，七袭，嘉林说你是吃素的，尝尝我的手艺怎么样。

嘉林,七年的名字。七袭微笑,很不错,色香味俱全。

婉禾的笑容愈加明媚。七年的面容沉静。七袭感觉到自己的胃又开始疼痛。她将左手置于桌面下将长长的指甲扣于掌心。不动声色。

生命还可以坚持多久。还有多少事情是未完成。

[10]我给你幸福

是冬天了。榄析织了一条很长很长的白色镂空的围巾给桐泽。她笑着看他孩子一样将围巾在颈上缠了好几圈,然后眨着眼睛用调侃的语气问她,我很帅吧?

这样的安然,是否就是幸福。

那一天日光很温和,池水清冷。榄析有些不知所措地看着这个傲然站立在她面前的女孩子。榄析认得她,封优涵,是封院长的掌上明珠,在学校里一直是众星捧月的女孩子,虽然总是一副大小姐脾气,可是因为家庭背景和姣好的容貌,所以身边从不缺少跟来跟去的人。

你叫骆榄析是吧?你跟安桐泽什么关系?

榄析微微皱眉。她纵使性格温和也不喜欢眼前这女子高傲的语调。她淡淡地说,我跟他的关系,好像跟你没什么关系吧。

当然有关系。从现在开始,他是我的人。你最好离他远一点。

榄析微微笑了。她说,封优涵,这是你的事情,你应该去找桐泽,而不是来干涉我。

榄析转身走掉。她听见封优涵在她身后理直气壮的声音,骆榄析,我会让你会为你今天的态度付出代价。她抬眼望温和的日光,没有回头。

爱都没有了。还在乎爱自己的那个男孩子会属于谁么?

榄析开始感觉到身边的人的孤立。她不在乎。她是可以安于孤单安于寂寞的人。一个人。没有人来打扰。她站在三楼的大大的玻璃窗后面,微笑着看优涵坐在桐泽的单车后面仰起脸对自己露出得意的笑容。真是个孩子,她想,优涵真的不过是个单纯想要就要得到的孩子。这样的单纯,未尝不是幸福。

榄析安静地守在电脑前没完没了地作图。完成了功课就另外自己找些图来做。疲倦是最好的治疗师。她没有时间想起其他。桐泽打电话来约她。推掉。统统推掉。她想,我自己也可以很好,自己就很好。

桐泽开始怀疑优涵的纠缠是场阴谋。他一直风度很好地没有拒绝她的各种本可与自己无关的要求。可是随着榄析对他的日渐疏离,他开始觉得有什么地方不对劲了。

这一天他终于将榄析堵在楼梯口。他蛮横地伸手拦住她的去路。他问,为什么。

榄析愣怔在原地。她发现她无法开口说出任何理由。是啊,到底,为什么呢。

她看着桐泽焦灼的面容,她的眼泪没来由地落下来,她厌恶这样的尴尬,她不知道怎么会将自己置于如此尴尬的境地,她推开桐泽的手臂想要冲下楼去,桐泽反手从后面将她抱紧在怀里,榄析,榄析,你不要这样……

榄析的眼泪砸在桐泽的手背上。她听见自己的喉咙里翻滚出自己陌生的声音,桐泽,我们不要再继续了,我不能爱上你,不能给你幸福,优涵是真的喜欢你,真的喜欢你,你们在一起会很好,我只是一个玩笑,始终都只是一个玩笑,你死守着一个玩笑没有任何意义。

所以你自私地这样安排了我的幸福么?

榄析蓦地停止了挣脱。自己就这样,安排了他的幸福么?自己有什么资格,有什么资格这样做?

优涵错愕地站在下一层楼梯的转角睁大眼睛望着他们。她看见桐泽的双手紧扣。她听见桐泽一字一句地吐出那句话:

骆榄析,我安桐泽清清楚楚地告诉你,我只要跟你在一起,我能给你幸福。

冬天的风肃杀而且残酷,肆虐地席卷过所有人的柔软心脏烙下深切的割痕。

榄析感觉到环住自己身体的那双手的力量。踏实而且温暖。她想起七袭曾经在一篇周记里写过的话,谁能拒绝温暖,这个冬天这样冷。

她的身体松弛下来。她轻轻将头后靠在桐泽的肩膀上。她听见自己内心里轻声地叹息,

就这样么?

就这样吧。

[11]相同的族类,无法相守

七袭将自己浸没在浴缸里。这是一个无比和美的家庭。自己的贸然闯入仿佛一幅斑斓油画上的最后一抹败笔。她想逃离,可是疲累。

她太累了,走不动了。就在这里,暂时的休息一下吧。

浴室是纯净的白。她从镜子里看到一脸倦容的自己。那真的是,一个二十岁的女子该有的容颜么。她想起婉禾孩童一样的笑脸。那样年轻如花朵一样甜美的视觉。能有那样不含一丝杂质笑容的女子,不是因为什么都未曾经历,就是什么都已经经历。

她抬手看自己的指尖,食指的部位因为烟草都已经发黄,她觉得自己的身体里满是毒素,连血液

都是剧毒。她看着手臂的斑驳割痕,她止不住地厌恶这样的自己,她开始感觉窒息,她的胸口被一团东西生生卡住。她张开口努力呼吸。她伸手撑住缸沿想要站起来。一阵晕眩,她在跌落回去的途中失去知觉。

醒来的时候她望见婉禾担忧的面容。

七袭,你一直都不懂得照顾自己的么。

七袭努力扯出一抹笑容来,婉禾,我没事情的。

婉禾微笑,说,先吃药吧。她没有揭穿她。她无法忘记嘉林撞开浴室的门的时候,她看见七袭浸没在已经冰冷的水里,洁白的手臂上,那些触目狰狞的割痕。和嘉林一样。

和,嘉林一样。她知道那些疤痕可以愈合而永远不会消失。结痂的伤口暗地里仍然有血脉喷张。可以被隐藏。而无人可以抚平。

她清楚知道做爱的时候。手指抚过嘉林的腹部,那里隐藏着一道凸起扭曲的疤痕。他曾经为它差点死掉。所有狰狞的纹路,已经沿着心壁斑驳地生长,不动声色地膨胀,晦涩而诡异地冷笑。

七袭撑起身子坐起来。她把那些白色的药片塞进嘴里。温暖的水。灌满整个口腔带来温度。可是她忍不住伏下身子呕吐。她望着弄脏了的被褥和地板苦笑,她说,婉禾,对不起。

七袭穿着单薄的白色睡袍坐到窗台上去。天幕黑沉。寒气破入身体。她抱着自己的膝盖。她看着吐出的烟圈还未成形便被风裹挟揉碎进无边的黑暗里去。她还是流不出眼泪。左铮,你好么。也许,再没有机会,看到你了。

我的身体,已经如此残旧。

她听见轻微的敲门声。回头望见七年进来。面容沉静。始终沉静如浩渺的湖水。七袭微笑。转头。她知道他们彼此不需要多余言语。

因为他们是相同的。

七年在床沿坐下来。放下一盘CD。低沉而内敛的声线穿透空旷的屋子,我自己刻的,都是你听过的曲子。

七袭淡淡地说,过两天我便走了。

嗯。七年淡淡地应。他点燃一支烟。七袭,他说,找一个正常的人,嫁了吧。

婚姻么?对我而言,那是更快的坟墓。她的眼前浮现男人跟女人二十年的厮杀。那是她一辈子无法挣脱的噩梦。

两个人的世界,并未有那么可怕。只要你不厌恶。就可以。

不必了,七年,七袭微微地摇头,我还不能承担那种束缚。

你这样会……活不久的。

我懂得的。

我说真的……如果不是婉禾……我不会活下来。

我看得到。她是那么难得的人。注视着你所有的裂口可是仍然保持正常人的心态。这样的两个人在一起,才可以过一辈子吧。

七袭,我们需要这样的阳光才可以存活不是么。

可是七年。我并不需要存活的力量跟理由。现在这样,已经很好。

他们彼此再没有开口。只剩下一支接一支的烟在空气里灼烧。寂寞耗尽。温暖耗尽。

愈是同类,便愈靠近绝望。

[12]双生花的归处

七袭站在长廊的尽头。她看着榄析孩子一样向她奔跑过来。她微笑着伸开手迎她进自己怀里。榄析欢喜地抱着她,姐姐,姐姐你怎么会来。

她的手指轻柔地触过榄析的鼻尖,来看看你这个小笨蛋过得好不好呀。

榄析甜甜地笑,忽然又一脸担忧,姐姐,你怎么这么瘦了。你要多吃点东西。

嗯嗯,七袭的眼睛笑得眯起来,这叫骨感美好不好,小丫头片子你要嫉妒我就直说。

榄析带七袭参观校园。她们手拖着手。不断地有人对她们侧目然后露出惊叹的表情。她们都是这样精致的孩子。她们如此相似而心意相通。

她们在水池边找了一块空地坐下来。冬天。水面沉静而且清冷。没有人看得出到夏日来临的时候,它的上面会燃起那样灿烂的荷。生命的剧烈和激情,往往都在最平静的表面下暗涌不息。

姐姐,你晚上不跟我一起住么?我们好久没有睡在一起了。

我租了房子。七袭的面容上盛开葵花一样的绚烂,榄析,要不要跟我出去住段日子?离学校不远的。

榄析欣喜地靠过去环住七袭的脖子,太好了,姐姐你要在武汉长住的么?

反正没有事情做。就住到厌烦为止好了。

七袭抽出一支七星点燃。榄析望见她微笑的瞳人里清洗不去的落寞凋零,她依稀看见那一年七袭跟左铮并肩站在玉兰树下的样子。洁白的七星自七袭的左手转移到左铮的右手。呵护的温暖情愫弥散进玉兰树的枝叶清香里。他们指尖的味道,一定是相同的吧。那样合拍的一对璧人。就在光阴里被自己永远地阻隔了。

姐，你跟左铮，还有没有机会。

七袭笑着拍拍榄析的脑袋，小丫头想什么呢，都几千年的事情啦。

可是只要你告诉他你爱他，他一定会为了你回来。

七袭停止了一切动作。她认真地看着榄析执拗的表情。她自以为一直沉默就给了自己的妹妹爱情，却偏偏骗自己遗忘了神赋予了她们洞悉一切的双眼。妄图掩埋掉的真相，妄图以为自己没有爱过，妄图以为他们的可以幸福，在陷在真实里反复挣扎的日子里早已经结满血痂。

榄析，你，爱上桐泽了么。

时间久了，总会爱的。我现在只想看着姐姐跟左铮在一起。从前，都是我的错。

七袭抚摸下榄析的长发。没有说话。

桐泽送她们去七袭租的房子。安静的两室一厅的房子，家具之类一应俱全。七袭说，房东一家已经搬去郊区的别墅。

桐泽笑，苍天，七袭你也太奢侈了吧。

七袭冲他扮一个鬼脸，不然你也搬过来住？我可以让一个房间给你和榄析。不过你可是要付银子才行啊。

桐泽吐一下舌头，真是吝啬的女人啊。

榄析笑着敲了一下桐泽的头。七袭惯常地眯起眼睛微笑。

一切温暖。其乐融融。

喂，那个，桐泽是吧？七袭怪腔怪调地靠近桐泽的耳朵，附近有什么安静的酒吧没有，我们去喝酒，怎么样？

桐泽睁大了眼，你们两姐妹还真是像哎，喝酒？你脑袋八成是坏掉了。发烧了？说胡话？唉，没得救了。

七袭上来拧住桐泽的耳朵，去不去？

去去去，桐泽躲闪不掉，哇哇乱叫，你会不会温柔一点啦，耳朵掉啦。

照旧的。浅口杯。推开门就看到酒吧中间的展台安置着乐器。桐泽敲敲吧台的台面，今晚有乐队驻唱么？

恩禾头也没抬，淡淡地回应，嗯。

还是噬杀乐队吗？

嗯。

桐泽一脸狂喜地回头对着七袭跟榄析手舞足蹈，主唱衍歌是个很man的男人，声线一级棒，你们俩一定会喜欢。

七袭只是注视着恩禾调酒的纤瘦的手指和左耳上的七个藏银的耳钉,视桐泽的话为空气。

七袭一个人霸占了吧台,她把榄析跟桐泽赶到角落的位置上“培养感情”。恩禾递给她一杯新调制好的鸡尾酒:试试看,刚调出来的,还没有名字。

上层是淡淡的玫瑰的色泽。底层如月光一样的温软视觉。七袭看到十五岁那年的榄析在喷泉池里的小径上翩跹旋转的笑颜。她抿了一口。温和的液体,滑落到胃的深处没有任何凛冽触觉。她望着角落里榄析正凝望着自己的精美的面容,轻声低语,叫,双生花的归处吧。

单薄的弦乐声渗透耳膜。七袭抬眼望着台上着发白牛仔衣的男子修长的指拨动吉他的弦。碎裂的音色混合一点点漫不经心的慵懒四处迸溅,淡薄地缠绕进每一缕空气里。鼓手扬着年轻的面孔摇摆着身体笑得如向日葵一般灿烂。

This is my December

This is my time of the year

This is my December

This is all so clear……

男子的面容隐没在垂顺的中长发后面。七袭看着他闭着眼睛沉溺在自己的世界里。Linkin Park的那首《My december》。英文有时候比汉字更贴合人心。

七袭又叫了一杯加冰威士忌。她开玩笑说,如果我上去唱一首《黑色星期天》,会不会有很多人自杀?

恩禾笑。她说,你可以上去试试。

喝光杯子里液体的七袭向着那个叫做衍歌的男人走过去。她肆无忌惮地附上他的耳朵低语,PJ Harvey的《Angelene》,帮我伴奏。

灯光迷离。七袭从未感觉自己笑得这么绝望。她的等待已经绝望。她如何还可以优雅地诉说。

My first name angelene

Prettiest mess you've ever seen

Love for money is my sin

Any man calls, I'll let him in

Rose is my colour, and white

Pretty mouth and green my eyes

I see men come and go

But there'll be one who will collect my soul and come to me

Two-thousand miles away

He walks upon the coast……

声色迷醉之间。七袭望见榄析担忧的面容和他们十指相扣的手掌。榄析，终有一日，你会发觉，桐泽在你的心里，有多么重要吧。

这就是爱情。在你以为什么都还不是的时候，就已经突袭进了你整个的身体。层层包裹。失之即空。

还不知道你的名字。

骆七袭。

我是恩禾，苏恩禾。你以后可以随时来唱。只要你喜欢。

苏—恩—禾，七袭注视着恩禾的面孔，你跟苏婉禾，什么关系？

一抹不易捕捉的疼痛在瞳孔里闪过。她笑着回答，她是我姐姐。

时空之中，相识的命轮。仿似注定的——劫。

[13]对你的爱一直很安静

从此成为浅口吧的常客。寂静眼光不动声色地扫过衍歌和恩禾相视的眼波。还有榄析跟桐泽瞳孔里的风生水起。她有时候望着自己的手指微笑。自己的姿势多么像一株生长在阴湿角落里的诡异植物。所流淌出的黏稠汁液，是不是都是有毒的。

一切的进展仿似完美得无懈可击。榄析，当你的幸福成为定局，姐姐，就没有任何的遗憾了。

封优涵的面容上是不容置疑的决绝。锋利的刀片横在手腕处带着凛冽的光泽冷笑。桐泽，如果你不跟我在一起，我就死。

那一天的酒吧安静如幽深的殿堂。没有人敢轻易开口吐出一个字。七袭握紧手里的杯子，握得指节发白。恩禾轻拍她的肩膀，不过是小孩子的闹剧。

桐泽握着榄析的手轻轻站起来，他说，优涵，你让我无所适从。你该知道，你这样做没有任何意义。

他拉着榄析头也不回地走出去。七袭回头看恩禾依然如湖水一般沉静的脸。她，多么像嘉林。

优涵像断了线的风筝坠落原地。她咬着牙齿将刀片放置在手腕内侧就要切进去。衍歌冲上来掰住她持刀的手腕将她的手掌一点一点翻转过去。这样没用。成全他们的幸福。你有你的幸福。

优涵满面泪痕地睁大眼睛望着衍歌的面容。她跪在地上伏下面孔哭泣。七袭看着衍歌回头望恩禾的眼。恩禾兀自在吧台内清洗酒杯。他们的眼光没有交集。

七袭突然为不知道恩禾的过往感觉怅然。那是与自己或者与衍歌都毫无关联的历史,却因此阻碍灵魂的接近。

榄析挣脱桐泽的手掌。这样不行。她摇着头。

他们站在清冷的大街上对峙。桐泽无可奈何地垂下手,我能怎么办。

她会不会有事?会不会真的犯傻?如果她真的死了,我们要怎么承担?榄析无措地将双手插进自己的发里,我怕她真的出事……她不过是个孩子……不过只是想得到自己想要的东西。

榄析,有七袭跟恩禾在,会没事的。

桐泽缓慢地在路边的石阶上坐下,风声掠过眼角眉梢的微疼。榄析,你知不知道,我常常会做梦。梦见我独自一个人去陌生的地方。有时候能看见你在我的沿途上跳舞。很多的植物在你的周围生长。肥硕的枝叶,宽厚的茎,很绿,很阴森。你只是面无表情地舞蹈,舞蹈,你的视线里,没有我的漂流。

我一直一直都不知道,什么时候,你才可以接纳我?

其实我一直一直都生活在恐慌当中。我不知道哪一天,太阳升起来的时候,你就再也不会在我的世界里出现。

七袭跟恩禾举杯。已经深夜。衍歌送优涵回家。寒冷的冬天的夜,冰凉辛辣的液体侵蚀胃壁,冲击最后的意识跟清醒。卸去了所有防备,一切言语变得肆无忌惮而无所保留。

烟雾持续弥散,空气跟随她们的眼神一起混沌不清。七袭隔着琥珀色的液体望着恩禾慵懒地笑,来这里之前我遇见婉禾跟嘉林。他们很好。也许很幸福。

恩禾的笑容里掺杂无法言喻的苦涩。她仰头饮尽杯中酒,我知道,没有我,他们当然可以幸福。姐姐不会,让嘉林陷进任何的黑暗里。她有这个能力。

七袭笼罩在蒸腾的烟雾后面看恩禾的容颜模糊。长久而迷乱的倾吐。回忆赤裸着展露了,是否伤口可以就此平息。

[14]再见,我爱你

七年前。南京。那时候我已经是一个碎裂的人。一个十五岁的孩子。可是带着根根凌厉的刺。

可是姐姐一直温柔,性格温婉,如她的名字。她跟我说过,恩禾,你要学会感恩。

我自以为看透世间一切。所以无谓。可是我遇到嘉林。那天的气温潮湿如植物的脉络。我看见姐姐微红的脸。我知道她爱他。可是我没有退让。

他们的约会我总是不合时宜地出现。我跟嘉林说,我知道你喜欢我。因为我们是相同的。

可是姐姐跟我说,你知不知道,你会毁了他。

我怎么会不知道。我一直都知道。相似的碎裂的人在一起,只能看着彼此互相摧毁。没有拯救。什么都不能拯救。

可是我多么固执而且顽固。我只是以为,人生之中可以碰到拥有相通触觉的人,多么难得。多少人为了自己的另一半完整寻找了整个人生而一无所获。我怎么可以容许错过。一向高傲如我,竟然跟姐姐说,求求你,让我跟嘉林在一起,你那么完美,会有更多更好的幸福。

长我四年的姐姐第一次在我面前哭了。她的眼泪砸在我的手背上。我的皮肤从此沾满罪恶。她说她不能看着我毁了嘉林,更毁了自己。

她的眼泪的温度烫伤了我。如果我当时就此回头。我就不会背负这样的罪孽。我的双手沾满血腥。真正的血腥。我至今无法相信那个双手握刀的人真的是我。我从来不知道,我可以这样残酷,灵魂可以畸形到如此地步。我憎恨这个我。这个魔鬼一样的我。所以我逃了。逃出他们的视线他们的生活。什么都再与我无关。

可是我怎么能忘记那个夜晚喷射的鲜血。他们将要举行婚礼的前一晚,我把刀子插进了嘉林的腹部。我从来不知道刀子穿透身体的声音,是如此的血肉模糊的淋漓。我看着嘉林的眼睛,他的眼神里仿佛也有鲜血喷射出来。我竟然没有任何的害怕。我只想起嘉林在屋子的顶楼露台捧着咖啡杯抽烟的样子。我以为他的天空只有我能懂,我以为姐姐永远都没有资格。

我抱着他。他的鲜血流满我的手掌。我说,你看,你的血是红色,鲜红的颜色。我的,也一定一样。

我听着刀子自他的体内抽离的声响。那个过程无比迅疾而如此绝望。他捂着腹部像一块石头一样砸下去。我把刀子捅进自己的腹。他的血跟我的从此混合,交融,无法分割。我笑了。我说嘉林,我们一起走。

我把头枕在他的心口,握着他的手,闭上眼睛。我们这样安静。对于死亡,我知道他和我一样毫无惧怕,甚至欣喜。

他的手轻轻触摸我的头发。他说,恩禾,你是我的劫么?

很久很久之后在医院里醒来的时候,窗户外面的阳光一下射穿我的眼睛。我不知道为什么我竟然还可以活着。姐姐说,恩禾,我带你走,脱离这里,脱离嘉林。

我知道我让她恐惧和难过了。我知道在嘉林和我之间她选择了要拯救和陪伴我。可是我不想再自私。我记得我带给她的伤害。我记得我曾经在她面前仰着我所谓高傲的脸轻蔑地告诉她,你知道么,即使你与他肌肤相亲,他依旧也只是一个你一个华丽却陌生的情人。因为,他的灵魂和你没有关系。永远都没有关系。

如果可以得到救赎,我不会带来这一场摧毁。我把相守的权力留给他们。不需要他们记得我,原谅我,或者,拯救我。

我知道只要嘉林不会被愧疚埋葬。他就可以。在姐姐的温暖里获得生存。永恒的生存。

我去了很多地方游荡。云南上海拉萨甚至跟着旅行团去了希腊跟卡萨布兰卡。我看过无数陌生人的脸。习惯性地揣测他们的生活。在希腊我遇见一个跟我同龄的华裔女子。我们在夜晚的广场上沉默着抽烟。她问我要不要跟她一起体验接近死亡。我们手牵着手走到爱琴海的深处去。我记得巨大的海水将身体一寸一寸置于它的笼罩之下的感觉。当水漫过我的脖颈,嘴唇,鼻梁,额头,我的身体失重,开始挣扎。咸涩的液体呛进我的鼻腔口径,无所不在地纠缠住我。我的姿势无比地狼狈。她抱住我的身体将我拖回沙滩。她说,这就是求生的本能。

所以我回来了。选择了这个城市安定下来。我知道,所有的伤都会愈合,身体的,隐秘的,暴露的,埋葬的,刻骨的,都会愈合。时间,巨大而不可逆转的时间,终究会给一切以解脱的理由。只要愿意活着,愿意背负着所有不堪和不可承受,苟且地,活下来。

即使只是,苟且地活。

而衍歌。我不知道需要多少年。我才可以面对他的爱。

真的不知道,多少年才可以?

[15]守望。无关结局。

春天的武汉潮湿而且多雨。冰凉的夜晚,榄析跟七袭拥抱着睡在一起。彼此取暖。

榄析的手指触摸过七袭的锁骨跟脖颈。她仰起脸来注视着这张和自己一模一样的脸,姐姐,你又瘦了,瘦得吓人了。

你不能再抽这么多烟了,每次我看见烟缸里你来不及清理掉的满满的烟头,就会很难过。

姐姐。我好像离不开桐泽了。我依赖他。越来越。可是不知道怎么告诉他。

姐姐。我将来也许可以成为一个很好的服装设计师。我要用双生花这个名字,命名我的毕业作品演示会。姐姐,到时候,你会来看吧?

靠在窗台上。阳光慵懒。空气甜得发腻。忍着胃里的痛楚感啜了一口咖啡,说,我没想到你会来。

衍歌坐在沙发上望着七袭的身影微笑,我也不清楚我为什么会来。

七袭走过去打开音箱。《红》的曲调旋转着飞舞进每一寸角落里。衍歌开口,你也习惯赤着脚的么?恩禾也是。

七袭眯起眼睛看着他。他的双眼凝视着自己相扣的手指。那是一双白净的想必很温暖的手。在吉他肆虐的弦上获得了永恒的温度。七袭收回目光,淡淡地说,X-Japan的曲子,你应该会喜欢。我再去冲杯咖啡给你。

来自胃部的疼痛剧烈翻滚。七袭的双手抵在胃上在洗手池前蹲下身子。真是该死,她忍不住咒骂自己,她感觉到胃壁上酸性的黏稠液体的侵蚀,如腥辣的鲜血在胃里左右突袭,身体,身体,丧失掉最后的气力,麻木的手脚,脑海里翻转出模糊的幻象,终于,失去知觉。

费力地撑开自己的眼睛。肃穆而令人厌恶的白色。消毒水的气味充斥。七袭看见坐在床前的衍歌眉头紧锁。她挤出一个笑容,你这家伙,竟然把我送到我最讨厌的地方来,真是没人性的壮举啊,回头我让恩禾帮我好好收拾你。

七袭。

嗯?

……住院吧。

七袭躺在那里闭上眼。嘴角扯出一抹微笑来,没用的。到了这个程度的厌食症跟这样子了的胃。治不好了。

七袭……别这么固执……衍歌握紧自己的手掌,情绪不由得开始激烈,你知不知道,我多厌恶这种无能为力的感觉,就像面对恩禾的时候一样,对,你跟她一样,让人无所适从不知如何是好,——即使想要关心,想要做点什么,都始终无从下手。他望着七袭的眼睛试着平静下来,七袭,你的身体,完全是被你自己摧毁了的吧……可是,没有试过,怎么知道它不能再修复。

衍歌……

嗯?

你是一直都在守着恩禾的吧?不管她是什么样子,不管她看你的眼光跟态度,都是会一直一直,在她身边守着她的吧……

嗯。这是我。最想做也最甘愿做的事情。

可是等待的过程,是多么地漫长呵……

就当这是自己,一辈子的热爱好了。就跟音乐一样。不,比音乐,还要热爱。

你有没有恐惧过,恐惧到最后,仍然只是失望。

恐惧失望……有过的吧。可是在它来临之前,包括来临之后,我的守望,始终都是在那里。其实,当一件东西并不完完全全属于你,那种守护的感觉,也是很美的。即使,我还不能打开她心里的结,还不能,将她变成一个柔软甜美的女子。没有任何理由。我只是想要继续。

嗯。这样很好呢。七袭的眼睛弯成美好的月牙儿,很好很好的样子,衍歌,我睡够了,你送我回去,我们在家里开个两人音乐派对，好久都没看你的演出了，没有桐泽那家伙捣乱，我要让你的嗓子唱到不能发声为止，嘿嘿。

七袭……别这么任性。

还有，要记得，我身体的事情，不要告诉任何人。包括恩禾。

难道榄析从来都不知道吗？

那丫头是个善良又很容易信任别人的孩子。要瞒过她，很容易的。七袭耸耸肩膀，调皮地眨了一下眼睛。

七袭！你当真……不要命了吗？

就像你要守护着恩禾一样，我还有未做完的事情。我不能浪费在这里。

她的目光坚定。不移的坚持。衍歌垂下双手。

……好，我知道了。

[16]创造一个地老天荒的神话

七袭微笑着看着榄析坐在书桌前的忙碌。她走过去摸摸榄析的脑袋，你到底在搞什么东西？

喏，做好了呢，你看。榄析笑着把完成的东西放进七袭的掌心里。用这个作为桐泽的生日礼物，他会很开心的吧？

那是一对手链。简单的红色绳子，各串起一颗褐色的松子。表层上，是用刻刀小心雕下的字迹，一颗是榄析，另一颗，是桐泽。

你这丫头……掏空松仁费了好多工夫吧？

姐姐。

嗯？

把彼此的名字绑在手腕上，就可以互相了解心意了吧。

……唔。会的。桐泽的脑筋。转得很快的。

姐姐……你有联络左铮么？我知道姐姐，很想他的。我想看到姐姐跟我一样得到幸福。我想跟姐姐一起，获得相信地久天长的资格。

七袭铺开信笺开始写一封长长的信。鸢尾花开了。快五月了吧。死神的面容，愈发地清晰了。

桐泽：

我要离开了。我把榄析交给你。我知道你有多珍惜她。亦清楚，她是怎样无法再脱离你。

请给她足够的时间。让她自主地开口告诉你她爱你。

我曾发誓要用尽我的一切来守护这个孩子。和你们相处这么久,我知道,不论我去到哪里,你也会继续这守护跟爱。而且。是我所不能给的那种爱。

我真的希望,有朝一日能听到你开口唤我一声姐姐。我们以这样的关系跟身份,共同爱着同一个人。我等着那一天,等你告诉我,姐姐,我在和榄析一起创造幸福。无论那时我身在哪里,我会在胸口划着十字,微笑静望你们的十指相扣,手心合一。

那么,保重了。

七袭

榄析。

嗯?

明天,我就要回家了。你喜欢的话,可以继续住在这里,不必搬回学校了。

没有回头。拖着箱子仰脸看头顶炽烈的太阳。

我知道。你们会创造一个地老天荒的童话。给我看的。

我一定。看得见的。

[17]生无,可恋

夏日。二十岁的最后一晚。没有开灯。阴天。没有月光。七袭安静地光着脚从一个房间穿行到另一个房间。这是她的家。自小生长的地方。没有父亲,没有母亲。可是有一个深爱的妹妹。

她的手指抚摸过她行走过的每一寸地方。她觉得自己的笑容残酷。今晚,她将是嗜血的妖。

她终于按下那一串烂熟于心的数字。一下,两下,三下……无人接听。她的面容无声地崩裂掉,她对着话筒轻轻说出那段话,——左铮,我爱你,可是我们都再没有机会。

这样黑暗的汹涌着的黑夜, 是七袭栖息的地方,在这样的静寂深沉的空气中,她裸露皮肤上的每一个毛孔都开始苏醒。

她听到它们贪婪的呼吸声,充满了暴戾与欲望。和空气冲撞摩擦,发出破裂的声音。

她开始愈加的清醒,在黑暗中睁大眼睛,聆听那些从身体里面流出的,黏稠湿润的液体所发出的悲鸣。像柔软的丝线在纠缠。

她绽放她早已枯萎的唇角。已经生无可恋。只是已经生无可恋。她始终无法突破内心里的黑暗汹涌。榄析,榄析,你可以承担我的离开,可以承担对不对?

她在一个无比冗长的梦境里沉睡了。她看见年幼的自己在男人和女人的争吵声里倔强地推开门跑出去的样子。风声鹤唳。她就那样赤着脚裹着单薄的睡衣在冰天雪地里狂奔。她忽略身后榄析焦灼地呼喊和寻找。蹲在河边的一棵老树下面抱住自己的膝盖,冰冻入骨,她看着覆满积雪的水面,她想走上去,走上去,然后坠下去。

她看见她把水果刀用力地钉入木制的桌台。单薄的门板相隔的另一个世界是不曾休止的战争。难道他们从来不曾相爱过。难道自己的出生从来只是错误的位置跟玩笑。她用力地拔出刀子横切过手腕的皮肤,如果不是你们给了我生命,我将毫无顾虑地杀死你们。可是我只有,只有如此懦弱地憎恨自己的资格而已。

她看见她和榄析同样如花的容颜依偎在一起。巨大的悲伤笼罩下的平静声音。灵魂在颤抖。姐姐,我什么时候会死。她的眼泪倾泻,榄析,有我在,你怎么会死。

她看见自己注视着镜中的容颜摘下颈上的十字。她把它封在一个精致的盒子里寄去厦门。附言:左铮,请凭此记得我。

她看见长长的站台上合欢带来的最后一个拥抱。那姿势无比绝望。他的最后一句留在记忆里的话,喧嚣回响。七袭,少抽点烟,对身体不好。如果不能戒,就买好一点的烟。可是她还是常常买来那种廉价的劣质香烟,辛辣的气息,冲击喉咙和肺部,哽住呼吸。

她看见十五岁那年她和榄析的出走。她们牵着手在陌生的街道上前行。树影婆娑,光影斑驳。姐姐,我们要是可以这样一辈子就好了。

她看见左铮在西方的白色城堡行走的姿态。黑色的衣衫,在风里细碎飞扬的头发,温柔的面容跟微笑,指间的烟火明灭之间。左铮,你有没有想到我。

她看见绵长柔软的海岸线。沙滩上。榄析的手安然放置在桐泽的掌心里。他们盛大而繁华的婚礼。幸福的将来。她看见恩禾靠着衍歌露出天真甜美的笑脸。臆想中想让他们拥有跟得到的,在梦里都实现了。

都实现了。她可以安睡了。不久的将来,她残损的身体只能躺在医院里以输液来维持性命。她不想那样结束。所以在那之前,亲手结束自己。

她只是想以自己的方式。与这个世界作别。

彼时。左铮正在万里高空上,握着七袭的十字架,归来。

他看着身体下方的云层。七袭,你有没有等我……等我告诉你,我爱你。

[After 17]

后来,服装界出现一名因处女秀“双生颜”的火暴而一举成名的服装设计师。她自称叫做骆七袭。

生命的长久到了让人不知所措的地步

上帝　请触碰我的额头
我在高空 向你礼拜
生命的长久让我不知所措
姐姐　我从此以你的名字来命名我
看你在高空　与我十指相扣

他看着医生们把那副血肉模糊的躯体推进急救室里去。他的母亲哭倒在昏暗的长廊。他的双脚悬在半空，暂时还未能相信自己的死亡。

风从走廊的尽头灌进来，扑打着灯光都开始涣散。他迟疑着向自己伸出手。看着它们在一瞬间穿透了自己的身体。

他的表情在那一刹那有说不出的诡异。自难以置信的神色一直转换至崩塌的绝望。他跌坐在地上望着母亲哀哭的脸。他的嘴角抽动着，喂，别哭了，回家给我做饭吧……

妈，回家给我做饭吧，我饿了。

妈妈，起来，我们回家吧。

妈妈，带我回家吧……

冬天的风格外地冷峻。他缩在走廊的长椅上看着无数张熟悉的面孔在他身旁穿梭。他的尸体被推进停尸房里去。母亲的哭叫声渐渐低了，其他的人声却浮了上来，络绎不绝地劝说告慰间或唏嘘着，声色犬马一般。

在天快亮的时候。终于都散去了。当他意识到四周已经静寂下来的时候，整家医院已经空无一人。

他摇摇晃晃地站起来像个醉汉一样往外走。他的尸首上满是血污可是他是这样干净。他知道他的生命就此结束了。停止在十六岁这个最好的年华。什么都不能再拥有。

他已经一无所有。在什么都还没来得及去经历的时候。就连呼吸的资格都已经丧失。

他迎着风泪流满脸。灯光悬在他的身体四周

像一个惨白的诅咒。他的步履蹒跚，形如佝偻的老者，泪眼之间模糊看见一个身影跌跌撞撞地冲了进来，像一阵风一样擦过了他的肩膀。

她已经奔跑了很久。围巾在颈上散乱前额的发已经汗湿。她的杂乱呼吸跟踉跄脚步毫无章法可循。她焦灼地在房间与房间之间寻找着，鞋子踏在楼梯上留下一连串不规则的回声。

他冷眼看着她。他的情感有稍微的冻结。他看她的表情像一个王者在漠视脚下的臣民。他被自己高高在上的姿态刺痛了。可是他不由自主地傲视着她。仿佛她是一个陌生无礼的闯入者。

她终于坍塌了下来。缩在长椅旁边的地板上双手环抱着膝盖将头深深地低了下去。他看见她的双眼在埋进头发以前已经变得无比空洞。焦灼与痛楚都不见了，被无比庞大的空茫覆盖了下去。

她是来寻找他的。寻找他那一副已经辨不清面目的躯体。它在巨大的撞击里已经狰狞丑陋。它孤单地横在深冬夜里的马路上挣扎了无数个钟头——没有人来救它。

他看着她僵硬的姿势。他笑了。不过是一场车祸而已。死在车轮下的人何止万计。小丫头。你何必那么在意呢。

你何必那么在意呢。她桀骜的脸在大雪里笑若繁花。洁白的纱衣在凛冽的风里纤尘不染。那双眼里布满的岂止是绝望。他被这忽然袭击进脑海里的画面击中了。胸口毫无预兆地剧痛起来。他捂住胸口单膝跪在冰凉的地板上抬眼看眼前蜷缩成一团的女子。难以置信的表情再度涌上他苍白的脸。灼汐这个名字以势不可挡的姿态跃上他的舌尖，他张开口咳出血来。

前世的残片

前世。他是落羽的皇长子。他的父王是因着仁和的统治与独步天下的剑法而被落羽族人俯首拥戴的国王。他自幼跟在父亲的身侧望着族人们的顶礼膜拜，骄傲着自己有这样一个伟大的父王。

他的名字，唤作临西。他是我天空里面屹立不倒的神。

我是庶出。也是落羽王最疼爱的女儿。父王说娘是这后宫里最美丽的女人。可是娘在我四岁的时候就去世了。所有人都告诉我她是失足跌下荷花池淹死的。娘生前最喜欢荷花。父王说娘淡妆素裹浅笑嫣然的样子，让满池的荷花都单薄失色。

父王将年幼的我牵到另一个女人面前。她是临西的生母，落羽王国的王后。她把一脸懵懂的我拥进怀里，温热可是陌生的气息扑打在我的耳畔：灼汐啊，我可怜的孩子……

我以雏鸟扑翅的姿势挣脱她的怀抱。她的手揉在我的颈子上弄疼了我，娘从来不会这样的。娘的手白皙柔软而且温暖。娘会温温柔柔地抚摸过我的脸颊用慈爱甜美的嗓音唤我灼汐。娘的眼睛是干净清澈的，祥和得没有任何欲念。可是眼前这个女人，她笑意盈盈的脸孔上氤氲着的杀气让我害怕。

我局促不安的眼神撞上了临西的脸。他过来拉着我的手一起跪在他的母亲面前。他说，母后，以后，我跟灼汐就都要劳烦您照顾了。

他对着我展开干净清澈的笑容。我感觉到手掌被包容的温度。父王站在我们身后笑得意味深长。高坐在銮椅上的女人在雍容华贵的宫服里露出了母亲特有的表情。我的膝盖抵在冰凉的地板上，我的骨节一寸一寸咯咯作响。我把头低下去，我低低地唤她，母后。

外面有黑色的鹰在宫殿上空盘旋着悲鸣。我不孤单。有一只温暖的手覆盖在我的手背之上。他就是在我天空里面屹立不倒的神。

我继续住在娘的藕荷苑里。自从娘走后，满池的荷花再也没有开过。只剩下无边的宽大的叶，招展如女子温柔的裙摆。

闲暇的时候，临西会来带了我穿过整个城堡到静寂的原野上去。夕雾草柔软地在脚下铺展一直延伸到看不见的远方。星星开始在天空闪烁的时候，可以看见夕雾草的种子裹挟着星泽四处飘散。我们就那样微笑着并肩躺在空寂的原野上看着日升日落，晨昏接袭，我望着临西的侧脸一遍一遍地自己说给自己听，哥，我们就这样一辈子好不好。

在原野上向北望，可以看见肃穆的后影山和山中若隐若现的穆隐神殿。穆隐是千万年来落羽族的神，是族人们坚贞不二的忠实信仰。每年的夏至所有皇族的后代都会去神殿进行朝拜，我总是待在人群的最后望着虔诚的父王和母后跪下来祈祷，穆隐神像始终不动声色地伫立，双眼注视着原野尽头的落羽湖甚至更远的地方。我固执地认定那就是临西长大以后的样子，——他是可以保护我的神。

七岁时我开始跟临西一起随叠桑师父习剑。女子其实是不必习武的，皇室的女子也不例外。但是，我固执地要求了叠桑师父允许我的任性。我不想跟临西分开。我想用跟他并行的姿态，陪在他的身边。

我们的父王，曾经带领了一批优秀的剑士与盘桓族的入侵势力对抗。战争持续了无数个年头，最后一场战役在接连四十九日的暴雨中画上句点。那场战争牺牲了无数的人，雨停的时候，沙场已经被浩瀚的湖水取代。那湖里生长着蓝色透明的血滟鱼，在国内流传着一个美丽的传说，它们是所有阵亡将士的灵魂羽化而来的，守护着落羽并似一道天然的屏障一般将盘桓族的势力阻隔在对岸。落羽湖坐落在城区的最南方，要穿过大片的铺满夕雾草的原野和绵延不绝的红枫林才可以看到。在那湖边，师父对临西说，如果有一日，你的剑气足以将落羽湖一斩为二，你才有能力获得争取下一任落羽王的资格。

很多很多年像湖面上的红叶一样漂过去。我终于长成和娘一样风姿绰约的女子。明眸皓齿,眼波流转,及地的白色纱衣和淡紫色的水藻般的长发。我回头看站在风里面微笑的临西,他瞳孔里淡淡的忧伤和坚韧,深蓝色的发用纯黑的发带松松地绑在脑后,——我的神,他的双手已经有足够的力量去赢得他想要的一切。

我们的剑气,早已经可以轻松地斩断落羽湖了。临西掌中的剑,在第三十三招抵上了叠桑师父的心口。我看见师父赞赏的微笑。那一次并肩躺在夕雾草丛里看着天空里面的浮云的时候,临西侧过脸来对我说,灼汐,可以答应我一个要求么。

我手上的剑赫然崩落。阳光和风无声地在我们之间穿行。枫叶崩裂,声声,裂开了我的血肉,模糊。我望着临西面容上从未有过的深入骨血的企望。他不知道我的世界在那一刻轰然塌陷了。我被推至风口浪尖上颠沛流离而无以求生。

哥,那是你最大的心愿么。

嗯。

最想实现的心愿么。

嗯。

不会有遗憾么,不会后悔么。

不会。

哦……我知道了。我会让它实现的。

那个时候,临西,你的笑容里会再没有阴霾了吧。

今生的碎语

今生。她叫做凉池。是风凉如水的女子。她的母亲说她从小就几乎没有主动开口跟别人讲过话,除了看到我的时候。

我的父亲。是她的舅舅。我是她的表兄,叫做宸甡。

我与她的成长符合那个滥俗的词汇——青梅竹马。年幼的时候,我拉着她的手在潮湿幽暗的胡同里奔跑,身后是雀跃着穷追不舍的小伙伴们,她微红的脸带着踏进陌生而激烈的世界的喜悦跟不安表情,手心湿热。

她一直是安静的。安静地跟在她母亲身后每隔一段时日被送来我家小住,安静地看着我跟其他男孩子玩弹弓翻墙头弹玻璃弹珠,安静地站在清晨的微弱阳光里仰脸看墙头上盛开的紫色牵牛然后回头对睡眼惺忪的我说,哥,帮我摘那个好不好。

后来我开始讨厌她。她的优秀与我的顽劣成为母亲絮叨不止的话题。我仿佛与生俱来的逆反心理开始作祟,当我终于逃课成风的时候,她依旧以那张乖巧的脸出现在教室跟我的家里,一如既往地拿着最优异的成绩跟最漂亮的字,——这让我的厌恶不可遏止。

我逃课的恶习终于被班主任一纸诉状呈递到母亲面前。我在母亲的皮鞭下终于暴露性格里最软弱的害怕。她锁起门来鞭打我。盛夏时节单薄的衣衫毫无保护作用。我在无可忍受也无法躲开的剧痛里哭着讨饶。凉池扑上来抢我母亲手里的鞭子,她哀求着说不要打了不要再打了,声音颤抖得像心肺都被剖开的小鹿。

她站在门边,视线不肯转向我。她一定觉得注视我会让我觉得难堪。母亲拍给我一张白纸跟一枚银针要我写检讨。她说,你犯的错就要用你的血来记住!

我拿着银针对着右手的食指。发颤的手跟身体暴露了我的懦弱。我抬起头看着母亲铁青而毫不让步的脸。我看见凉池望着母亲的眼光里写满了央求。我咬咬牙扎了下去,眼睛的余光瞥见凉池定定地盯着我沁出血珠的手指发不出声音。

母亲一字一句地说,我一字一句地写,血很快就不再流了,我怯生生地望望母亲依旧不为所动的脸,终于倔强地将食指放在牙齿之间恶狠狠地咬了下去。

我的母亲只是一个平凡城镇里平凡的家庭主妇。她教育儿子的方式就是这样直接或者野蛮。那封以凉池为证人签署了名字的悔过书被母亲收在写字台的玻璃板下面,时时都可以看见。

母亲在满屋子追着鞭打我直到筋疲力尽的时候跪在我的面前哭着说,宸甡啊我求你有点出息好不好……

我是一个不孝的儿子。我居然逼迫我的母亲用下跪的方式来哭诉她对我的无能为力。

两世纠葛

他站在她的玻璃窗外看她缩在墙角发呆。自从他下葬以后,她越发地沉默寡言了。他感觉到心疼跟不知所措。在他的父亲母亲渐渐接纳了他死亡的事实乔迁到上海之后,他没想到他的离开成为了她最大的阴影。

她在白纸上写满他的名字。宸甡，宸甡，宸甡。她把那些白纸撕碎，在暗夜里将它们丢出窗台。她看着它们像盛大的樱花拥落。她想跳下去和它们一起来一场午夜飞行。她想像自己生出蝴蝶的翅膀去追随风。他就像一场无向的风一样空空地从她指缝间穿过去了，——宸甡，你为什么不肯多施舍给我一点时间呢。

他就站在她的身侧湿了眼角。

叠桑师父将穆隐神像前的居合剑跟葬吟剑交到我们手上的时候，七月初七的击剑大典已经在轰轰烈烈的筹备当中。在那场仪式上最终胜出的两个人，将在来年的同一时刻进行最后的较量，赢的那个，就是新一任的落羽王。

七月初七那日，整座后影山篝火通明。残月悬空，跟着跃动火光映出人们振奋狂喜的表情。穆隐神殿下的祭奠平台上，临西与六皇子源隙出色地击败了其他所有王族的后代。人潮涌动着欢呼，父王跟母后坐在高台上露出满意的表情。我望着安稳伫立的穆隐神像，侧脸就看见临西瞳孔里的游离。

灼汐，可以答应我一个要求么。

灼汐，帮我离开这里好不好。

灼汐，我想带着剑去民间流浪。

灼汐，打败我成为女王，帮我脱离王座，好不好。

灼汐。我不想作假。只有你。有能力胜我。

我握紧我的葬吟。临西的眼睛里折射出艳丽的火。灼汐，帮我，帮我，只有你能帮我。我的面容在他期许而歉疚的眼波里苍白失水，雪白的衣衫像盛期的花朵蓦然颓败。我跃下高台将右手扣在左肩半跪下来向我的父王行礼，父王，请允许我与源隙对战。

欢呼声遏然而止。母后愕然地站起来失手触翻了桌台上的果盘。漓妃边俯在她的身侧安抚她边用焦虑的眼光看向我。群臣哗然，众口纷纭。

叠桑师父缓缓地走出来，他对着高台施以敬礼，王，女子角逐继任资格的确未有先例，但，王室中并没有规定此举不可行。灼汐公主的剑术，的确比许多男子都更为出色。

人潮再度欢呼着涌动的时候，源隙走过来拥抱了我，他说，姐姐，恭喜你。我的双眼望向高台搜索着临西深蓝色的眸子。没有了，没有了，他已经先一步离开。

我的神。他终于还是要丢掉我独自远行。

他被这些突如其来的前世记忆弄得格外狼狈。他日夜在世间飘来荡去,偶尔就坐在自己的墓地前发愣。他很奇怪为什么没有天使来迎他入天堂或者形如黑白无常一样的家伙来接他下地狱。他就只能做一个孤魂野鬼,没有归宿地。

一年又一年过去了。他早已经对时间没了概念,但是看着凉池的容颜他知道已经很多年过去了。凉池去了北京的一所大学,安静沉默地抱着书本上课下课鲜少同他人言语。他常常在她翻书的时候看见她对着自己的左手臂出神,偶尔会有晶莹的液体打在书面上,氤氲开去。

小学五年级的时候他们做过一段时间同桌。无聊的时候宸甡就会把下巴搁在凉池的左臂上看她写字。凉池的字很漂亮,在市里得过奖。他有时候会故意嘴巴一张一合弄得凉池手臂发痒,她把他推开他就再贴上去,笑容得意。可是他从没注意过那时候凉池红得发烫的脸。

他不知道,他是凉池自幼便想嫁的人。他身上仿佛生来就带有的迷离的微香,像是幻觉一样让人沉溺。

两世的记忆啃噬着他的负疚。对一切人事的透视力更让他苦不堪言。他将那些前世的片断以梦境的方式输入凉池的内心。狠狠地恨我,咒骂我,然后毫无保留地忘记我吧。凉池,宸甡想看你无碍且自由的脸。

双世尘缘

临西的双眼愈加游离了。我站在他身后望着他在风里翻飞的黑色长袍常常被即将失去的恐慌感淹没。这个占据了我生命里所有位置的男子,我的兄长,我无法被应允的爱人,就要抛下我浪迹天涯了。

哥,不能带我一起走么。

灼汐。不要提这么让我为难的问题。

可是。我想一直跟你在一起。

你已经长大了,不再需要我的照顾。何况。所有的弟妹之中,只有你有能力取代我成为最优秀的王。

灼汐。我已经背叛了父王跟所有的子民。落羽国没有了我,已经不能再没有你。

那一天我跟临西在落羽湖畔救起一位落水女子。她妃色的衣衫湿水之后异常娇艳。微卷的琥珀色的发凌乱地散落在胸前和背部。她长长的睫毛还在轻微的颤动。临西探手试探她的鼻息和脉搏，说，只是昏过去了。

苏醒过来的女子睁开她琥珀色的瞳人。我听见她的声音宛若天籁。她看着临西，她说，你是谁。

她的右手在临西欣赏的目光里轻扣在左肩跪下来向我们行礼，妃色的衣裙在风里簌簌有声。她的手指洁白修长犹如娘喜欢的藕荷，音色婉转像落羽皇殿檐下万年轻垂的风铃。我看着临西搀起她的手腕，翎睫，无处可去的话，就随灼汐一起回藕荷苑吧。

从此临西日日来我的居所看望翎睫。黄昏的时候他携她出去散步。眉眼之间，尽是风情。

纵使多么愚笨，我也清楚，他们，相爱了。

要陪他浪迹天涯的，只会是他的爱人，不是妹妹……

我开始将自己禁在红枫林中练剑。叠桑师父偶尔会来与我切磋。他说，灼汐，有些不想做的事，就不要勉强。

我摇摇头。鲜血一样的红叶簌簌地落下来染红我的眼。我知道，是我自己选择的。多么勉强我也会坚持一辈子。

那面承载了我所有欢乐和忧伤的落羽湖，蓝色剔透的血滟鱼点缀其中，像在一大片原野上星星点点怒放出的夕雾花。湖的岸边盛开着大片的蓝紫色花朵，在那个夏秋之交的时候，吸引了无数洁白的蝴蝶。那些花朵，在那一年刻进我原本清亮的眸子成为抹杀不掉的蓝紫色忧伤，遮蔽了整个天空的明亮妩媚。

我踏上湘宛阁的宫殿。四岁的小王子剪席欢快地叫着灼汐姐姐一头扎进我怀里。我搂着他，抬头看见一脸微笑的漓妃。她说，灼汐，你好久没来。

我一颗一颗的剥刚采摘下来的紫提，去了核，再塞进剪席的嘴巴里。剪席捧着脸甜甜地笑，他的容颜，和幼时的临西一样精致。

父王还好么。我已经很久，没有去参拜他了。

漓妃轻声叹息，还好，只是听说新任的盘桓王联合了西方的扶摇国送来了议函，要求今年的年末在落羽举行武试，每国选派三人入赛，名义上说是武学切磋，其实是打探虚实。

那个盘桓的王，叫什么名字？

复倾城。听很多人说，他的佩剑，是把带有阴邪之气的利剑。

我站起身来。漓妃轻轻唤住我,灼汐?

我想去问问父王有什么对策。

她眼神复杂地望着我,迟疑着说,灼汐,去看看你母后吧,她很,想念你的。

我直视她的眼睛。她的眼神里有一丝慌乱和躲闪。我说,好。

我缓缓步上安和殿。这里这样清冷。空旷的大殿没有一丝人声。我想起幼年的我跟在父王的身后亦步亦趋地走,临西英俊的温和的面容。我跪在冰凉的地板上,寒气自膝盖渗透我的全身,生生地疼。一群黑色的鸟在宫殿外鸣叫着远离,苍色的鹰徘徊不去。我俯首唤女人母后,女人在高高的銮座上满足而阴霾地笑。

女人静静地躺着床榻上睡眠。我跪在床边握起她的手。女人真的老了。皮肤已经黯淡松弛,细纹也已经爬满了眼角。我想,如果是娘,娘也会老的么?

女人模糊地梦呓,玳姬,玳姬…

我愣在那里。玳姬,那是,娘的封号。

她的手突然用力抓紧了我的手,我看着她在梦魇里挣扎,含糊的声音冲击了我的耳膜,我的瞳孔突然放大。

女人叫出口的声音分明是,玳姬……别杀我!

宸甡看着凉池在梦里的试图脱险。他的心口传来一阵绞痛。那个干净乖巧的女孩子被他的死亡杀死了。死在那个1999年的冬天。和他一起丧生在车轮底下。

她是会让很多男子想要疼惜的女子。抽烟可是手指异常白净。神情疏离往往还带有一丝恍惚,双眼里模糊的不确定神色却让人想要紧紧拥抱住她以给予坚定的方向。

但是她拒绝了任何人陪伴在她身边的可能。镜崎是张望了她三年的男子。他问她,到底对你而言什么样子才是爱情。

她笑,第一眼见到就让我想嫁的人,那个人就是我的爱情。

她说这句话的时候宸甡就站在她的右手边看着她。她的脸上显现出想要抽离尘世间所有情感的倔强。不妥协,不退让,也不留恋。

镜崎终于松开了她的手。手上的皮肤突兀地裸露在空气里开始凉得生疼。她在返回住处的途中凝视着手里宸甡的照片开始想要哭泣。天太寒冷了,太寒冷了,那寒冷冲进骨髓的罅隙里压迫得人想要哭泣。刺骨的风里,她潮湿的眼眶就像龟裂的河床一般疼。

宸甡,你跟爸爸妈妈一起夺去了我所有可以爱的能力。亲爱的,我已经残废了。已经残废了你知道么。

激烈的疼漫上宸甡的胸口。他痛斥自己为什么在失去机会的时候才开始懂得。已经不能够弥补,已经不能够交付。已经不能够跟她说我爱你了。

已经不能够了。可是身处两个世界的他们。谁都没有放过自己。

我都这样爱你

已经是2005年的春天了。凉池的父亲终于跟她的母亲离了婚娶了另一个女人。她的父亲在告诉她这件事的时候,像是在讲述一个理所当然的条例。她看着这个男人。这个曾经在宸甡入土的时候将她反锁在家里禁止她去看他最后一眼理由是怕她会承受不住而晕倒的男人,一瞬间淡薄了对他的所有恨意。

不再爱了,也就不再恨了。

她守着她哀怨一生的母亲。说。妈,你不再依附那个男人,我很高兴。

小凉,妈妈也要结婚了。对方是妈妈公司里的同事,一直对妈妈很好,他会像对待自己的女儿一样疼……

够了。

够了。原来那背叛是双方的。原来人类的感情,是这样的容易彼此丢失。

宸甡,我们结婚吧。我惧怕了婚姻,可是我想和你有一场盛大的婚礼,就像葬礼那样洁白。

凉池垂下眼来微笑。宸甡,如果我们能结婚该有多好。我常常梦见一个叫做临西的男子,英俊得不像尘世间的人。我觉得我很熟悉他。那种感觉,让我想要去触摸他的脸。就像,后悔从来都没有触摸过你的脸一样。

临西来了又走了,带走了翎睫。他们去赏花谈心或者饮酒对诗其实都与我无关。临西的世界,已经与我无关了。

我看着满池无花的荷。娘的身体曾经沉溺于此。她的尸首被打捞上来的时候,我取走了她手里的丝帕。那上面绣着娘最喜欢的《荷叶杯》:

一点露珠凝冷,波影。满池塘。绿茎红艳两相乱,肠断。水风凉。

娘说过我的名字就像荷，灼是火，是红艳，汐是水，是绿茎。

可是娘，灼汐不知道，如果知道你死去的真相，那我该拔剑，还是宽恕？

年末很快就来了。盘桓与扶摇的六名武者已经率先入住落羽城。这一天晚上翎睫很晚了都没有回来。禁卫说她一直与临西在一起，应该还待在临西的琉璃宫。

这个晚上我莫名地坐立难安。天气严冷可是我觉得燥热。难耐之下抓起葬吟我到院中舞剑，剑光忽闪之间我突然被它震慑了双眼。不知何来的寒意就蓦地攫住了我的心魄。

我撞进琉璃宫的殿门。冲进卧房的时候看见临西似毫无知觉一般昏睡在榻上。翎睫错愕地看着我，脸上还有残留的泪痕。她手中现着寒光的弯刀，咣当一声跌落在地。

翎睫伏在我的肩膀上像个孩子一样哭泣。灼汐，灼汐，我只是不能容忍他说要放开我自己去流浪，我不能容忍他为了那样一个梦想就抛弃我，我不能容忍，不能容忍跟定他去天涯海角的自己最后只会成为他的负担，我不能容忍他离开我，如果不能在一起，我宁愿跟他一起在这个时候就死掉……灼汐，灼汐，对不起，原谅我……

我在她不能成全就一起毁灭的爱情里泪流满面。临西，两个这样深爱你的女子，都不足以留下你么……

明日，便是武试了。盘桓王复倾城与扶摇王庞亦已经于前一日带领近身侍卫进入了落羽城。全城戒严。我兀自躺在原野上看星辉携着夕舞草的种子四处飞散。临西不再陪伴我的日子，我已经学会了一个人寂寞。

有黑色的风隐约盘旋了过来。我隐没在乱石后面。我看见叠桑师父依旧闭着眼睛在那里坐禅。他的面前站着一个身材颀长的年轻男子，纯黑色的长发及地，橙色的瞳人，藏色的长袍在风里翻飞，他掌中的剑，通体幽蓝，弥散着诡异的光泽和迫人的寒气。

我听见师父开了口，王，我绝不会为你做任何事。

男子诡谲地笑了，狐喑，你以为你逃得脱你的宿命么？

王，我早已不是盘恒的子民，不必再受你控制。请回吧。

那么，秣禾呢？

师父陡然睁开了眼睛，我看见他的瞳孔里写满难以置信的神色。

男子轻抚他的剑，一脸玩味地笑，是的，她没死，当年你匆匆逃来落羽的时候，我将她从大火和铎棂的剑下救了出来。她现在是我的人。狐喑，这个理由足够让你为我效命了吧？

王，不要逼我。师父的眼睛里有血色的烈火喷射。

你女儿的生死，还有荣辱，可全在你一念之间了。狐喑，我给你这么大的选择权，你应当好好感谢我才是。别忘了你身上流着的始终是我盘恒人的血，你一辈子也休想摆脱。

狐喑，七天之后，带落羽王的人头来见我，否则，我就将十三年前就该死去的你女儿的命，完完整整地奉还给你。

我缓缓地走过去。师父的脸在驼色的衣衫里苍白失血。长长的发凌乱地披散下来，将他颤抖的身体包裹在里面。他的喉间翻滚，我听见他含糊地叫着，秣禾。

你都听到了？

是。

那动手吧。

灼汐是这样忘恩负义的人么？

你只有杀了我，否则，我就要去刺杀你的父王，两者选其一，孰轻孰重，灼汐，你应当明白。

可我要你们都活着。我捧起叠桑师父的脸，我要杀的，是复倾城，那个自恃骄傲的盘恒人的王。

叠桑伏在我的肩膀上落下泪来。这个一向刚强屹立驼衣舒展的男子，一瞬间让我看见了他沧桑的身体跟容颜。

你会如何爱我

他在凉池的笔记本扉页上写：一点露珠凝冷，波影。满池塘。绿茎红艳两相乱，肠断。水风凉。

凉池注视着这些字句有一瞬间的恍惚。梦里依稀听到过有女子用干净空灵的嗓音唱过这首词。这词里隐含了她的名字，她觉得很欢喜。可是，是谁将这句话写在这里的？

她看见镜崎自教室的窗口一闪而过。是他么。她自嘲地笑了，却没来由地想起他握着她的手时传递过来的体温。她摸摸自己的脸。宸甠，我已经，二十岁了，而你在我记忆里的容颜永远都会那么年轻。宸甠，你相信么，我居然开始有些想念那个人了，只是开始想念他掌心里的温度，我居然想，回去那些被他眷顾的时间。宸甠，我是多么地想念我的年轻呵。

宸甡站在门前望着她。嘴角扯出一抹笑意。她的眼睛里略微有了不一样的光。他丢掉手里的签字笔,全然没有注意到有很多人看着在门旁悬浮着的笔惊诧得张大了嘴巴。

十二月末,武试。我终于狼狈地击败了那个号称盘桓族第一剑士铎棂的时候,临西败在了复倾城的剑下。翎睫走上来搀起左臂鲜血淋漓的临西,眼神复杂地看向我然后转身向观台走去。我望着他们的背影。临西,我连将对你的担忧跟心疼挂在脸上的资格都没有。

复倾城收起手中的剑。我不欺负女流之辈,更加不在女人带伤的时候出手。灼汐公主,你跟我的决战,再择日进行好了。

他的脸上带有与生俱来的傲气。仿若天下苍生尽握他掌中。我冷冷地回应,不必了。

漓妃投射过来的眼光里带着略显不安的担忧。父王的容颜依旧沉稳。临西忍着伤口的痛楚用焦灼的神情告诉我对方很棘手。翎睫美丽的眸子里被各种复杂的情绪充斥着,无法解读。叠桑师父隐匿在人群里用隐忍的目光注视着我,我回应给他一个坚定的微笑。

葬吟剑像我的血脉一样融合进我的身体。父王,我不会让你有任何闪失,不会让落羽族的国土落入盘桓人手中哪怕一寸。我注视着眼前这个狂傲的男人,——这个男人,我———定——要——杀——了——他。

叠桑师父曾经盛赞过我出剑的速度。若与临西真正交手,我有把握在百招以内将剑抵上他的喉咙。即使是剑法被称作独步天下的父王,我亦有把握凭自己的剑术立于不败之地。但是这一刻我不得不承认,复倾城比我更快。他的剑更稳,更狠,也更凌厉。剑剑是致命的杀招。

他完全像一个嗜杀如命的快剑杀手,而不是安坐在銮椅上指点江山的君王。

他的嘴角开始勾出邪意的笑容。我的步法跟气息略微乱了。疲于招架,无力还击。

观台上的群臣开始有不安的骚乱。复倾城嘴角的邪意更浓。他的劈剑式的庞大剑气将我震出三米开外我就势俯身回转左手射出三枚镂空镖,直击他眉心、胸口以及左腹三处要害。

那是三枚淬有剧毒的镂空镖。除了叠桑师父无人知晓我左手的暗器比右手的剑更快更无可闪避。

观台上传来一片惊呼。我眼睁睁地看着翎睫扑过来推开复倾城同时向我射出一柄弯刀。最后一枚镂空镖硬生生钉入了她的腹部。复倾城的剑气已经重重地震伤了我的内脏。我只能勉强地随着刀锋侧了侧脸那柄弯刀就划过了我的脸颊没入了身后的人群里。我看着翎睫在复倾城的怀里慢慢倒了下去。我不由得捂住胸口吐出血来。

我丝毫不知道她是何时走下了观台站在了离我们这么近的地方。我脸上的血沿着我的脖颈流下来浸染了我白色的长袍。我听见复倾城摇晃着她的身体大声地叫她秣禾,我惊诧地转头看向叠桑师父的方向,他的脸,已经被这一幕袭击得惨白如纸。

秣禾的手触上复倾城的眉眼。王,我终于可以不必必须以一个歌者的身份才能走到你面前。我努力成为王宫里最优秀的歌姬,就是为了能更多地看见你。

王。对不起。我没能杀得了临西。他跟灼汐都是太善良的人,我下不了手……

复倾城的声音里现出前所未有的紧张,他叫她住口,叫她保留体力撑下去。临西站在场地的边缘直愣愣地望着这一切,突然开口冲我大喊:灼汐! 解药呢?!

我轻轻摇了摇头。叠桑师父的步履似有千斤一般沉重。他呼唤着他失散多年的女儿的名字,秣禾……

秣禾抬起眼来望着他。她轻轻轻轻地笑了,父亲?

叠桑师父点点头。他半跪下来握住秣禾的手。父亲,你老了呢,不是秣禾记忆里的样子了……

师父的身体佝偻了下去。他的眼泪打在秣禾的手指上。秣禾望着复倾城的眼,说,王,谢谢你十三年前保留了我的性命,在那个时候起,它就注定是要为你生为你死的了。

灼汐,临西,对,对不起了……

诅咒

我的脸上蒙着白纱站在临西面前。大雪裹挟着风弄伤了我的眼角。临西轻轻地问,你脸上的伤,还好么。

我笑,你何必那么在意呢。

临西就垂下眼睛不再说话。

在我转身之前,哥,听我说完这些话。灼汐对你的感情,超出了妹妹对兄长的依赖。我知道这是不被接纳不被宽恕的情感。我也不想要以它来让你陷入跟我同样窘迫的境地里。我不害怕惩罚。如果要让我付出代价,就让我在下一世依然无法跟你在一起。我就是要这样,连同因为无法相恋而留下的创口以及赎罪的卑微都狠狠地爱下来。再见了。这一走,我就不会再回头。

凉池在灼汐最后的背影里哭醒过来。她觉得自己太频繁出现幻觉。宸甡。你怨恨过自己的死亡么。我从不知道你的内心。那些成长中你所行走着的路径,我其实从不了解。

可是我多想要投奔你。看你在黑暗里伸出双手迎接我。我会感激到泪流不止。失去声音。

夜里的风声诡异。是孤魂游荡时才有的凄绝。它不动声色地穿过冰冷的窗,无视一切黑幕的覆盖突然扼紧了凉池的喉咙。

她的骨骼咯咯作响。她仓惶扣住那只锁紧她咽喉的手。她的瞳孔放大,指节发白,血液在那一刹那生冷迟缓,晦涩得听不见任何流动。

外面的风还在幽怨地嘶吼。裹挟了一切不可名状的厌恨和憎恶。那声响混合进这只枯枝一样空洞的手里,邪恶,庞大,并且忧伤。

她的长长的指甲深入进那只手的皮肉里。深深地,插进去。有黏稠的液体带着冰凉的质感自她的脖颈滑落,一寸一寸,漫过她的锁骨,弥散着,熟悉的,迷离的香…

哥……是你来……带我走了么……

[后记]1999年

一月

她安静地抱了很多衣服去洗。

床单暖黄色,睡单暖黄色。

她不爱它们,可是她就是偏偏挑选了这样的色泽。

手上的伤口在稀释了洗衣粉的水里绽开。

垂下来的发遮挡了她所有的表情。

她的血红的睡衣在灯光里诡异得像一只吸血鬼。

她抿抿自己的嘴唇。

它们干涸得有很多鳞片可以撕扯。

洁白的烟置于她的指间。

她眯起眼睛看着眼前的电脑屏幕。

她做了很多的图,明知道并无用处亦没完没了地做。

仿佛天生的偏执。

没有人来吻醒她。

亲爱的。

我该以何种的面目继续,没有人来吻醒我。

二月

亲爱的,我走的时候,你不要回头。

别看回头的路,别流一滴眼泪。别再用那双手做无望的捕风。

我走的时候,亲爱的,不要回头。

可以憎恨,别对我微笑,在我走的时候,别用你的双眼注视我。

我走的时候,请不要挽留,不要让我的双耳听到你任何的字句。

请沉默着接纳,请沉默着放我走。

在我走的时候,也许还会想起你曾给予的温度。但是在我走的时候。

那一切已经,与你无关了。

如果来世再成为人,我要寻找到一处静寂的深谷,一生居于那里,不贪图任何也不去经历,当我死去的时候,仍然干净如婴孩的天真。

亲爱的,到那个时候,我会伸出手看裙角翩跹的你飞奔向我,到那个时候,我们,再相见吧。

三月

坐在车里穿行北京城,身体失重。冷气开得很足,阳光却在炙烤。

云层婉转,如水袖的歌姬。

我抓紧我燥热而冰冷的手,几近呕吐。

途经上岛,我想念那里青绿色的安静。不知名的外国曲目。黑方威士忌旋转一个下午。无人打扰地沉淀。

我想把那些悬浮的冰握在掌心里,冷袭骨髓。我带着那种快感跳入深深的水底。

我把我的身体交给水流,把我残损的灵魂交给水的方向,把我的罪孽展露给水的洁净。

它是否会判我尸骨无存。

我肮脏的血，会否是它的玷污和亏欠。

X-Japan的*The last song*。我最后的安魂曲。

雨天里，有没有一群洁白的蝴蝶围着你的墓地举行一场盛大的葬礼。

我如何可以在那之中仰起沾满泥污的脸，卑微地乞求说，我要活。

亲爱的，我多想没有任何伤口地再与你相见。

亲爱的，我多么多么想念你。

四月

你那里，郁金香花开了吧。夜晚是这样漫长。行程颠簸，看不到沿途是否有花朵盛开。灯火疏离。像你的眼。

冥火像幽绿的魂魄一样四处飞散。亲爱的，这条路，我不想你陪我。

所以亲爱的，停下你的脚步，不要跟着来。

记得我的母亲为我所流的眼泪么。那一刻我觉得我被撕裂了一样疼。亲爱的，不要让自己遗憾。对自己的父亲与母亲，去了解并且懂得他们吧。

不管他们曾经以什么样的方式让你觉得受伤，没有人从一开始就明白爱的正确路径。在爱的领域里，所有人都只能在摸索中探求最合适的体现。他们与你我一样，站在这片沙场上像手无寸铁的婴孩，惶恐并且充满期待。

亲爱的，代替我，将这生命，继续下去吧。

代替我，去爱吧。

五月

时间的姿态开始变得残酷。一分一秒化作锋利的尖刀在心口上来回切割。你已经不在我身边了，不会牵着我的手奔跑过那条幽深潮湿的小巷子了。不再跟我，活在同一个世界里了。

有无数人书写着生离死别的痛楚。亲爱的，我可以认定没有任何一种赶得上你与我的诀别么。

会传简讯给父亲，报告那些日常琐碎。知道他的回复必定是一成不变的口吻。他死也不肯放下的父亲的威严跟身份，我早已经习惯。与他不会是朋友，只是在细碎的所谓关怀言辞里你来我往，像极世间人情世故。

只是用这余生尽可能的相依为命，无法抵达内心的深处，依然是不可替代的爱。

我在阳台上种养了仙人掌，它们存活得这样倔强。亲爱的，我们什么时候，能再相见呢。

六月

我站在这片阴森黑暗的土地上能听见来自天堂的唱诗。它们这样安详，没有人来牵引我走去那里。亲爱的，原来丢弃了你的我，不被允许进入天堂。

对不起，我没来得及跟你说。我爱你，或者我其实想跟你在一起。我没有想过你与我的前世今生都被安置在了错误的位置。我以为今世的我应该要来赎罪，要挽救前生你与我的错失。可是对不起，我居然让自己在还未懂得爱情的年纪里就走向终结。

恨我吧，怨我吧，然后狠狠将我自你的记忆里抹去，去爱另一个人吧。

那个时候，我会笑着看你幸福的脸。然后用我接受的炼刑赎你一世的温暖安和。

七月

其实我多么想记起前世的事情。只是认定那里有我跟你的光阴。

我说过我会带一束紫色的蝴蝶兰去看你。一晃五余年，你还是独自寂寞地躺在那里。而我无从知道，你的墓穴究竟是在哪里。

我的父亲你的母亲，我都不敢询问。

我最违背常伦的事情，就是，妄想嫁给你。

但是我连祭奠你的权力都没有。

八月

亲爱的，这里没有四季更替。你会想念我在盛夏里的欢颜么，坐在我的摩托车后座上吹过你发梢的风。你白色的蝴蝶一样招展的裙摆。你凝视我后颈的眼光是多么的波光潋滟呵，而我直到此刻才懂得。

太迟了，已经太迟了。只能寄希望于来世的时光里，你与我不再受这血亲束缚，并在彼此对望的第一眼里就彼此认定。

你带有这样的自信么。这一世你还有那样漫长的时间，那样漫长的时间需要你身处其中全力过活。

亲爱的，放过你与我的回忆，那不该是留给你的惩罚。

九月

有句话说，生命对每个人的公平，就在于所有人都会死。

安静的夜晚总会让我格外恐慌。清醒着听着心口上的皮肉绽开。一圈一圈外裂。慌张地拿了针线缝补。血流如注。

烟毒在身体里以无比张狂的姿态弥散。胃在反复说着饥饿。我已经喂给了它那么多的东西，它还是抹抹嘴角觉得不满足。

一切皆如离离的野草遍生。于是身体仿佛已经不属于自己。它变得那么难以支控，像是一堆坏死生锈的零件聚在一起上演圆舞曲，那旋律让我晕眩。

亲爱的，我开始收拾行囊了。我想要远远地走掉然后再回来。等我回来的时候，让你看我向日葵一般盛放的笑脸吧。

我，想要，放开你了。

十月

你知道在这个地方，时光的面目有多么地混沌么。我双手空空地站在硝烟弥漫的战场上，四处是枪声与爆破声，皮肤上盖满了厚厚的尘土。

你奢望了两世与我的不离不弃，我都让你失望了。亲爱的，我把那些过往以梦境的姿态灌输进你的梦魇。看着你的挣扎与惊醒，我不知道我是对还是错。

只是不想让你原谅我，辜负了你双世爱恋的我，不想让你毫不知情地就这样原谅我。

我恳请你降罪于我，然后你与我，彼此再无关联。

十一月

冬天了，大海的颜色惨白。我在那潮汐的边缘写下你的名字，看它们将你带入大海的深处去。

亲爱的，请你安息。

最终我们会以死亡来团聚，你不过是先行一步。

当我坐在藤椅里垂垂老去的时候,也许还能想起你阳光底下漆黑的眸子。你留给我的记忆永远都是那么年轻,时间带走了你,不会残忍地将记忆也带走,对不对。

亲爱的,我们之间相互的一生一世,便是你死了我依然会活下去。

十二月

旅行可顺利么。平安夜快到了,我想带一场雪给你。在那之中,看你洗净所有的阴晦像个孩子一般雀跃。

1999年早就过去了,亲爱的,走出那一年吧。

纵使它寓意着天长地久年,也不要再继续守着它了。

它其实只给了你悲伤,不是么。

新年的钟声敲响的时候,亲爱的,带着爱,带着希望,带着温暖跟舒展,走到有温暖阳光的地方去吧。

这一世,你跟我,只能到此为止了。

我们,就到此为止了。

01

在平静的年代，你曾经告诉我，那棵生命之树一定要不惜代价的保留，无论发生怎样的事情，这一点千万不能变。那时候我似懂非懂地点了点头，觉得这是一件遥远的事情。我看看身后那棵葱茏的树，心里总感到高兴。

02

时间从来不肯放慢脚步，它不肯为任何人而停留，它就像是一个落败却骄傲的国王，急着逃出胜利者的掌心，却又不肯放下那有着高贵血液填充的尊严。我就这样的一天天长大了，同时进行的是你在衰老。很快的我就感到了你的苍老。在我心里，你曾是多么的刚健呵！我很难过，此刻就想和你好好的聊聊。

03

“为什么我们都要经历这么多恐惧的变化呢？比如说，你在苍老，我在成长。”

“这是因为时间总在创造新的活力，孩子，这是时间的力量。”

“那生命之树会出现什么样儿的变化呢？会不会像我们一样的成熟或者消亡？如果出现那样的情况，我们还能支撑多久？”

“孩子，不要想得太多，你要知道，生命总是在循环的，而这一切不是我们可以制定的。一个生命从开始到消灭，都是经历了很多循环与迷茫的过程，它最终要的只不过是一个并不算完美的结果。”

“你终有离开的那天么？”

“是，即使是我，也不能违背这个规律。我们都要遵循这些自然的法则。”

……

“不要难过，孩子，这是我们的幸福所在。”

04

我从这里走向那个未知的远方，然后爬上那座思想的高山，在山顶砍倒一棵树，这棵树的样子很像我家乡的那棵生命之树——可是我还是毫不吝惜地将它砍倒了。因为我学会了妒忌，我不能让别的地方也拥有我所拥有的东西！

因为我在成长。我早已忘记了你对我说过的话。

——多么美丽的借口！

05

我在荆棘中赶路，周围撒满冷清的月光。

我原本以为在这个世界不会再有月光了，至少不会再这样轻易出现，可是月光就这么现身了——虽然没有原来的皎洁明亮。我突然间想起了你，你的面容又一次浮现在了我的面前，有些模糊，可是却感觉很清晰。我恐惧，突然就有点儿眩晕。

……

仿佛，你对我说了些什么，可是我真的记不清了，我只记得就那么一道白光闪过(请原谅我，我也记不清那光芒的颜色了，大概是白色的)，然后我就没有了知觉，在我丢失自己的过程中，我确实是听到了你的声音，可是现在我不记得了。我努力搜索着自己的思维，可是却发觉头痛欲裂。为什么？谁能告诉我这都是为了什么？

06

我在繁华中遇到了她，真的，我从来没有想像到这些。她好像是传说中的媚娃，把我深深地吸引了，让我无法转身。

原来这尘俗间的事物都真的那么吸引人啊，我原先以为生命之树是我今生最珍贵最重要的东西了呢，曾经我在它下面发过誓的，我说我要一辈子守护它，可是现在我身不由己。

她的眼睛就那么的盯着我，好像要看出我所有的心事来似的。我极力控制着自己，或者说是压抑吧——不让自己爆发出来,这是很痛苦的,可是我仍然要这么做,我不能完全背离自己的信仰,我现在所改变的那些,不能完全怪我吧?

媚娃,这真是世间最最奇妙的生物啊,她就像是一种随处可以扎根的生物,无论何时何地都可以注入思想。她才不会管住入体是否乐意接受,她是蛮横而不讲理的,却又让住入体感觉舒服。我就是这样的一个"受害者"(我这样说是因为我觉得自己被她害了,可是却不想反抗),没有任何的办法了。

生命之树大概仍然在我的家乡存活着吧?只是不知道它是否还枝繁叶茂?我发现自己的思维又开始混乱了……一直在左右盘旋:生命之树——媚娃——生命之树——媚娃……

07

纯白色的信鸽捎来了家乡干涸的消息,一时间我居然不知自己是不是应该流下眼泪。我就是那么的愣着,好像一个没有了思想的木乃伊。大脑一片空白,却还似乎有那么一个小黑点在游走,它在不停地冲击着我的思维,让我感到隐隐的疼痛。

我能做些什么?我能做点什么?

也许在我刚刚离开家乡的那段时间,我还可以做一些实际的拯救吧,但是现在……现在我做什么都只是徒劳了。我已经不是原来那个我了。

她在冲着我笑,我身体一震,又投入了她的怀抱。

08

我不知道为什么一切都需要肮脏的货币来交换。这是一个物欲横流的时代,也许吧,这就是我存活的时代。从开始到结束都只是同一个时间,从那时到现在都已过了这么多年,我为什么要想那么多呢?我现在还年轻,但我终会不再年轻,是虚度光阴吗?我不这样认为。我的生命它不长,不能用它来悲伤。我记得,在很久以前,有位哲人这样说过。

你现在在什么地方?是不是在替我履行着原本应该是我执行的义务呢?我想说声感激,因为你是我的老师,我的朋友,我的亲密伙伴,可是,我一有了这个念头,头就会莫名地疼痛起来,就像上次有月光时一模一样。

我在阴暗的角落发现一朵暗白色的花,它在开着,仿佛在对我进行着最大限度的嘲弄。

09

我很害怕死亡。

死神曾经不止一次的从我的身边走过，他把我的眼睛合上又打开，就这样一次又一次的重复着这简单而又复杂的游戏。我一直在抵抗着什么，想不让他再这样折磨我了，离我远一些吧，或者让我痛快一些吧！可是他根本不理会我的哀求，反倒是变本加厉了。于是这种游戏逐渐模式化和完美化。

看到那些枯萎了的花，都衰败的低下了头，看到它们伤心欲绝的样子，我不知道自己还能做些什么。死亡是我无法预测的，也是我没有办法抛开的。——我突然间明白了这一点！

恐惧！突如其来的恐惧！我终会离开，你也会的，还有——我们伟大的生命之树。

10

我继续着我的寻欢作乐，可是已经没有原先的兴致了。我和媚娃有过一段谈话。

"你为什么总是不能真正地笑呢？这是一个多么炫目与多彩的世界啊！我们的日子不多，微笑是多么快乐的啊！而且，还有我啊！"

"我不知道……我的生活或许不该是这样吧……"

"你从出生到了现在，经过了这么多年，应该有了很多美好的设想吧？这些都是你的资本啊！青春是不会等你的！"

"是么？我看不清自己的生活，可是我觉得现在已经没有了动力。我找不到自己在家乡时候的那种感觉了。"

"你已经厌倦了这个浮华的世界？"

"也许……可是……"

没等我有什么反应，就又感到了一束光。于是我又陷入了昏迷。

11

生命就像是一朵冷清的花，残缺而又寂静。它包容着进化的整个过程，不甘寂寞的为我们每个人做着向导。没有什么能阻止这一切发生，因为这是一个前行的存在。有温和的爱给它提供着支撑，这让它可以毫无顾虑的生长，只要这爱不曾结冰，它就能维持最舒适的状态。可是，爱不会永远新鲜，也不可能永远都存在。——于是，这朵花最终还是会枯萎的。

无常么？也许吧。其实什么又能安稳呢？所有问题都是没有固定答案的啊！无论是新来的还是已去的，其实都应该被珍惜——或者说是珍藏——因为那些毕竟是美好的。

不要徘徊了。抬头，看到阴霾的天空，好像是一张凝重的脸。彷佛熟悉，但是又一时回忆不起。

12

我继续晕……

知觉,都不见了。

13

睁开双眼,我看到自己躺在家乡的土地上,周围的一切都散发着熟悉而又陌生的气息。我感觉得到自己的眼眶里渗出了一种无色但却涩涩的液体。这让我有些不知所措。

大地被撒满了皎洁明亮而又冷清的月光,这和我在那个世界见到的不一样。欣慰,真高兴我活着的时候还能看到这些。

我起身,突然有了一个念头:我要去见见你。

14

当我走到你的那所茅屋时,怔住了,我看见了我最不愿看见的景象:你把自己挂在了门口的旗杆上,一双苍老的眼睛一直看着我归来的方向——但是已经失去了光泽,你的身体在寒冷的风中孤独游荡……

我不由自主地跪了下来,冲着你的身后深深地凝望,想看到更多的关于你的事情,虽然我什么也看不到了。

你离开了我。我应该怎么办?

15

生命之树已经倒了。这是我离开家乡前三天时所做的事情,我亲手伐倒了那曾经为我们所有人赖以生存的神灵。

我不后悔,因为我的时代注定了我只能这样做。安静和平稳只能是记忆里的东西了。我们谁都没有错。

不知不觉,习惯了咀嚼喜欢的文字,呼吸熟悉的感觉。习惯了无病呻吟,把无聊演绎成一种情调,时光将生活消磨得乏味,泪珠日益弥足珍贵。不知不觉中,寂寞病变成一种癌症。

最后才知道,我活在一个叹息而疯狂的时代。

后记:我们生活在这样的年代,我们都是寂寞的孩子。试图在其中表现出人性的转变,

包括自私、贪婪、欺诈……

文中的“我”是一个悲剧性人物。他一直都想安稳地做好自己,可是最终还是没有逃出世俗的掌心。我们其实都是这样吧,梦想和现实,果然是有距离的。

曾经以为,不会被打败。一个人的梦里,方知这是一种瘾,戒不掉。

我站在深秋露色里，长久的回忆。那是什么时候的事了？一年，两年，或者更长远的日子。隐约地，我看见那种疯狂的年代已经渐渐远去，远的看不到残影。轻轻地掀了掀灰褐色的长外套，袖口拢着，叠出许多皱褶，就像落叶。是啊，就像落叶。轻踩上去，一个个灵魂吱呀作响，然后，“嚓”的一声碎裂，连遗憾都来不及。

我想说，这实在是一个值得记念的名字。

203A室，我们通常昵称其为“雅室”。“雅室”具体的起源经过已不可考，当我拖着硕大的行装第一次踏进这里，一时间竟无法把“雅室”同我未来三年的美好生活联系在一起。至少，与美好无关。一直到后来，我荣登四大雅人之首，这种境况才略有改观。

站了许久，周遭的草木散发着千丝万缕熟悉的气息。心里莫名地涌上一种近乡情怯的感觉。该去瞧瞧了吧！怀念并不是疗伤的好药，但至少不会恶化，死不了就成。我如此想着，深一脚浅一脚地走了回来。

轻踩上楼梯，照例听见楼板低哑的呻吟。空气里弥漫着原木特有的霉味。记得以前，每每放假，看守宿舍的老大爷便会很早开始忙活，仔细地把楼梯洗的干干净净。我喜欢那种洗洁剂夹着陈旧木料的味道，比之单纯的霉腐多了浓浓的人情味。

转过楼道便是203A室，只一抬头，视线便毫无遮掩的落在了“雅室”古朴的木门上——时间承接不了也躲闪不及。这种突然的正视令我窒息。有些东西,逃避比面对来的容易的多,比如回忆。推开门便是一条狭长的通道,两边排得整整齐齐的架床——我们曾经的"窝"。左一靠门边是大脚川,对面是阿伟,左二是我,中间是鸭子。我挨个儿数过去,喃喃地低念它们曾经的主人,手心无意识地摩挲床头的支柱。表面的锈迹增加了许多,我感觉皮肤被磨得生疼,伴着隐隐的心酸。物是人非啊！那时的我们,是否想到过分离的痛苦呢?

时间到底是怎样无情的一个东西啊！我记得昨天的我们还穿着裤脚拖地的敞口喇叭裤在路上横冲直撞,火红的T恤耀眼的银白色十字架,叛逆得不屑一顾。怎么今天就跟一老头似的在这里长嘘短叹呢？老了老了,像一片枯叶,摇摇曳曳磕磕绊绊,然后碎裂。忽然想起昨晚吹灭的十八支蜡烛,明晃晃地让人难受。

宿舍的楼下是一扇铁门和一堵不算很高的围墙。抬头看时,墙头满布的碎玻璃渣儿拆射着刺目的阳光。那时候墙上并没有玻璃,光秃秃的一片。兴奋了高兴了低迷了伤心了睡不着的夜晚,我们便鱼贯地坐在墙头体味清冷的月光,一直到平静了安适了淡漠了忘怀了,这才轻轻越过墙去,把身形隐没在街尾的暗色里。

有时候大家一块去上网,但通常是找家通宵营业的地方吃串烧。两毛一串很便宜的那种,一人一把抓在手里,仿佛抓着仅存的快乐,一口一口吞下肚去。大家吃得满头大汗红脸赤脖,食物的热气从喉咙一直燃烧到心里,一种温润的气氛在我们中间蔓延。或者这就是所谓的男人的友谊,不需要什么誓言仪式,一个动作,一个眼神便各自心领神会牢不可破。

其实我们都是挺容易满足的一群。只要一点点空间一点点时间和有限的自由,我们都会是原原本本的自我。可惜现实是压抑的,令人窒息。有时我们会感叹,这样活着值吗？然而从没哪个烈士英雄站出来大吼一声:解放孩子。大伙儿都这么过着,我们算个什么鸟,只得跟着活。于是活着活着,生活就麻木了。犹如被抽空了思维的木偶或者行尸走肉。得了吧！至少,还活着。

"雅室"的窗户上贴着形形种种的时间表作息表课表复习计划表。我们每天起床第一件事便是在成堆的纸张里寻找自己当天的日程。日复一日年复一年,从厌倦到无所谓,这是一个漫长的过程。按照双亲的意愿,我们无非是为了上个稳当的小学读个稳当的中学考个稳当的大学,然后找份稳当的工作娶个稳当的老婆生个稳当的孩子稳当地生活。最后颐养天年一命呜呼了此残生。父辈的知足实在是长乐的不二法门,可惜我学不来那份与世无争。谁会知道,我们年轻的躯体里蕴藏了怎样火热的一颗心啊！我们渴望激情、渴望冒险、渴望自由、渴望亲自去验证和探索生命一切的已知和未知。这才是青春,这才是鲜活的生命啊。

十六岁，花儿一般的年龄，我们不正像花儿一样么？被牢牢地关在温室里，寂寞地开放。

流年，在黑暗里慢慢荒芜了。

我们算是毁了吧！糊里糊涂地便溜过了这多岁月。鸭子说：毁了吧毁了吧，理想，抱负，雄心，壮志，都他妈见鬼去吧！

早一点的时候，大家都迷上玩儿《传奇》，鸭子是练级最快的一个。后来我们建了行会，鸭子去招人，带小弟，打行会战，攻沙城，忙得不可开交，俨然一派大哥风范。记得刚进去那会儿，没钱没装备，鸭子一声不吭扛起锄头整夜整夜地挖矿攒钱。他只要打了什么好东西都给我们，以至于一把普通的魔杖，他从26级用到42级……游戏里的鸭子，呼风唤雨无所不能。每每望及他的双眼，那双不大的眸子里跳动的是一种近乎狂热的责任感。我常说的话是：换一种活法，鸭子定能干一番大事业。他总是抿嘴一笑，说说而已，说说而已。现实中的鸭子是个腼腆的小伙子，对外人惜字如金。他的招牌动作是沉默，打不还手骂不还口。我说沉默啊沉默，鸭子，你会在沉默中爆发还是灭亡呢？

鸭子经常对我们说的话：真他妈累啊，活着。累啊累啊，我们如是吆喝着。于是，那个夏天的生命被消磨在了一堵不高的围墙上。

不知我说过没有，每晚出去的时候，鸭子越过墙头的身影最是轻盈矫健。那里，是鸭子的世界。或许，他更情愿活在梦里。

我一步一步在宿舍的阳台上打着转儿，桃木板在我的脚下响着鼓点。每晚下课，我们都是在这木楼上奔来跑去，一群人踩着"咚咚咚"的节拍煞是好听。这时住一楼的管理员老大爷便会气急败坏地喝斥，你们丫的几小兔崽子给我安静点，小心我抽死你们个浑球。老大爷是外地人，随儿子迁居过来，说话时带很浓的地方口音。当他对着我们呼喝时，总是故意装出一副凶恶的样子，眼里却是藏不住的宠溺。除了嗓门儿大，说话老溅唾沫星子，他实在是个蛮和气的人。有时晚上他会煮很地道的挂面给我们加餐，放假时他会跟我们一起玩牌，输了像小孩一样耍赖。我们在一起玩笑，而笑容里，他包含了比我们更多的发自内心的爽朗。很多时候，我觉得他比我们年轻。

后来听说他为了几个学生得罪了领导，之后再没见过他。

记忆真的是很奇妙的东西。隔着时光的空隙，抚摸无比熟悉的景致，过去的悲欢离合赶趟似的活络起来。我跟鸭子拌嘴吵架，阿伟猴子一般从东床跳到西床，大脚川枕头下面一个月不会洗的臭袜子……

这就是我的流年呵，那些抹不掉的203A室的回忆。我惊觉自己的感情原来搁浅在这儿了，无怪乎心里一直空着，任海水冲刷着，无法起航。

我的流年啊，像一把握不住的细沙，从指缝里绝决地、不紧不慢地溜走，夹着大片大片的幸福，走向苍老。

最后看一眼熟悉的小楼，古旧的木楼在昏黄的路灯下拉出老长的剪影，晦暗晦明。胡同的深处传来几声戏谑的喧嚣，几个穿喇叭裤、红T恤，戴银白色十字架的身影飘乎着，渐渐远离了。

怀念，203A室！

怀念，我的流年！

原来，真正的感情，是烙在骨子里的。

我们是些不停地寻找更孤寂道路的流浪者，我们的一天并不在另一天结束时开始；朝阳也不会在落日离开我们的地方找到我们。甚至当大地沉睡时，我们也在赶路。

我们是具有生命力的种子，当我们的心孩成熟充实时，就被献给风，飘散四方。

——纪伯伦《先知》

1

高三的夜，空气潮湿的只剩记忆。到处弥漫着水气。一些枯叶坠落，从窗外的风里飘逝，看不见了。一段岁月随之烟消云散，了无踪迹。

南园的喷泉曾经是约会谈天的好去处。那儿的石凳总是坐满了成双的背影，如今的石凳爬满了尘埃。人在高三，各自有各自的苦楚，各自有各自的无奈。

醒了又睡，睡了又醒。曾经的我们总嫌睡不饱，现在却毫无倦意。盯着天花板模糊的字迹——记不得是哪个夜晚涂鸦的杰作，往日的一幕幕在脑海徘徊不去。静听窗外清风的呜咽，那情，那景，仿佛在祭奠我们仅存的过往。一夜无语，我们收拾起心情。总觉得该做点什么。可是，谁能告诉我们该做些什么？

学校里三三两两的人群冷冷清清，早饭时再没有拥挤打闹长蛇般的队伍。师弟师妹都在上课，朗朗书声入耳，听起来却恍若隔世。我们可以一觉到天明，然后趿着拖鞋去食堂从容的吃一口难得安稳的早餐。没了战场的感觉，惬意是惬意了，却浑身不自在，于是都没了胃口。

秋天还没到，我们的心却开始萧瑟起来。新的教学楼正在拔地而起，老房子也在慢慢地拆掉。回首身后，竟看不到自己的足迹。风过留痕，我们留下了什么？是缺了腿的课桌还是玻璃窗上深深的划痕。

男生们在宿舍点起久违的烟，看烟雾从嘴里、鼻孔中缓缓升起，像张网一般笼住了身子。一如自己的心情，缠缠绕绕，剪不断，理还乱。不会再有老师忽然闯入，狠狠灭掉烟头给你一顿训斥。大家的时日不多，几天之后，也许便是路人。倘有忆及师生情分的，点个头打声招呼也就这么擦身而过，各走各的路。

那支烟抽到最后竟舍不得扔掉，正如有些回忆我们不忍忘记，直到燃尽了烫手了，方才掉落在尘土里。一脚踩灭，再看时已经无处可寻。

没人再去上课，教室是个伤感的地方。偶有实在无所去者，也都坐着不吭声。神不守舍，哗哗地翻着书页却想着别的事情，全不知书是倒着在拿。没有人会取笑，大家同样的心情，同样的思绪。

有聪明者拿着相机四处留影。遇见了，不管是同学老师认识的不认识的，真诚地邀请合个影，咔的快门一摁，留下笑脸无数感动若干，画面在相片里慢慢定格。许多年后翻出照片，我们唏嘘感叹。只是不知还能否记起当时的心情，能否看透照片里的强颜欢笑和掩不住的离愁。

2

女生公寓对面的花园也曾是最热闹的所在。一些声线各异，长短不同的呼喊仿佛尚在耳边，每每假日的早晨，总是在一个个香侬暖昵的名字中惊醒。一边无奈地起床，一边想像名字的背后是一张张怎样的朱颜。以后，再也听不到这些声音，再也想不到这些画面。也许一切还在重演，但物是人非，我们不再是主角。

西面的墙头依然高低不齐。中间的缺口似乎补过，又被我们再次爬倒，在也没有那种日子，七八个兄弟沿着墙头鱼贯跃下，狂欢至黎明。墙里墙外，多少个不眠之夜，月凉如水。这道残墙伴我们走过，年少轻狂。一切不再，只留下半堆红砖，见证我们苍白的历史。

操场上有师弟在踢球，拼得尘嚣滚滚。仿佛间看到了自己，也曾如此热衷而执著。也许跑完全场都没拿到过球，但流着汗，爽朗地笑着，大声地呼喊着。好歹也是局中人，所以没了后悔，没了遗憾。

后门那棵老树还立着，挺得笔直。他比这儿活着的所有人都老。我们来之前他在那，或许我们父亲的父亲的父亲来时他就在那儿，当我们离开后许多年，他仍然会在那儿。绿叶如沙，漏过多少年华。忽然间，竟觉得他在年轻，而我们不断老去。

图书馆像往常一样开着。轻踏上黑色的玄武岩台阶，悲凉而沉重。风萧萧兮易水寒，半缕秋风，我们如木叶飘落，过水无痕。

一位退休的老教师在角落里翻着旧报纸，安静而闲适——像以往的许多日子。点点头打过招呼，沿着那排熟悉得不能再熟悉的桌椅走过，手掌轻抚自己长坐的位置。那些高雅古旧的色泽，桌子里圆珠笔画下的沧桑……太多了，资料室老旧的486电脑、登记室画满千奇百怪签名的借阅册、东墙脚褪了漆的鲁迅先生的雕像。这些夹着书香气的回忆，潮水般从眼前坠落。

再出来时，竟已泪眼婆娑。日子是一本翻开的书，合上时，看见书上满满的批语，虽是自己所写，去怎么也读不懂了。

3

张帆出国了，何彤直升了，李大宝放弃了高考，随父亲南下淘金。该走的都走了，我们却还留着，因为一点仅存的眷恋。一切都在平静里发生，在平静里结束。暮鼓晨钟，高三最后，日子如一潭死水，古井不波。

爱因斯坦说：一个人很难知道在他自己的生活中什么是有意义的。当然，也就不应该以此去打扰别人。

最后的日子，我们所求的仅仅是静默——一个可供沉淀的空间。水龙头的水哗哗长流，再没有人会顺手关掉。流水无情，冲不走离愁。做与不做，一切已经无关。

几个人在烧书，用放肆的言行发泄着感情。纸在火里一点点化灰，一种生活从此告别。情侣们作最后的惜叙。真心诚意也好，虚情假意也罢，许多个日月，大家携手走过。毕竟走过。离别在即，千言万语在心头。待要说时，盈盈一望，一切竟了然于胸。一些珍重，几句承诺。

执手霜风吹鬓影，去意徊惶，愁语别难听。无言相对，灯灭了，风停了。黑暗里，缠杂的软弱被细心包裹。人生如戏，两个人握紧两只手，看银幕哭笑悲喜，爱恨情仇。岁月依旧，往事不堪回首。一切都在远去，故事开始落幕。没人了解细节，那时那刻，一种感情升华，一段岁月结束。

爱与不爱，俱已成风。面对人生这部大片，每个人都很无奈。我们是导演，同时也是演员。

邮差捎来几封家书，叮咛问候，平淡且温馨。以前从没发现，这些字里行间如此深沉的隽永，生命中不能承受之爱。从墙角翻出早已蒙尘的父亲的笔迹，竟有一半未曾开启。多少个日子，粉红色信签片片飞来，又一片片飞走。那些家书，宛如配角，静静的躺在墙角，肃穆。从没回过，却依然寄来。父母的爱，执著而孤独。忽然开始想念故乡了——清澈的小河，古老的阁楼，苍老的黄果树……

伏首案头，潸然泪下。人在高三，我们就要离开。

将来的某个时候，回一回头，迷蒙的晨雾里，故乡与母校开始重叠，思念，一起蔓延。

4

秋风咋起，蝉鸣新停。打点好行李，我们即将上路。

昆德拉说，聚会都是为了离别。许多人在一起，或长谈，或短叙，我们在告别。告别一个年代，告别一段岁月，告别一种生活。

女生们聚作一团，执手相看泪眼，竟无语凝噎。男生学不来那份缠绵，于是举杯，呼喝着：干、干、干。然后默默地喝光，倒满，再喝光，再倒满。觥筹交错，杯盘狼藉。每个人都往醉里喝，往死里喝。我干杯，你随意，不劝酒，不强求。大家都想醉，企图用醉来逃避，殊不知酒入愁肠愁更愁。悲戚在蔓延，情感在燃烧。醉倒的，还在喝着的，坐着发呆的，举案大嚼的，一时竟相无语。有激动的，借着酒劲，撕心裂肺说着故事。高兴或不高兴的，平凡或不平凡的，想说或不想说的……一切都是真心话，从肌肤里一点点压出来。

剪不断，理还乱，是离愁。

夜凉如水。一些人睡去，一些人醒着。余杰说，这个世界有两种人，痛苦的哲学家和快乐的猪。他是痛苦的猪。我们敬佩,不是每个人都有接受的勇气。此时此地,更多的人愿意做快乐的猪——至少可以睡去。一切在梦里发生,又在梦里结束。没有眷恋,没有思念,更没有离愁。

然而,有几个人能够真正放下那些情怀,酣然入梦。醒着的总是多数。更还有一些醉得一塌糊涂的,割舍不下,浑浑噩噩,抽泣着述说衷肠。

秋阳时晴渐向暝,变一庭凄冷。

伫听寒声,云深无雁影。

更深人去寂静,但照壁,孤灯相映。

酒已都醒,如何消永夜。

我们泪眼朦胧地看着古塔高楼。复喧琐话,谈旧闻,谈典故。哪位老师最好,食堂的饭菜多难以下咽……一切平淡的如白开水的往事,勾人心弦。

人在高三,我们就要离开。

学校的一切又陌生起来,一如我们刚进校门。活动室,二阶,会堂。处处都有痕迹,又处处都找不到痕迹。

49路电车声音悠长而沙哑,像行军的号角,催人泪下。

风儿风儿,我们在远去,尘封的故事。明年今日,谁还能铭记?

轻迈双脚,不觉已走遍这个城市。惊回首,这才发觉,生活了三年的地方,我们并未熟悉。

人进人出花开花落,我们随风而去……

尾声

我们只有一个短暂的期间,然后我们所待的这块地方就不会再有我们。

——雨果

皎月如雪,一首《迷乡》唱出了悲壮。我们坐在暮年的阁楼,歌声从脚尖传来,带起步影凌乱。挽半缕青丝,握一把浊泪,逝者如斯。三年蹉跎岁月,直到最后,我们才学会眷恋古老的校园。

明年今日,我们生活在别处。

也许,真的只有逝者才能如此准确地把握生命的本质。

青春无悔,这是高晓松唱在暮年的歌。
青春无悔,这是高三唱在最后的歌。

逝者如斯。高三那夜,我们像流星划过……

浓烈的色块，下面血一般地泻落，画面紊乱，其间颜色的纠缠破纸而出，再于卡纸底端淡定交融。

筱常常在深夜抽烟，火光闪烁的一瞬间我总是瞥见她眉间纠结的沉重，隐在烟里。手指浅浅的愤怒撞击块状的黑夜，我听见那些黑色碎开的声音，残骸裹在烟里弥散。

一环路上汽车不断尖叫着轧过黑色的夜我的心脏，压抑驶满我的全身。筱沉沉地吐出暗淡的烟雾，她说，我讨厌车多的地方，讨厌喧闹的地方。

喜欢寂寞的人内心必定有大片的空白我想。

筱心底荒芜着太多的不为人知，她告诉我她不快乐的时候会戴着耳机到处疯走，我就想起小鱼曾经告诉我他不快乐的时候只做三件事。

听音乐看电影抽烟。

我说我不快乐的时候除了看着天空沉默就不知所措。

我们都不会告诉别人关于我们的悲伤，因此我们寂寞的生活坚不可摧因此我们的眸子无一例外的深不可测。

小鱼说我们惊人地相似但我们彼此独立。

九七年的夏天错综复杂，筱锁了眉安静地继续浮躁的高三，她总是塞了耳机很快地走路，她说自己并非不快乐只是不想现实的喧嚣介入。

我开始想像筱渐伤的眼眸，隐在坚硬的头发后面，于是我扭过头去看天空，我不说话但我还记得二月那个异常温暖的下午，我是如何把涂满彩色铅笔的速写本塞进书包然后悄悄离开的。不小心落下一点泪。

我告诉小鱼我放弃了高考,他有短暂的沉默最后他说,也好。

也好的我懒懒地扯开笑,爬了无数的石阶我离开那所谓的重点高中。

筱开始一个人的奋战,烟渐渐侵蚀入她,那些浓烈的烟雾从指间一直纠缠到整个肺部。烟果然是极好的,筱面无表情地说,它麻痹着我的心脏和全部生活,以至于生命。

当我在缃坊横握铅笔扫开白纸大片的空白,我看见许多安详的陶罐从里面浮出来,生命的线条层次分明重叠凝厚,我看见整日整日自己纸前的沉默却气定神闲。

缃坊是间画室,里面挤了无数怪异的陶罐和白色的石膏头像,杂乱的画架后面是坚定的视线在白纸上拉画线条。

我开始无所顾忌地疯长,我在结束一张素描的时候想。

四月的时候,阳光已经泛滥在城市的所有角落。但是筱的声音苍白得与季节毫无关系,我想我死掉了,她说,没有文字,我的手指彻底死掉了。

除了做题我再无法写任何文字,半夜一点以后都是巨大的空白,于是我坐在地板上抽烟,互相吞噬。一地的灰烬,我想这就是我的生活,不断地在坍塌,而我无能为力。

真的无能为力。

直到那些纷乱的夜空一点点白起来,我丢掉烟,把那些死气沉沉的参考书扔进书包里,我在想我的高考还有我的北京大学,它们穿着华丽的袍子在微笑摄人心魂,我要更忙一点,于是我可以更近一点。然后那些大片大片的空白我就觉着遥远,所以我与夜的黑毫不犹豫决裂。

空间的距离透析了筱所有的悲伤,我说筱,烟只能让你更清醒,它将那些深入骨髓的痛以切割的方式植入你的身体,然后刻骨铭心。

但是她说,烟让我看见生命的过程。

而你终究无法分清,那些突如其来的湮灭,是蛰伏还是死亡。小鱼后来说。

五月的街盛开了纯白的栀子花,人群里极厚的沉馥香浓流转。

缃坊出来以后,我的视线仍挤满交错的线条,城市是一幅浩大的铅笔素描,其间细密琐碎线条纠缠着铺开去。

我眯着眼睛看手指上黑色的炭粉,五月的阳光在上面跳动成银白色,温暖将我眼眸深处的黑色吸成透明,那些悲伤开始死亡,我想原来容易得像初夏的阳光杀死棉被上的细菌。

然后我看见街另一边的筱。

她戴着耳机低了头快快地走路,格格不入于身旁的人流。这一块卵石我说。

我拿了电话拨她的号,无人应答。

我转过头去,然而筱却让我看见了她前所未有的寂寞表情,眼神迷离得弥散。

忽然刹那间的恍惚,我仿佛听见筱电话铃声的振聋发聩。但她脸上哀伤恣蔓,她听不见的她在另个空间与我擦身而过。

我握着电话停在那里,天空有罕见的蓝白分明,我仰起头,蓝色的阳光漏过我沾满炭粉的手指直抵我的心脏。

五月,我的生日在默默中不被人记起,丢弃了。

六月天空开始砸毫无征兆的雨,空气却死气沉沉地趋于平定,筱的心力交瘁深入骨子像僵硬即断的弦。

而我在缃坊,踩一地的铅笔屑心无杂念,日子倏地简单成衬布上的双耳陶罐。

小鱼开始做一个论坛叫做“后花园”。

高考前夜的深夜两点,筱忽然发来短信,她说夜里都不安静,天空是路灯的橘红。烟燃了一半砸在地板上,碎开的一瞬真是惊世骇俗。

我说好孩子乖,把眼睛闭上数小绵羊。

筱不再说话,但我知道她的手指一定仍然夹着白色的烟燃了一半。

那夜我愣在窗前直到夜色褪尽,我想重的天空果然不是黑色,像我的生活,很久以前开始褪色。

体无完肤。

未来以一种强悍的姿势与我对峙。

高考之后有了很大一段时间的挥霍,筱丢开高考然后我丢开缃坊的陶罐。

我们肆无忌惮把日子放逐成单线条,没有理由我们拒绝快乐以外的任何东西。

深夜的天台筱在暗红的天空下大喊,声音荡气回肠:大学是什么啊!

不断地逃课。小鱼说。

然而我却忽然想起席慕蓉说生命是不断妥协的过程,于是我的骨头就一块块开始变凉。

好在夜的黑可以没过我仰望天空的沉默。

那样的日子一直肆虐了十几天,直到筱突然地离开。她最后说:我的北京大学轰然碎成粉末,你如果懂得生活失去重心的感觉,就让我离开。

筱戴上耳机然后离开,我看着她的背影心底深埋的恐惧瞬间裂开。

现实是一个磁场,我想,谁的偏离都是暂时,当我们回来,人生便成为不断妥协的过程。

我说我决定复读。

我不管所有人的大惊失色和命运在我面前得意地笑,我的生活是一堆杂乱的铅笔线条。

然而夜里,我盯着天空咬牙切齿,我说神,我不和你正面冲突。

树上飘零微黄的叶子,秋意萧萧地踏着细碎的步子走在回忆的长廊。

沉思过往的恍惚似是在昨天,飘飘何所从,心灰意冷悲纷纷涌以是深宵自愁。

小鱼的论坛终于做好。

我看见筱的文章:

当一片残叶飘落,让你不再回首。我依然站在漫天飞叶的街道上,似乎特别的寂静,那时感觉整条街上就只有我和你。眼看着你执著的头也不回的向落叶铺满的褐色地毯上一直走啊走,眼泪顺着我的脸颊滑落下来,滴在我冰冷的手上,雪白的手背上躺着一滴滴晶莹剔透的泪花。此刻,那幅画面多美丽。

不知时间流逝了多少,不知枯叶飘落了多少,前方似乎没有了尽头。他的背影我依旧悄然可见。而我散落凌乱的头发在风中尽情地飘舞,还散发着淡淡的茉莉花香。曾经你最喜欢的气息,而如今你却执意地向那个似乎毫无尽头的前方走去。直到此刻,我还是难以忘怀,接着,我泪流满面。

一阵秋风袭来,我从他那离我远去的背影中回过意志。我的泪水似乎快冻结成冰,像利器一样残忍地把自己割伤。那种撕裂的痛楚使我没有勇气在面对和他一起走过的路,这个和他一起拥有的城市。如今,在这个城市里就只有我孤独一人走着以前和他一起走过的相同的路。我的生命里,他已完全地离开了。一直以为,他就是我的天下,我这一辈子惟一想珍惜的人。现在就只剩下我,孤独地一个人走下去。我感觉我失去了他就等于失去了全天下。

树上的枯叶毫不留情地一片片飘落下来,似乎是风的追随,还是树的不挽留。有的飘落在我的头上又瞬间落入大地,有的落在我的肩上,手上。有的却从我的身边擦肩而过,统统散落在我脚下的这片土地上。他离开我的这片土地。

看着他一步步地远离我,一步步地走在秋天枯叶纷飞的街道上,我的心就不停地痛,像湃汕蹈海翻滚一样让我忧伤。痛楚得让我无法呼吸,接着一阵惧痛,我彷佛失去了知觉,让我倒在枯叶漫天飞舞的褐色地毯上。但我依然毫不犹豫地再看向前方,却已消失了他那熟悉的背影。

因为痛我闭上了眼睛。

真的痛了。

寂寞总是来去难留，想把心中对往事的缅怀随着那消逝的每一个瞬间通通飘逸在蔚蓝的天空，然后再也没有放在心上。

时光转眼即逝，当我还是不舍得离开的时候，你却让我止步难前。在留不下你任何影子的相片中只看见自己渐已憔悴的脸庞，以为自己可以潇洒地走，为何又要停留。不停顿的一刹那有太多的牵挂，轮廓的记忆犹如为你带上的欢乐。

走的走、散的散、从前的是从前、现在的是现在。无法抹去的是岁月的痕迹，珍惜的曾经的，留下的是最痛的过去。沉重的氛围是渐已憔悴的心情，难耐的寂寞是哗啦啦的不舒畅；倒影的炫耀是身影的舞动，颓废的长发是落魄的精彩；太多的奢侈是肆意的挥洒，不羁的个性是自我们的诠释。

日子的沉沦，一直延期。即将就要离开熟悉的一切，心中的矛盾是无以言语。当离别再起，我知道我要走了。身边的一切不是眷恋的昨天，回眸的瞬间是时光的穿梭，如若真的可以忘掉一切，我了无牵挂。

我想我累了，我要休息。

日历翻转进十一月。这个我最喜欢的月份里，有成片的银杏树在冰凉的空气里招摇，黄润的叶子铺满潮湿地面，看不到尘埃。

那是我下辈子想要身为的植物。繁盛，倔强，安静，可以入画。

这个月份似乎身边的人都在忙碌，步履叠加。行色匆忙的姿态像上紧了发条的钟表。一切就好像自己在一条很长很长的路上遇到堵车，眼睁睁看着周遭车辆不停地流动，还故作悠闲地坐在车上翘高了双脚听音乐。

抛弃了所有课业整日泡在楼下江南的水吧里。看着他双手娴熟地运作，一杯一杯色泽光鲜的饮品在他手下诞生。有时候会忍不住问，喂，你就打算这样过一辈子吗？

他用一贯沉稳的表情回应我，这样有什么不妥么。

我就在一堆唱片里翻翻找找不再说话。

我喜欢有野心的男人。乐于冒险跟天生带有危险光环的男人，会让我觉得有趣。

我知道江南只把我当做不肯安分的小孩子。无所谓。反正我也只将他当做自以为看透世事年近三十的老年人。他会面无表情地把一摞画稿丢给我说：喏，你的退稿。然后指指吧台里面角落的电脑：邮箱里还有一堆，自己收拾。

我偶尔会觉得很沮丧。一个编辑委婉地跟我说，林林，你的作品没有什么不好，但是要说出它哪里好，我也说不上来。总之就是没有太大的亮点。再努力吧。

不被认同的确是一件让人不怎么爽的事情。可是这是我认定的方向。撞得头破血流我也还是这样认定。

这个午夜伍洲桐在他主持的零点乐话里清唱:如果说梦想是一个气泡/至少我能够触摸得到/也许答案得走过天涯海角最后才知道/听得见你心在跳最重要……

嗯。我心还在跳。我总有一天会站在最顶端俯看全世界的。哼哼。

这个时候已经算是深秋了吧。没来由地觉得今年的天气特别的冷,在空白的纸张上涂抹着的时候总会被对未来的恐慌感淹没。这一天早晨站在满屋子的凌乱画稿中手足无措的时候接到玄森的电话:丫头,我到北京站了,来接我吧。

我呆立三秒之后抓起外衣风风火火扑往车站。玄森是我相识十五年的人。小的时候,我总跟在长我四岁的他身后,像个小跟屁虫一样。很久很久之前他跟我说,我们将来要共同出一本集子,我的文字配上你的插画,林林,我们要把它装帧得很精美,然后看着别人买它,就像给自己的情人做糕点一样。说完之后他眯起眼睛笑着揉乱我的头发,面容干净得像个孩子。

是不是我们还太过年轻。看不清楚这个世界的真谛。

冲出地铁奔过天桥我看见玄森站在桥下仰着脸对我笑着。他黑色的长链风衣跟着他的细碎头发在风里对我招手。他身后庞大的人流成为静止的背景。我走过去。像对着一处温暖安全的栖息地走过去。

终于都好了。看到他。我就什么都安然无恙了。

这一刻我突然笑得灿烂无比可是泪如泉涌。三年未见的人就那么真实地站在我面前。幸福跟委屈的感觉在我的身体里四处突袭无从掌控。我的声音在风里颤抖着飞散:哥,可以,拥抱么?

玄森的眼睛开始被席卷的大雪湮没。那一刻我知道他与江南一样从不曾忘记过她。他缓缓走到我面前站定,伸出右手环过我的肩膀拥住我。他说,丫头,怎么还是那么爱哭啊。我在他调侃而布满关爱的语调里泪流满脸。

这天晚上在江南的水吧里进行了一场盛宴。我看着江南向玄森张开手说欢迎你来。他们拥抱。像亲人一样。整晚水吧里都在响着英文版的《炎和永远》,他们在我面前杯盏相撞放纵自己恣意欢笑像没有忧虑的孩童。我躲在后间的糕点房里烘焙蛋糕,一度烫伤了手。

玄森拿出一本书样丢给我:二十号之前把插画弄出来,我们一起出版,还有,他冲我眨了一下眼睛,每天按时去上课。我忿忿地看向江南,他兀自抱着酒瓶自斟自饮好像什么都跟他无关。我抓起一块蛋糕朝他脸上拍过去。

这个二十八岁的老男人伸手抹抹脸上的奶油抬头带着好笑的表情看着我。玄森大笑着对我伸出大拇指:干得好。一大块蛋糕就以光速弧线运动从江南的手上向玄森的脸飞过去。

林一。被时光冲散了的人。是不是终究都能在时光里复合呢。你可否预见。我们三个人此后的生命。你能不能告诉我。要拿什么。才能让他们都获得幸福呢。

林一。江南跟玄森在隔壁的卧房里睡了。你会眷顾谁的梦境。我不想再做那个站在槐树花香低头望自己脚尖的五岁孩童。我想跟玄森一样拥有一双能长途跋涉的脚。我想让江南因为我而深感骄傲。

林一。我知道玄森交给我的文字里处处能窥见你的痕迹。我知道江南还保留着所有与你一起生活时的习惯。我知道我们都在隐隐作痛的同时记得你。

林一。你是隐匿在我们内心最深处的秘语,说出口,就成为损害。可是你看到么,我们都很竭力地让自己微笑着活着。用勇敢且坚定的表情。

林一。我会为玄森的这一本《天堂下起薄荷酒》配上最完美的插画。这是三颗坚定的心脏给你的祭奠。我的姐姐。你要在天国过得平和并且安详。

你看。我们谁都没有哭。

月中了。立冬日过去了。骑着单车穿行过校园可以看见银杏树枝上的叶子已经零星得可怜。它们以庞大的沉睡姿态铺满了旁边的青草地。没有人来清扫它们。没有人来打扰它们宁静的张扬。

我左耳上新穿的耳孔偶尔还会有血块结痂。自三年前林一的离开每年的五月跟十一月我都会在左耳穿孔。我出生在五月。林一十一月。

三年以来我一直与江南生活在一起。一个年长我八年,心绪安和的男子。也许是我,该唤一声姐夫的人。

林一在玄森长达十五年的爱情追逐里坚定地投奔向了江南的怀抱。未等到来年的婚礼,便被汹涌的车流淹没。

每年世间都有无数的人在意外里结束性命。而活下来的人。要如何才能够坦然地接受这样的变故呢。

我看着玄森跟江南晚晚在我面前对饮。微笑瞳人里是毫无心结的惺惺相惜。日间江南仍旧声色安然地经营着一楼的水吧,玄森则背着一个黑色背包在北京城里游荡,偶尔到我房间里摸摸我的脑袋说:要抓紧了,出版社已经在催了。

林一。过了这个冬天,我就和你同岁了。你永远也不会衰老,我却不知晓要怎样才能跟你一般优秀。

我还未来得及在悲伤里清醒，生存的艰难便扑面而来。

我知道。我不能永远躲在江南与玄森的庇佑之下。他们是我的朋友，兄长，相依为命的亲人。他们就仿佛我在人世间最后能以宽阔臂弯迎接我的人。我在一个名唤赖小东的写手的博客上看到一个叫兰心的女孩子说，路人只看得到一路高歌，朋友看得到高歌下的曲折和快乐。东东，我们是可以彻底分享彼此的耻辱、无能和失败的朋友。在无法面对自己的时候，我们却可以面对对方。一个从青春年少过来的朋友，无论人生多少次迁徙，都会十指相扣，直到自己人生散场的时候，彼此才撒手。

以这样的言语来形容就已经足够。他们没有义务来背负起我的物质需要。

林一。我将以这双手赋予我的作品灵魂。就像你在闪光灯下的舞蹈一样鲜活。

时间开始以一种奇异的姿态穿梭过境。内心焦虑的状态让我惶惶不可终日。明明什么都没有做出来可是一天就这么过去了。然后第二天开始。循环往复。

我读懂了玄森的文字。大脑却陷入空白。夜里坐在电脑跟前一块一块地咀嚼巧克力可是思维仍旧僵硬。我想起那个编辑跟我说过的话。可是我仍旧无法让自己的设计拥有鲜明个性跟独特风格。

爆破口不是执拗寻找就能探到光亮。可是我已经几乎没有了时间。时间，时间，它模糊了无数的伤也狠狠逼迫着无数的人。

玄森。我多么憎恶这样的无为。这梦。如何可以在此刻于我手中折断。

再一次仰头止鼻血的时候，江南收走了我所有剩下的包装精美的巧克力。他丢给我一张光盘：费神的时候就看电影吧，再吃这东西你鼻子就不保了。

我捧着沾满血污的白毛巾冲他傻笑。他摇摇头转身出去轻轻带上了门。其实我只是怕这些日子的繁重让我太过消瘦。我以为这种高热量的食物能让自己看起来胖一点。江南。我只是不想让你担心。却还是搞砸了。

夜深人静。我把那张光盘插进光驱里，开了一瓶百威，光着脚盘坐在地板上。《外欲》，似乎是意大利的片子。它的开始让我以为，这不过是一个二十九岁的叫做吉瓦娜的女人的烦琐生活。但是那个说自己是西蒙尼的老人的表情渐渐吸引了我。他终于恢复了记忆想起西蒙尼是自己最爱的男人。他在无数年前救了无数的人但是没能救得了西蒙尼。他从没有教过任何人做蛋糕可是教会了吉瓦娜。他把一个坚定的手势留在了吉瓦娜的心里，使她懂得了生活不止是生存跟活着，还应包含那些自己内心真正所好的东西。

我看着吉瓦娜靠在她丈夫身上说自己要辞掉工作，她说自己想要去蛋糕房里工作。她已经在生活里获得了一颗坚定的心脏，于是面对任何都能够坦然微笑。

做自己喜欢的事情。跟自己喜欢的人在一起。爱自己想要爱的人。这些都是生活中美丽的事情。林一。我想起你穿着洁白舞衣的旋转姿态。我想起你那时义无反顾跟江南的相爱。生命中完成了这些,林一,你很幸福对不对。

抓起铅笔我开始重新构画草图。我将人物设定为骑士与公主。男子服饰重点突出长靴跟斗篷,女子在于曳地裙装本身的丝质细滑。为了避免上色的时候有太多地方要修改,我竭力将每一幅的构图跟物体结构都表达得足够清楚。并习惯对草图的线稿并不作太过细致的处理。然后将草图扫描进电脑修改一些数据使铅笔轮廓线变得清晰。处理线条的粗细轻重以保证上色的效果。我几乎将我对林一的全部认知都投注在了这个女子身上。她在我的眼前成为了立体的真实。我的手指跟眼睛像得到了统一的指令一般生动不已。酒精在体内的流动开始让血液变得灼热。这个夜晚格外的明亮。

十一月将画上句点。银杏树早已经只剩孤单的枝干。我跟江南在火车站台上为玄森送行。玄森摸摸我的头发,说,丫头,出版社那边就交给你了,我等着看呢。

我点头。狂乱的风吹得双眼红肿。哥,可以,再拥抱么。

玄森的眼睛里亮若星辉。他环过我的脖颈拥住我的肩膀。他说,丫头,说不定我能找到一个地方种满银杏树,然后让在那林子里行走的人都觉得内心幸福。

江南走过来跟我们拥在一起。我们红着眼眶相视微笑。我看见我插画里的女子赤着脚在薄荷色的雨里跳舞,盛大的裙摆怒放,有来自天国的旋律绽开,一圈一圈舒展成古城壁画,宁和致远。

我们无法预知《天堂下起薄荷酒》印刷出来的样子。但是亲爱的。我们都不必为这人生的庸碌而耿耿于怀了。对不对。

走出出站口斜阳正红。江南眯起眼睛抬头望着带着一贯波澜不惊的表情。我拍拍他的肩膀,喂,大叔,快点儿找个女人把自己推销出去吧。

我的心里早已经安置了一片茂盛的银杏林。但是我们只能站在那森林之外,在双脚此刻踏足的地面上安排一些自己欢喜的事情,以此来让这世界的真谛缓慢地渗透进日常的每一个细节中,然后抬眼微笑,灿若桃花。

——传说世上有条路叫黄泉路，有条河叫忘川河，有座桥叫奈何桥，桥边有块石头叫三生石，三生石上记载着每个人的前世今生。

[记忆的碎片]

"Let′s dance in style,Let′s dance for a while
Heaven can wait,We′re only watching the skies
Hoping for the best,But expecting the worst

Are you going to drop the bomb or not?
Let us die young or let us live forever
We don′t have the power,But we never say never
Sitting in a sandpit,Life is a short trip
The music′s for the sad men
Can you imagine when this race is won??
Turn our golden faces into the sun
Praising our leaders,We′re getting in tune
The music′s played by the madmen

Forever young, I want to be forever young
Do you really want to live forever
Forever -- and ever

Some are like water,Some are like the heat
Some are a melody and some are the beat
Sooner or later, they all will be gone

Why don't they stay young?
It's so hard to get old without a cause
I don't want to perish like a fading horse
Youth's like diamonds in the sun, And diamonds are forever
So many adventures couldn't happen today
So many songs we forgot to play
So many dreams swinging out of the blue
We'll let them come true"

我总是认为,这个世界是有某个虚幻空间存在的。也许是神灵的天堂,也许只是机器猫的时光机;也许是宇宙外的某个罅隙,也许只是身边密布的尘埃隐藏的一个小小星球。我知道这样是很不科学的说法,但我仍旧执迷不悟的坚持。因为我觉得,或许就是在那样的一个地方,存在着我们所有无法到达的梦想。

我把这一切说给柳听,她就告诉了我题记里面的话。我记得她说的时候眼睛里闪着好亮好亮的东西,我不愿意把它称作眼泪,因为,我的柳是不流泪的。

柳是我的初中同学,也是我最好的朋友。她跟我说第一句话的时候,窗外的太阳很足,把她的眼睛照得格外清澈。她说,我们去操场走走吧。于是,有了以后。于是,在很多年以后的日子,我偶然间看到安妮宝贝的文字,偶然看到七月与安生的故事,看到安生躺在洁白得刺眼的床单上对七月说,七月,我是你这一生最应该感到后悔的决定,我已经无法再伤害你。当我问你去不去操场时,你不应该跟着我走。当我看到安生等到了最后的宣判,死在七月怀里的时候,我已经泪流满面。我打电话给柳,我说,我看到了一篇文章,现在很想你。我怕我们会像她们,可是我们真的好像。

柳在电话那头沉默,谁都不说话,似乎能听见羽毛落在地上的声音。不记得最后,是谁先挂断了电话,只是在电话挂断的那一刹那,我收到了柳的短信,璐璐,我不是七月,你也不是安生。

初中的时候,我们最爱在学校的操场上散步,看树叶把阳光分割成一摊一摊的光圈,然后开心地笑。偶尔,也会看在操场上打篮球的男生,看篮球划过漂亮的弧线跌进篮筐的样子。我们会绕着操场一圈一圈的走路,一边走路一边说话。就是在那样的不知不觉中,我们走过了很多路,也说过了很多话。

那些被无数次重复过的椭圆形轨迹就好像命运的轮回,在我们的身后对着我们仰天大笑。我曾经在夜里站在漆黑一片的操场上很张狂地喊，我就是轮回，我就是命运，我是主宰自己的神。第二天，我很光荣的对同学讲，我昨天晚上站在操场上大声地喊了好多话，好痛快。别人都用不以为然的眼神默默地表达了她们对我的不屑，心里都在想，喊个话有什么了不起，也值得这么得意。我就把剩下的话生生地咽了回去，到现在都没有再说出来。其实我只是想问问她们，在这样的一个世界里，我们有多久没有机会喊出自己想说的话了？可是我没想到，在好多年以后，当我站在我住的大房子里，对着高大的落地窗，让厚重的夜色把我包围，张开嘴想要喊些什么的时候，却只是动了动嘴唇，没有发出任何声音。

后来，我抱着自己的腿在柔软华丽的欧式沙发里沉默了很久，我难过的想，是不是人长大了以后，就再也不会有那样的轻狂与冲动了？是不是沉默了太久，就再也没有张开口去大喊的勇气了？如果当时，我问出了那句话而不是选择憋在心里，那么，是不是到现在，我都还可以像一个孩子一样肆无忌惮地呐喊？

柳说，那是因为孤单。一个人孤单了太久，所以丧失了呼喊的能力。我问她，什么样的人才算是孤单。她轻轻把头靠在我的肩上，一直都没有说话。

——小王子，那个惹人怜爱的小人儿，搬着自己的小板凳一天看四十三次日落，算不算孤单？

——不算吧，他的孤单应该是在地球上，当他面对着满院的玫瑰说话的时候。因为那个时候，他牵挂的思念的是那么遥不可及，缥缈得像是天上的星星。所以，在最喧闹的地方，小王子最孤单。

——曾经的日记，那些几近撕毁的记忆，在若干年的一个午后重见天日。太阳晒干的，除了积聚的灰尘，还有那些只属于过去的羞涩与忐忑。日记里记载过的，那些人，那些事，都在午后烈日的灼烧下，慢慢挥发，所有拥有过的一切，消失。就好像小孩子丢掉了心爱的玩具，一种失落的疼痛，满载的眼泪，叫做孤单。

——《向左走，向右走》里，隔着一道墙的思念，近在咫尺，远在天边。没有人会告诉你，你拥有了多少次错过，没有谁能看得到，长长的围巾后面遮住的是怎样绝望的微笑。一个人过生日的晚上，隔壁传来的小提琴声，汤·提尔森，悲伤的日子，孤单如影随形。

——是谁说过，孤单是看见美丽的风景却不知道该打电话给谁，孤单是嘀嗒的时钟和手边的香烟，孤单是熟悉的毕业照熟悉的面孔却怎么也熟悉不起来的名字，孤单是一个人的电影一个人的晚餐一个人的棋盘。

——凌晨三点半的自言自语，电脑里alphaville主唱用沙哑的声音一遍一遍重复，forever young，又是什么突然袭来？

柳最爱说的一句话，我们的青春就被我们肆无忌惮地浪费过去了，那些我们牵着手，在操场上走路的日子再也回不来了。

那个假期，柳给我写了好多信。长长短短，各式各样的信。最开始是用漂亮的信纸写上精致的小字，密密麻麻好几页。到了后来，信纸换成了白纸、作业纸、废卷子、餐巾纸，甚至是学过了的英语书。只是依旧是精致的小字，依旧密密麻麻好几页。柳说，用什么纸写信不重要，重要的是上面的字。那时候，我们一直担心，如果有一天，我们把最漂亮的信纸摊在面前，却不知道该写上些什么的时候，我们应该怎么办。于是，我们手牵手，看天上的星星，说着我们一辈子都是好朋友。年少轻狂，像一对热恋的情人一样，我们坚定地许下永远的誓言，为了定格下当时的美好。到了后来，我们才明白，如果真的会有永远，也决不是单单靠着懵懂的坚定就能维持的。

高中以后，课业开始变得繁忙，所有人都在拼了命地和自己打仗。如果说最后的结局是两败俱伤，那么和自己打仗的人会伤得体无完肤。每天要做的，就是和方程式一起上学，和单词一起睡觉，和那些生涩阴晦的古文一决高下。以至于当偶然看到一起车祸，我首先想到的是摩擦力和牵引力，想到有机玻璃和神经系统，然后猛然醒悟，这原来是一起车祸，和生命有关和家庭有关的车祸。

我想不明白，我每天所学的东西究竟是为了让我变得更博学还是更麻木，而我，究竟是在为了什么活着。

就是在那个时候，飛告诉我，日子总会好的。总有那么一天，我们会站在城市的顶端，向下看。于是，我相信了，于是，在那以后的日子里，我都一直一直的告诉自己，也告诉别人，日子总会好的。

飛是一个很特别的人，他长了一双好看的眼睛。其实每次说起他的眼睛，我都试图用一个形容词去概括，可是想了很久，一直到现在，都不知道什么词才可以描述出那样的眼神。和他对视的时候，总是会感觉到他隐隐潜伏的忧伤，让人心痛。再看下去，就会轻易的沦陷。可是柳说，那是因为我见过他忧伤的样子，那种印象太深刻，以致我永远记住了那样的表情，怎么也忘不掉。原来，忧伤是和记忆有关的。

高中的记忆，几乎每样都有飛。午休的时候，我们经常偷偷溜出来，随便的钻进学校周围的一家小饭馆，一坐就是一中午，直到学校再开门才肯回去。我们都不喜欢学校里那种压抑的气氛，只有在不得不面对的时候才去面对。

我问飛，这算不算是一种逃避，他说，我们只是在苟延残喘着我们支离破碎的自我。我喜欢这句话，很喜欢，甚至到了迷恋的程度，所以以后的日子里，我便把飛说的话当做信仰。他说，这有点诡异，我只是普通的我。可是，在我的眼里，飛已经成神。我世界里的信仰。

命运像是嘉年华里日夜不息的摩天轮，走过冗长的旅途，在到达最高点以后缓缓沉沦，慢慢冷却。

高考结束的日子，飛只身去了西安。在一个安静的下午，太阳把一切照得明晃晃的山坡，有微风，有树林，有草长莺飞的记忆和流离失所的慌乱。飛说，我要走了，你要好好的过。然后，就真的走了，头也不回。只记得那个下午的草地，很热。眼角流失了滚烫的温度，遗失在草丛里。后来的后来，我听到张韶涵唱：我始终带着你爱的微笑，一路上寻找我遗失的美好，不小心当泪滑过嘴角，就用你握过的手抹掉。我喃喃地跟着哼着，轻轻唱着，在不被人注意的地方呢喃着似曾相识的旋律：有的人说不清哪里好，但就是谁都代替不了。

如果一个人，被自己的神抛弃，如果一个人，被自己的信仰背叛，那样的印记，痛彻心扉。

飛：

又到夏天了，三年前的这个时候，我们曾经笑得很灿烂，年轻的脸上还没有一丝忧伤。那时候我就想，如果能这样，一直到地老天荒该有多好，多好。

还记得我们的高三，那是灰黑色的日子。每个人似乎都在无奈地忧伤着。我们，就曾在那巨大的忧伤中单纯地快乐过。错综复杂的时光总是令人深刻，然而，在这个烈日炎炎的夏天，我站在这个你逃离了的城市，如此用力地怀念你，怀念那些曾经发光过的记忆。

记得那个时候，我很用力地爱你，以为只要我好好的爱你，你就不会离开，就会纵容我的任性一辈子。可是，我错了。不知道什么时候开始，我不能再爱你了，我只能用力地去生活，我努力地去活着。

三年过后的今天，那个牵过我的手说要让我一辈子幸福的人，却在一片慌乱中突兀的消失了。一切仿佛一场美丽的梦，零落的过往是惟一你留给我的爱过的痕迹。我再也无法知道，敏感的你在另一个陌生的城市经历着怎样的轮回，你好看的眼睛是不是还依旧带着能让人沦陷的忧伤。

只是现在，我很寂寞，我很害怕寂寞。可我依旧努力地活着，因为我答应过你，我会好好的，我知道，你会有回来找我的那一天。

我不知道自己在等什么，不知道将会发生什么，可我对这些都不感兴趣。我无法描述我的生活，我的状态。我用力地快乐，用力地吃饭，用力地学习，在寂寞时用力地唱歌，悲伤时用力地微笑。我常看着镜子里的我想:我努力地想把自己变成你想要的样子,可为什么你就是不要我?

你曾经对我说过,一切都会变的。明天的一切我们都无法预知,所以,你不相信永远。你说这句话的时候,我的心被狠狠地捏了一下,那种被挤压出来的疼痛让人几乎无法呼吸。我想,也许,我的伤疤是从那个时候便开始印记的吧。

我把自己伪装了起来,只把笑的样子露出来给所有认识我的人看。柳说,璐璐,你别这样,我心疼。所以,她就想尽一切办法来陪我,陪我逛西单,陪我去唱歌。我寂寞的唱着,唱了两个半小时,唱到再也发不出一点声音。柳只是在旁边静静地听着,静静地替我流着眼泪。我看见了她的眼泪,流了两个半小时的眼泪。她从来不哭的,我却把她弄哭了,我想,我怎么可以这样呢?所以,我也哭了。

你送我的床单和被罩上,一颗颗心正在放肆的绽放抑或死亡,十分悲壮的样子,似乎让人一下子看到了绝望。我躺在一片荒凉当中,无力地颤抖,这才意识到,你的温暖已经离我而去了。

周而复始,欲盖弥彰。我便这样被你冻结了。

你说你是没有爱的,我不信。因为我一直没有办法忘记你流下眼泪的样子。透明的液体从你好看的眼睛里落下来,滑过你的脸——那张我抚摸过的,孩子一样的脸。我不能相信,一个上一秒还在对我说"傻瓜,不要离开我"的人,这一秒就会想尽办法来向我证明他的离开。你一直在说,放弃吧,我们还会是很好的朋友,很好的那一种。其实你我都明白,我们做不成朋友了,再也做不成朋友了,惟一适合我们的,只有再见。记得我看过一句很残忍的话,那些我们认真说过再见的人,再见的事,却永远不可能再见了。

写到这里,我左手食指上的痣重重地疼了一下。我轻轻抚摸着它,就像是在抚摸着我们的过往。

想起了你刚刚离开时,我做过的一个梦。梦的最后,我们都死了,很惨烈的样子。临死前,你对我说,不要哭,还好,我们死在一起了。于是,我就不哭,而且,还感觉很幸福,很满足。然后,惊醒。

飛,你知道吗,B骗了我,也骗了柳。为什么我从一开始就坚信的东西,到最后总是会给我重重的一击,让我连抵抗的能力都没有?现在,我总是会想起那些曾经被阳光晒得发白的日子,仿佛是另外一个世界似的。那个世界里,所有人都是白色的,快乐是白色的,就连忧伤也是白色的。一切东西都被白色修饰得那么精致，好像一个童话。故事里有幸福，也有失落，但是没有谎言，也没有欺骗。白色的世界总是那么干净。飛，你告诉我，为什么我在恍惚的时候会看见你和B穿着一样的白色长袖上衣，站在阳光下对我和柳像原来一样地笑？

常常想起我们在一起的时候，你牵着我走过的那场太阳雨。每次想起，我都会很满意地笑，笑完，就觉得空荡荡的。没有什么别的感觉，就只是空荡荡的，疼。不知道从什么时候开始，我们都学会心痛了，在看到某一句话，提起某一个人的时候，排山倒海地疼，疼得死去活来的。可那似乎是很久以前的事了，好久好久，久得都落上灰了。

我还是会害怕寂寞。

想你的时候，我常会爬上楼顶，或者任何一个可以让我吹到风的地方，让风把我的眼泪风干，我不许它们掉下来。永远记得一句话，“哭多了，眼泪就不值钱了。”可我最终也没逃过命运的捉弄，当时一脸柔情地对着我说这句话的人，已经永远地消失在我的生命里了。

前些天路过午门，我又看到了那些广场鸽。我努力地找寻曾经我们每次路过都会来问候的那一对鸽子，却怎么也找不到了。你走了，连鸽子都不见了，原来毕竟那些你揽着我哼唱着好想好想和你在一起的岁月已经过去了，就像鸽子一样，不见了。

你送我的项链断了，无声无息的，没有任何征兆。我对着那条断了的链子呆呆地坐了一个下午。

我一向是个笨手笨脚的人，总是弄坏东西，可却没有一次让我像这次一样的心痛过。我想，我这么粗心，会不会就这样一点点地把属于我们的东西全丢光了呢？那个时候，我就真的什么都没有了。

可是啊，可是，在我还没有余力再去做什么的时候，我猛地发现，耳朵上那对你送我的耳坠也不见了一只。夹在耳朵上，却轻易地掉了。你一直笑我胆小，没勇气打耳洞，还要在买耳坠时把耳钉换成夹子。我也一直没告诉你，因为你说过，耳垂是福，不可以轻易打上洞，所以我就不打。可是现在，耳坠丢了。我没有哭，只是一直坐着，然后就去打了耳洞。我也许再没有机会告诉你，打耳洞并不痛，但是疼痛来临前的那一种恐惧我无法避免。最终我还是打了耳洞，尽管只有一个在左耳上。我想，我可以连幸福都不要了，其实我只是想留住我们共同拥有过的印迹。

左手食指上的痣又开始猛烈地疼了起来。你发现我们竟然在同样的位置拥有相同的痣时，脸上惊讶的表情还清晰如昨，你说这是前生的约定。后来我才明白，纵使是这样的约定，也会在恍惚间消失得无影无踪。

学校终于搬家了,在沸沸扬扬地宣传了一年半之后。新校区远离城市,让我不得不喜欢这里。这里有高大的落地窗,上午或下午的时候,都会有慵懒的阳光从外面洒进来,照得人暖暖的,有一种想哭的冲动。我常常坐在阳光里,让它烘烤着我潮湿阴暗的寂寞。这种时候,我就想,如果你在身边多好。我们一起坐在明晃晃的屋子里,就像以前一样,看书,写字,吃太平梳打饼。

记得你得急性肠炎的时候,不能吃学校周围买的那些不干净的小吃,就只是吃这种饼干。于是,我也陪你一起吃。那段日子,我们都很快乐,虽然我从没有告诉过你我吃饼干吃得胃疼。现在,我习惯了在书桌前放上这种饼干,想你的时候,我就一个人默默地吃,吃到泪流满面。

前两天,我在图书馆里翻看一本旅游杂志,上面有一张照片,是拉萨的天空,那种干净的蓝色,就像你一样。忽然想起,你说过我单纯,说过我简单,说喜欢看我肆无忌惮的笑。然而后来,这却变成了一种幼稚,让你为难也让我绝望的幼稚。所以我变了。你说我一直是个让你无奈的孩子,你不忍心伤害我,所以就一直骗我。曾经,我一再以为,能够就这样被你骗下去也好,至少,你和我都还会是快乐的。可是为什么一切都变了呢?就像张信哲唱过的:我们再也回不去了,对不对?"我那么相信你,胜过相信自己,可是你骗我。一切还是都变了,再也回不到过去了。"

刚刚用电脑里的塔罗牌算命,它说,不论你现在的计划是否正确无误的执行,你只能继续地走下去,往你所选择的路走下去。原来,有些事情,是注定的,无法改变。

记得很早以前看过一篇文章,叫《孩子》。作者是谁已经忘了,只记得她说她是AB型的双子座,记得她说她的疼痛排山倒海,记得她说一个十九岁的孩子为什么会有九十岁的等待。(浅一注:《孩子》的作者,宋静茹,1999年——2003年就读于南开大学,现在国家某机构工作。)

我总是无法忘记这些文字,它们总在我悲伤的时候,一遍又一遍的出现在我的记忆里。我对柳说这些,柳说,璐璐,你应该快乐的。我就不再说话,因为我不快乐。

夏天过后,冬天很快就要来了吧。当冬天把一切都冻结的时候,你会是笑着的吗?

璐

写完这封信,我点燃了一支焰火棒,不记得是谁说过,能够抬头看焰火的人永远不会寒冷。我突然觉得很冷，所以点了这支焰火。

买焰火棒的时候，摊主告诉我，这是安全的焰火棒，即使火花蹦到手上了也不会痛的。可是，为什么我刚刚点燃它的时候，就开始猛烈地疼了起来？我看着火花四射的巨大的繁华在我眼前绽放，就开始猛烈地疼了起来，疼得想哭。

我看见光芒掠过的地方变成了绝望的黑色，忽然就觉得更冷。大家都说，焰火棒是能带来浪漫和幸福的东西，可是，为什么我手里拿着它，却感觉幸福离我越来越远了？

上帝关上你的一扇门，就会帮你打开一扇窗。我始终相信，当一个人可以用感恩的心态去面对遭受的一切，上帝就会把她的遗憾缔造成完美。逆风就是在这个时候出现的。他就好像焰火一样，美丽地绽放，又急匆匆地黯淡。鲁迅说，悲剧是把美好的东西撕毁给人看，我觉得这好像是在说命运。命运总是把善良的人撕毁，明目张胆，众目睽睽。善良的人没有选择的权利，没有生还的余地。这个说法显然成立，所以，命运是个巨大的悲剧。

兵慌马乱的世界，战役随时爆发。

手机在桌上震动，无奈的转圈。逆风说，刚才我在高速上把车开到了一百二十迈，然后我睡着了。我听后一身冷汗，想像着一个英俊的男人在风驰电掣的速度里闭上了眼睛，然后就好像有把箭射中胸膛，尖锐的疼痛向来都无法抵挡。他还在电话那头不停地说，仿佛刚刚站在死神旁边的人不是他。还好我马上就醒过来了，还好我醒来的时候手没有瞎晃，要不然你可能就见不到我了。

够了，你答应过的，你会好好的。你为什么说话不算数呢。

我现在不是挺好的么。

……

怎么不说话。

……

我曾经在高速路上撞死过一只小鸟，我难过了好久。它就那么毫无征兆地撞到车的挡风玻璃上，哐当的一声。可是我甚至连停下来都不可以。

……

你为什么只肯叫我逆风？

……

我要挂了，你别不开心。再见。

拜拜。

造物弄人，上帝的得意之作。逆风的真名也叫飛，同样的飛，不同的角色。从认识他到现在，我都不肯叫他的名字。他在给我写的一封长长的信的最后说，不管怎么样，我是飛，真正的飛。我看后泪流满面，为他的坚定也为我的执著。想起了逆风的一句话，最后的最后，世界的尽头，你第一个想起的永远不是我。

百转千回，掠影浮光。谁带谁去了天堂，谁给谁留下希望。

记不清，是谁说过，受了伤也依然要保持坚强。难道只有在天空最黑的时候，才可以任泪水肆虐地流淌？

总是害怕，睁眼的时候，身边已是一片荒凉，却竟然忘记，美好的东西早变成冗长的过往。

佛说，爱是惟一的原罪。我有罪，但是无力挽回。每个人都在浪费，奢华的青春，挥霍着眼泪。睁开眼，看见蔓延的欲望。闭上眼，是无穷无尽的恐慌。

只是想知道，令人向往的，是有罪的地狱，还是无欲的天堂？

逆风问我，如果有下辈子，要做些什么。我说，飞到太空里去，然后遇见你。他说，那我期待下辈子能与你相遇。到最后，我都没有告诉他，我要选择到太空里去的原因。科学家说，在太空里，人是不会哭的，因为没有地心引力，眼泪流不出来。听到这句话的时候，我就想，真好，下辈子，我要做个不哭的孩子。

传说世上有条路叫黄泉路，有条河叫忘川河，有座桥叫奈何桥，桥边有块石头叫三生石，三生石上记载着每个人的前世今生。我总是想问柳，当我看到那块石头的时候，那上面会写着些什么，激荡的烈焰抑或是灰黑色的潮水。无论如何，那块石头上，记载着我的生活，我的命运。那些有关欢笑与疼痛的记录，会被涂写上怎样的后续？

关于青春的记忆，犹如焰火般绚烂，绮丽。

花开如云

◎留 加

我刚通过考试然后被分配到我们县城最复杂的一个乡镇工作，自诩去锻炼。领导耳提面命说年轻人好好适应立根基层，听来整一场笑话谁喜欢在牛粪中生根发芽还真当我一个自虐狂。这里只有每餐一块五毛钱的大锅饭，只有大片的田野金黄的谷浪，只有虎视眈眈的山蚊，只有漫天寂寞的星星。我跟父母说我填不饱肚子我很惭愧。刚来的时候每次吃饭望着碗里几小块肥肉和青菜我就暗暗发愁觉得生活真幽默，现实对我进行了无情嘲弄。我却没有战斗力来打击报复一把，最后是夹着青菜蘸大把的辣椒酱把饭塞下去。辣椒很辣米饭很硬我的味蕾很麻木然后听见我的胃袋抗议你虐待你虐待。有一次饭堂煮饭的老伯知道我不习惯伙食特地给我炒了一个鸭蛋。因为没有什么油，所以鸭蛋不是平常的那种油亮亮的金黄色而是涩涩地泛黄，而且有部分被干瘪地烧焦了。我在宿舍捧着饭菜然后眼泪一滴滴落下来，很生硬地砸在蛋上面。尽管上一分钟我还在食堂对着青菜肥肉咬牙切齿而下一分钟我已经在宿舍含着牛奶狂敲键盘来表达我对生活的白痴认识加点忧伤的小调料来抒情，但请相信我不是在说天方夜谭也不是在编故事煽情我说的是一次我所经历的简单幸福。我相信在许多年后我仍然可以清晰地浮现这样一个荷包蛋那样一张和善的面孔，然后用更多颇具倾诉性的词语来表达我的心存感激以及“吃饭是我最大幸福”的励志铭。

如果当初的我能够坚决一点再坚决一点，用一种义无反顾的姿势在人生的十字路口上选择符合理想的方向，那么现在的我会站在那个开满樱花的国度过麻木读书拼命打工偶尔流泪想家的留学生活。虽然是在陌生的地方单枪匹马的孤军奋战,但我知道累了伤了我也会微笑地舔舐伤口面对荆棘坎坷,朝气蓬勃斗志昂扬迎风蔓延我一生的梦想。

这样的懊悔本身更衬托现在的隐忍一文不值。

父母很满意,因为我的相貌至少国泰民安,工作稳定不会随时下岗,他们甚至想连我结婚生子的事情都运筹帷幄一翻。他们看不见在沉默背后频频挣扎的绝望。我不想悲观地用上绝望这般放肆壮烈的词语,事实上我也努力的常识接受新环境下的千变万化。危险艰苦的生活环境、钩心斗角的同事关系、尔虞我诈的人际交往,一切一切的摸爬滚打只空留一副不知是清高抑或任性的面孔独善其身。心如止水,是的,心如止水。我动听地把自己褒义成与世隔绝的状态,用匆忙的笑容应付各种粉墨登场的嘴脸。自己封闭如同行尸走肉,甘愿行使没有灵魂的躯壳,抛弃眼泪大胆寂寞,对于那些自以为是的肤浅嘲讽我暗暗冷笑。适意行,安心坐,名利归他,愚笨如我,跳离红尘恶风波,闲快活。

现世安稳,岁月静好。天蓝如洗,阳光暖暖地抚摩脸庞,我空闲的时候捧着我的朋友邢璇一的信坐在板凳上一起晒太阳。她所有盘在纸上明亮清晰的字,透过指间把温度传递,细碎却绵长。

小一说她努力的让自己笑容满面地写字,笑容满面地用舌头舔着邮票,笑容满面地把信投进邮筒,笑容满面地想像我在收到信的那一刻也会跟她笑容满面地像个孩子。

她在图书馆妙笔生花下笔千言的时候我面对人来人往口是心非,她背着大书包面无表情地晃荡在学校俪影双双的道路上我同样寂寞的检阅自己的忧伤,她没钱吃饭更不想把自己吃得像泡面一样我龇牙咧嘴过着两个星期三十块钱的日子,她写了张“上海GOGOGO”的字条贴在课桌上提醒自己明年的约定我每天清晨醒来把约定默念一遍对自己说加油加油。

我知道这样的感情在很多人的眼中廉价不屑一顾,几封信笺几个电话能把网络两端素未谋面的陌生人牵手成许诺一辈子看流年风景的朋友?一年的光阴,望不尽的纸间岁月,小一捎来的每一片鸿羽都是友谊的图腾,勇敢坚强地落地生根。未来重若千斤,我无力抗衡时间蹉跎,只想勾勒纯洁朴素的情感命脉,证实这一段现在进行时的干干净净的友情任世事几何依然能坚定如昔。

总有种感情值得期待,总有种诚实永不褪色,总有种珍惜细水常流。

傍晚残阳如血,冷冷的暖色铺满每一个角落。我会抱着篮球在球场上投篮。我不会打篮球,但这不妨碍我一遍一遍地把篮球往球框送。谁冠冕堂皇地说打篮球的男生很帅而我想说我的姿势很丑却很寂寞。我生机勃勃地上蹿下跳把球瞄准投出,看着球进篮或者擦边再落地,拍打着地面把阳光层层断裂。像只勤劳的小蜜蜂那样安静地处理身体过多的水分,才会笃然的认为自己是多么忙碌还没有安排时间忧伤。如果看见我累了请给我可乐,一罐可乐的时间,以便我困顿的细胞可以重新快乐的舞蹈。

说起可乐，想起小飞告诉我，放学后她会骑车到一个安静的地方看夕阳，坐在那里高高的台阶上，一边喝可乐一边唱歌。白色的T恤，红色的背包，黑色的跑车。消融的残阳，透明的清风，陌生的街道。她大声地唱，谁与我远远地漫步云端，在靠近太阳的地方住下？

小飞在北方一个四季分明的小城坚强的读着高四，每天骑自行车跑很远很远的路上学，塞着耳机在狭窄的街道横冲直撞，风太大心太累，耳朵里的音乐很嚣张。偶尔上网，在聊天室轻轻皱眉给我唱王菲的歌。企图好好感受，把红豆熬成伤口，把泪水看成流星，不言不语都是好风景，笑个不停。

而我在南方这个四季暧昧的小镇枯燥地工作，经常下乡了解探访，骑着摩托车在崎岖的乡间小路上小心翼翼。已经很习惯从风里向北方眺望，隔过山越过海是否有你忧伤等待的目光。谁曾经吊儿郎当，谁可以铁石心肠，谁不用地久天长。流水潺潺松涛和弦，忍把浮名，换了浅斟低唱。

边走边唱，任它两轮日月来往如梭，锁住了心猿意马，挂尽了闲情烟水，歌里繁华过。

小飞，你听见我被风吹落的歌声了吗？

夜幕降临，苍穹就会挂满钻石。一望无穷水，四围不尽山，漫天星斗寒。

我一度辗转于酒吧KTV茶坊中，糊涂把买醉当做惟一信仰。行色匆匆忘记被星光亲吻的感觉。直到工作后来到单位，仰望星空是做得最多的事情。睡觉前我总在阳台百无聊赖，看星星便顺理成章成为消遣。星光倾泻下来，落满全身将我温柔的包围如同幸福触手可及。剪辑满天闪烁的碎片，铺垫成灵台的清明，散落在眼睛里全是微薄的希望。

凌加发信息过来要把快乐分给我一点让我吃饱穿暖。她就是这样努力每晚都来信息跟我说晚安。我牢骚每天过着自己不喜欢的生活，埋怨幸福其实是斑驳狰狞的，看久了会觉得面目可憎谁要追赶？凌加对我说如果多一份祝福可以让我多接近幸福一点。如果多一句晚安可以让幸福的面目变得善良亲切一点。她愿意坚持。

梦里风声鹤唳，往前一步是悬崖，退后一脚是孤坟，我站在边缘怎么也想不明白为什么会走到绝境却没有人开直升机来搭救我？凌加，所以我渐渐忘了一些我发誓不会忘记的人，忘了他们的脸，忘了我们曾经在一起，那些七零八落的声音，那些日渐模糊的笑脸，咫尺天涯。天黑黑，会不会，让我忘了你是谁？

凌加，我终究按照你的吩咐用你送的礼物把自己打扮成白马一样等待着我的灰姑娘丢慢跑鞋。然而你呢，你呢，还会不会在自己的岔路口傻傻等待幸福的降临？

乡村无所有,岭上多白云;只可自怡悦,不可持赠君。我的眼睛是镜头,我的记忆是底片,请让时间刻下你最信任的表情。

时乖命蹇在荒山僻野中安寨扎营,在希望中左顾右盼,自己便是那只踌躅仰望蓝天的小小鸟,依附一个蓄势待发的灵魂怀抱一种坐井观天的快乐。把家人的嘱托朋友的关怀系在胸口,拼命地告诉自己勇敢一点再勇敢一点定然可以躲过枪口穿破荆棘飞进幸福的怀抱。

我老实交代坦白,临水照镜时我还能衣冠楚楚帅气逼人聊以自慰。人生便是这般情节粗制滥造,假若天天挂个面具摆个笑脸插科打诨岂不是肌肉抽筋?偶尔顾影自怜长歌当哭在所难免。但是上面字里行间都是我坦诚相见的本质,喜欢我的人该骂的骂该疼的疼,一定要紧密团结在我的周围画一画锦绣前程。

山中无日历,岁尽不知年。黄叶地,碧云天,我蛰伏在十二月独望天涯路,阅尽北风别飘絮,等待来年一场花开如云的盛宴。亲爱的朋友,你陪我吗?

悲剧的定义是用一辈子的时间忘记一分钟爱上的人。

还好，断只用了一年。

遇见他之前，断一直在想，会对什么样的男生动心。细心、内敛、聪明、沉默、要有温暖的笑容；瘦，有大而干燥的手掌。

从十几岁开始，在别人眼里断就是个见了帅哥流口水，身边男友随心情更换的花心大萝卜。可是没人知道，断渴望温暖，渴望能把脸埋在一个散发着淡淡汗味和烟味的胸膛。所以断固执地守着自己，等待生命中那不知道有没有的真爱。她从小就是一个懂得区别的孩子，她不会出现错别字。现在也一样，她不会走错路，她知道游戏和恋爱之间的区别，她以为自己做得很好。

断。她喜欢自己的名字。

她是个自闭又自恋的女孩。

她不快乐。

牧说："咱们什么时候去登记？"她扭头看他，面前的电视正放着肥皂剧。"这算什么？"断问他。"要不明天吧，明天天气不错。"她心里想笑，这个臃肿的男人居然想娶她！用商量明天吃什么菜的口气向她……这算是求婚吗？或者他根本就觉得她不会拒绝，他起身去洗手间的空当，她随手抓起包走出房门。

随便上了辆公交车，她不知道去哪，她不知道那些所谓的朋友和同事哪个会收留她。断讨厌这种突然挤进大脑的空虚，她只能去网吧。她在上车后第九个站下了车，她喜欢这个数字，一切罪恶的尽头，即将进入新的轮回，像黎明的感觉，摆脱了死亡的阴影。

枫是她所有网友中最直接的，第一次就直抵灵魂最阴暗的角落。断措手不及，她厌恶那些轻浮的男生，没有回复。他的心情依旧一条条地发过来。其实网上每个游魂都一样，絮絮叨叨地说自己的事，无所谓有没有听众。

“我已经不记得进入过多少女人的身体，甚至不记得她们带给我身体的快感。光滑的肌肤，暧昧的眼神，柔顺的头发，和我的心一起，在记忆里腐烂，我厌倦这种生活，没有灵魂。”

“我很喜欢她，初三的时候，我经常骑着我的破车带着她满世界地转，那时为给她买一块手表，我一个月没有吃早饭，那么心甘情愿地付出仅仅为了看见她清澈的笑。那是一段艰难的日子，但现在很怀念，清澈的眼睛，清澈的笑声，一起都成了往事，就那么没了。”

“仅仅三年，我就从一个只敢牵喜欢的女孩手的男孩变成一个随意变换床伴的男人，一个出色的床伴，可我为什么不快乐？”

“我现在还留着初恋给我的打火机，不昂贵，但是精致，一直习惯用它。”她笑，这样的男子，是花心，还是痴情？原来这样的放纵下面，也可以有青涩的过去。

断和枫不经常碰面，他们从不刻意地约定时间，她喜欢意料之外的惊喜。他会有一些长长的邮件发给她，她给他最大限度的包容，她和别的女孩不一样。

她的心已残废，因为那个没有尽头的牵挂。

“情已面目全非，怎堪面对，不能爱，是否因为心里有个谁，曾把梦撕毁。

“有段时间，那么喜欢玩吉他的男生，要有清瘦的身影，刚遮住眼睛的直发，不张扬，也不冷漠，有温暖而明朗的笑容，有微微上扬的嘴角，用修长的手指撩拨着琴弦，会用低迷的声音清唱。”他笑她装单纯。不，只是倦了，喜欢那种平静。

给枫发了封E-mail，说自己无处可去，十分钟后她的手机响了起来。

你在哪？

太原。

你到北京给我打电话，我去车站接你。

她走出网吧，数数身上只有不到八十块钱，她发现自己真的无处可去。“你离开钱根本没有办法生活。”她记得牧的话,她是如此不喜欢这个穷得只剩下钱的男人。

在火车上坐下的时候很塌实,她从包里掏出本书。这个包还是牧送她的,他以为她离不开他提供的房子、名牌,以及一切牵扯到钱的生活,可是现在她走得那么坚决。随手拿的包里只有她喜欢的几本书,一串带在身边多年的项链和一个修长精致的打火机。

她用剩下的钱买了点零食买了瓶水,她从来没有想过自己会一无所有地出现在另一个陌生的城市。她给他打手机,说她已经到了。随着熙熙攘攘的人们下了车已经是凌晨,她翻出一盒烟开始想自己为什么会跑到这里,来找一个从没见过面的网友,并且不觉得有任何危险。

他看见一个套着灰色毛衣的长发女孩抱着胳膊靠在墙角抽烟,地上满是烟头,她看着他:“这里好冷。”他把她放进大衣里还能感到她的身体在抖。“我马上就带你回家,乖,再忍忍。”“你比我想像的还要英俊。”断喜欢他身上那种淡淡的香水味。

出租车上他们并没有说太多的话,仿佛很早就认识。

枫的家里凌乱,但是干净。她喜欢,因为她觉得随手就能拿起自己喜欢的东西是种幸福。穿过满地的CD和书本,他推开卧室的门,你睡这里吧。

你呢?

我在客厅守护我的公主啊。

呵呵,晚安。

她醒来的时候,他已经走了,大概上班去了吧。这么久,还不知道他是干什么的。电脑屏幕上是屏保,她打开邮箱,有他的一封信,告诉她冰箱里有牛奶和面包,厨房有包子和小米粥,他不知道她喜欢吃什么,就都准备好了,最后PS一句,说他先给她发了个短信,觉得她肯定先开邮箱再开手机,就又发了封邮件。“因为我觉得你和我一样,都是网络的寄生虫。”他说。她打开手机,果然收到他的短信,心里忽然湿湿的。

她到厨房,粥还有丝热气,在陌生男人的房子里吃饭却有家的感觉,吃得很坦然,不像牧,总是强调她享受的物质是他给的。浴盆边上放着浴巾和一套纯白色的男式睡衣,她喜欢和这种细心干净的男人相处,会感到温暖。

她穿着睡衣坐在阳台晒太阳,懒懒的,暖暖的。

有人开门,断光着脚走到客厅,枫?站在门口的却是个女人,一个很漂亮的女人,她用眼角审视着断:“这么快又换了一个。”她的眼神里只是气愤,却看不出惊讶。断不解释,像动物一样防备地看着这个不知道从哪冒出来的女人。"我是他未婚妻,"她炫耀地瞟着断,"我们三年。""三年他还没有爱上你。"断似笑非笑。枫曾提过她,一段与爱情无关的权力联盟婚姻,她是个歇斯底里的女人。她似有被揭穿的恐惧:"你呢?难道他爱你么。"断忽然很同情她:"放手吧,这么下去你都会觉得自己下贱。""他会和我结婚的,臭婊子!"她狠狠地扇在断脸上,"他最后选择的是我!而不是你!"断默然地看者眼前这个高傲但不堪一击的公主,她忽然觉得枫过分了。女人扬着头摔门而去,断却觉得更像落荒而逃。

半小时后,他赶回来。她坐在地上,听着CD。神情淡漠。"她来过?""嗯。""她还打了你?""这个和你关系不大吧?"她淡淡地笑。她是个让你想不通的女人,对全世界漠不关心,自己受到侵犯还无动于衷。

因为我知道她的心情,虽然我不喜欢她。

她知道我有很多不定的床伴,可是她知道我不会把她们带回家。

然后她看到了我,而且还穿着你的睡衣。

对不起。

可是我的胃不原谅你,它饿了。她冲他笑。

他一脸笑容地看她往嘴里送东西,她只有吃东西时才像个孩子,毫无顾忌。

她接受别人的呵护和提供的物质,却不让任何人靠近;依赖,却不相信。她随时可以离开,就像从来没有出现过,她没有义务为谁留下来。

断喜欢去网吧,因为那里会有各种正在发生的故事,她喜欢从网吧回来时手上的烟香,这是无数个人的气息,她会觉得自己不太孤单。喜欢看见二十几岁的女孩甜甜的笑,觉得她们美好得像个容易满足的孩子。因为她几乎失去了甜美的容貌,眼睛和心一起苍老,她摸着自己干燥的脸,20岁生日还没过呢,不可以这般不珍惜自己,经常在电脑前睡去。她是记得"女为悦己者容"的。但她不知道是不是有"悦己"的人。会不会有人会疼惜她这一身窟窿。

断和枫仍然用QQ,已经习惯了这种方式。

你爱她吗?

只是依赖。

那你就离开她,这样对她不公平。

可我习惯有她的照顾。

你是个自私的男人。

而且固执,夏天只穿纯白色棉T恤。冬天只穿黑色长风衣。一定要用头发遮住眼睛,不信任其他的颜色。黑或白,从一个极端到另一个极端。

她和他一样,都是缺乏安全感的人,试图以固定的物质和生活习惯给自己带来安慰,她只抽一个牌子的烟,只戴和忘一样的那条项链,去同一家网吧用同一台机子。

从网吧出来要过马路。他总是把她的拳头放在手心,断很快就习惯了他的气味,习惯了他的温度。

可以抱抱我吗?她把脸贴在他的胸口:她很爱你,我知道。

我也知道。

你不知道,因为你没有竭尽全力地爱过一个人。

所以你说你懂她的心情?

我以前也是个歇斯底里的人,让我自己都厌恶。

所以你现在不爱?

爱情没有拥抱来的实在,它总是让我措手不及。

所以你就选择了一个不可能产生爱情的城市和一个有未婚妻的男人?

我只是要这种不需要牵涉过多后果的拥抱。

她以她的方式爱着,激烈而绝望,直到彼此都厌倦了这种生活,于是中断联系,之后又因为她一时兴起,大家又盲目地开始写信打电话。联系随着她多变的心情时断时续。而他,似乎根本不在乎这段感情的持续与否。于是她就一次次歇斯底里地发誓断绝关系,又一次次地打电话对他说对不起。反反复复只能使她更加痛苦。

她问他,你以前喜欢过我吗?只要你一个回答。有过。谢谢。她转过身,头也不回地走了,他第一次感觉到她的决绝。其实她只是想要一个答案,作为这场角逐的结局。

她不强迫他接受她的爱,她爱他是自己的事情,和他爱不爱她没有关系。为了爱而爱,而不为了被爱而爱。

她和枫彼此温暖,却不涉入彼此的生活,这是游戏规则。他们的生活依旧继续,只是她习惯了睡在他怀里,偶尔他不回家,她就在电脑前坐一个晚上,除了枫,她不会放心地把头放在谁的肩膀上,他们习惯了对方宠溺的方式和拥抱的姿势。

她周旋于形形色色的男人之间，却不为他们流泪。他们更像在交易，她享受他们提供的物质，他们用她来撑面子。她庆幸自己有张比较漂亮的脸，纵使它不再甜美。她努力在刺激与安定间找一个平衡点，最后却发现，自己一直都流离失所，谁也不属于她，睁开眼睛，满世界的荒凉。

为什么离开他，因为他向你求婚，说不过去吧？

只是依赖他的物质，我根本不会和没有感觉的人太长时间在一起。

可他爱你。

他不是爱，他只是征服一个看似不一样的女人，向周围的人证明，他什么都做得到。

男人和男人的爱情给不了她安全感，每一个人的脸上都写满了背叛与离开。只有很少的人有资格成为她信任的朋友，尤其是男性朋友。她从不和任何一个男人做爱，从不。她的灵魂不动声色地蔑视着男人的欲望。她和枫，也只是整夜地抱在一起，她只需要一点体温和一个怀抱。她怕面对偷情以后的结果：怀孕、堕胎、疼痛、争吵、厌倦直到分手。没有一个人值得她为他疼。

为了尽量使自己不受伤，她也失去了付出所有的认真与坚持，有得必有失，这是宿命，谁也逃不掉。

“我能给的只有拥抱，只有我现在的体温，但是我希望让你感到温暖。”她相信，枫说的这句话是真的。两只被困的兽，相互温暖。

很多时候，男人和女人在一起，其实和爱情无关。她相信情人是朋友的一种形式，但她不会爱上身边的朋友，因为了解太深，知道彼此要走的路，既是朋友，就不会阻挡对方。爱情需要有激越的情感，让她哭让她笑，这需要有未知性，让她好奇，让她追逐，只是她一直寻不到。她和别的女人不一样，所以他也不像对她们那样对她。她可以是他的宠物或者朋友，决不会是情人，他厌恶这种关系。

她和他的交流一直要依靠网络，即使他就坐在她旁边。

想过要做爱吗？枫发过来这句话扭头看着她。

她笑笑，没有回答。

现在对未来老公负责的女孩不多了。

不是保守，而是觉得没有人值得，没有人不让我防备。

你身边优秀的男性也不少，真的就谁也不喜欢？就算有一点点好感。

接触的多了，更加没有安全感和吸引力。对全世界的男人失去耐心。

那你信什么？

香烟和酒精。

没想过让谁收留你?

我不会做饭不洗衣服,抽烟喝酒,喜欢买一些永远不会戴的首饰、不会用的化妆品,谁会要这么一贯不称职的女人?

我。

我从来不偷别人的东西,这次也一样。

可我不爱她。

但我们彼此都太了解,让我对未来失去信心。

那面对什么样的男人会让你想到爱情。

我只是想找一个早上醒来握着我的手就觉得幸福的男人。

你中安妮的毒已经太深。

她说得没错,那样的男子又有几个。一个有爱情的婚姻(尤其是两个坚持的人)不会长久。

既然坚持又相爱,为什么不能长久?

因为重视,不能容忍对方的失误,所以脆弱。婚姻中有的,我想,最好是怜惜与恩慈。

没有爱情的婚姻一开始就有遗憾。

我付出过,爱过,爱和婚姻可以分离,所以没有遗憾。

但从此不再相信?

你会在春天的薄冰上滑冰吗?

他无语,他自己不也把别人的感情当砝码吗?最大的错误就是爱上一个不相信爱情的人。她很聪明,果然更像他的宠物,互相温暖、互相依赖却是独立的个体,有他无法探寻的森林,只要她不想,他就无从得知道她的一切。

她喜欢一本书的名字:暗夜妖娆。爱情她已经历过,只差一个结局,把自己送进坟墓里。

“有谁能在成年之后毫不犹豫、毫不计较地去爱。付出的一分一毫都要记得,每一个人都会保护自己,小心翼翼地控制自己的感情,以便在失去的时候能及时收回来。善变的世界,随时随地可以产生可以消失的爱情,以及越来越精确的数字充斥在地球上,于是人们就开始经营爱情。其实这时已经不是爱了,而更像一种交易。”她在北京火车站附近的网吧给他发E-mail。

有的事情,需要用力地记在灵魂里。绝望就是不与人诉,一个人巨大的绝望不对外人说起,也无从说起,她只想索取一点点温暖,现在她已经没有精力去触碰感情,无论爱或恨。

她又是一无所有地上了火车，闷热的车厢内有汗的味道，婴儿的哭闹声，对面的老妇人向她抱怨小孩上学的困难，学校收费的频繁以及她所知道的种种不满，旁边满嘴胡子的男人毫无顾忌地啃着猪蹄，粗鲁，但脸上有幸福的表情，她起身去抽烟，那节所有烟民热爱的车厢人不多，窗外的风景渐渐荒凉，她不知道自己是在离开还是回来，她只知道自己正在远离自己近半年来的生活，她必须重新适应新的生活。回到太原，她必须自己谋生，不再有牧也不再有枫。火车带着她轰隆隆地前进，风从窗口呼呼地闯进车厢，她灭掉还在燃烧的半支烟，准备回到座位上加件衣服。

她看见她的座位上坐着一个抱着小孩的男人，很腼腆地和那个老妇人打招呼。她回到刚刚离开的地方又掏出烟，倚在冰凉的车皮上，自己年幼的时候大概也和父母这么亲近，只是早已遗忘他们皮肤的温度，她从不向父母撒娇，小学二三年级的时候下了场大雨，砸在脸上睁不开眼睛。当她湿淋淋地进了家门，父母只是找出几件干的衣服让她换上，她很自然倒出鞋里的水。很小她就知道，很多事情要自己承担，他们从不表达爱，有时甚至表现得吝啬。老实的父母都不善表达，直到她走出家门，他们都不曾拥抱或亲吻，母亲有时想过，只是她错过了皮肤饥渴的年龄，已不再渴望，也不再习惯。

断离开后枫每天抽烟。一个人在寂寞的时候会用大量的物品来填补空白，以为能满。这种状态持续了一周。枫决定用一周的时间让自己沉浸在幻觉里。然后走出来，不回头。枫开始大量工作。熬到深夜。

她打开信箱，有枫的信。他说你能不能留下来，我可以照顾你的。他只写了这么一句，这句话下面是巨大的空旷。“我没有理由留下，像衔着树枝过太平洋的小鸟一样，我们只是彼此停留的那一片水域，不是陆地，我要的是一辈子。”“我可以给你。”“我们都不配说一辈子，因为我们都太过年轻，太过任性。我们以前不也对某个人说过一辈子甚至生生世世的吗？现在呢？他们只是藏在那最华丽的记忆里面，走不出来，像琥珀，再清晰，也是死的。”

找到正式工作前，她开始给别人照相，但每次客人都被同行抢走，最后她出卖自己旅行路上拍的风景照。她不喜欢主动和别人说话，虽然她喜欢陌生人的气味，让她有喧闹繁华的错觉。

她坐在那些照片后面，懒懒地翻着书，偶尔会有人停下来看她拍的照片，小声评价或者询问。询问的多是一些热爱旅行的人，不是跟着那种俗气得很有级别的旅行团，他们大都自己走。她喜欢和他们聊，因为旅行的人大都单纯，热爱生活，有时交换电话。这一小段摆摊的经历让她以后时不时能收到各地的明信片或者E过来的照片。

后来涵不让她干了，理由是他的工资足够他们两个人平时的花销，而她又实在赚不到什么钱，她低下头不回答。她不想完全依靠他。

断消失的一个星期里，涵用了所有他能用的方法找她，但最后证明，只要她想，没有人可以找得到。他开始恐慌，开始愤怒，这么一个不听话的女人。九天以后断没有回来，涵决定重新开始。他觉得九是个命数，九天她如果不回来，就再也不会回来了。涵锁上了她住的房间，抹去她的一切痕迹，开始接受她离开的生活。

涵是断在火车上认识的。也许每个男人都以为自己会填平她那一身的窟窿。有的人看在她漂亮的份上，也乐于帮忙，期待着桃花运。无论动机是什么，断不会拒绝，因为她根本无法自己生活。而且她清楚，他们给不了她爱情，帮助她只是为了表现自己的慷慨。

涵的家在太原南边，也正因为离在西边的牧远些，她才决定住到涵家。她不想出去的时候就做一些家务。有时候看着窗台上灿烂的太阳花，恍惚间想起童年的家。她不知道自己该不该感谢上帝，让她认识些英俊而温和的男人，却不让她爱上谁。她只是他们的乘客。她没有停下来的理由，她只希望遇到自己的爱，然后牵手走这一辈子。她是个很俗很俗的女孩，只是要一点点，想嫁一个自己爱的人。

她叫她忘，她喜欢这个字，心亡。死了心才会忘记。

只有自己知道，那些痕迹，现在疼在哪里。

只有自己知道，那段刻骨铭心被埋在了哪场雪里。

她一针一针地把他的名字刻在身上，她要一辈子记得他，这个给自己幻觉和疼痛的男人，这个让她耗尽了天真与幻想的男人。她怕自己老的时候不记得从前，刻上他的名字，就算哪天把自己忘了，也会记得他。她的甜美她的脆弱只展示给他。别人眼里，她是个涂着紫色唇膏，白色眼影，有一颗泪痔的女人，从不和周围的人提他。这个伤口，她要好好护着，只自己疼。

关于枫，关于涵，她只是迷恋他们给她的那种温暖的感觉，迷恋他们手心的温度，却不想和他们谁过完一生，他们都不是能温暖她一生的人。她是个容易感到冷的孩子，需要大把大把的温暖，人们都吝啬于给别人的温度，甚至一个笑容。她在等，她只能等。她习惯于接受生活给她的一切，她觉得自己没有能力去找，她是个对自己丧失信心的人。

她曾经热爱绘画,热爱她用的那套纯黑色的水粉笔。她的画偏向那种脏的颜色,她觉得太纯太亮的颜色像幻觉,美丽、易逝,但她喜欢梵高,那个用色浓烈人生却黯淡的画家,他让她心疼。她想,自己应该比他幸福吧,起码生活没有灰到只能用颜色来改变的地步,他是爱过的,乌苏拉,克里斯汀,生命中出现过一些和爱有关的人和地点,可最终没有结果。她也爱过,只是现在没有能力去爱了,包括绘画,画箱上面已满是灰尘,现在只是翻翻梵·高画传,但缺失了看他的笔触流泪的理由,只是一种符号一种梵·高的标志而已。或许,老得太快了吧!二十岁的年纪,竟找不出世界上什么可以信赖并耗尽一生。其实她是渴望那些天长地久的,有哪个女孩不呢?只是在这样一个快餐泛滥的世界,又有谁会花时间去陪她慢慢地品茶呢?连咖啡都是速溶的,全然没有咖啡豆的那种香甜,没有磨可可豆的细腻。枫和涵都不是她要的那棵树上的咖啡豆,虽然他们具备了其他一切,可还是不对。她像是一个手工做的齿轮,一直在寻觅另一个能和她完全咬合的,甚至,她都不知道是否有。

她离开那天其实心情很好,一个人到市区晃荡,忽然想找个人一起看场电影。一个一个地打电话过去,结果所有情况都发生了,找不到一个人可以说话,她突然发现自己其实从始至终都只是一个人,没有谁会在电话那头等着自己。包括那些曾经对她好,追求过她的人,都不见了。陪着她的,只有刻在身上已经变形的忘的名字。居然被自己的幻觉骗了这么久。她蹲在街角想哭。电话里不断重复着那个永远冰冷的声音"您所拨打的用户已关机""您所拨打的用户已停机""您所拨打的用户已欠费"。她把通讯录里所有的电话都删了,把电池板抠下来,告诉自己,你真的要独立了。

她想起日记本上的话:这个世界上,除了你自己,没有别人可以依赖。当时只是一句负气的话,没想到成了预言,自己的嘴真是恶毒。

断看见成都这两个字。

断再次上火车的时候,她不知道自己是否会这么一直流浪下去,不知道是否还能很幸运地遇见另一个涵。她一直在做一件事,进入别人的生活,然后离开。

火车上她做了个梦,梦里有忘清晰的脸。她第一次梦见他,在他几乎已经不影响她的心情的时候。

断回到涵家已是两个月后,涵没有问她这两个月是怎么过的。

两个多月没上网,她又收到枫的信“我哪里做得不好告诉我。我改。我知道自己没有办法让你过得很舒适,但我会很努力地让你幸福。我和她已经分了,我现在一个人。”

“你很好,但因为在你之前已经有个人把我割得残缺不全。我相信我爱过,但不相信我还能爱。在我眼里,幻觉都比爱情真实。我保证我这一辈子都会记得你,记得曾经和爱情擦肩。快过年了,刷新记忆,把回收站的东西清空了吧!2005年安好。”

断发送了这封信以后,把信箱改了她记不住的密码。她经常这么自私地在自以为结局的后面加上句号,并且比任何一个人都坚决地剪断任何一条退路。

涵从她身后递过一杯热牛奶:“你总是很残忍地拒绝别人。”“这样子对谁也好,我给不了他一个家。”“你能,只是你不愿意。”

打开信箱,没有信。果然又没有。

断新申请的信箱一直空空如也。想想,除了枫,没有谁会一直给她写信。

涵害怕她再一次出走,开始带着她去一家叫“诡”的酒吧。里面的环境不像它的名字。甚至还算的上是温暖。原木的桌椅,苔绿色的墙纸。

断喜欢坐在吧台边上,因为可以看见那些漂亮的酒瓶和调酒师的花样调酒。去多了,认识了那个酒吧的老板,一个一身素装的女孩。嗯,是个女孩,和自己差不多大。断原以为老板会是个沉默的男人或者一个中年的妖娆的女人。眼前的这个女孩甚至还透着纯情。

断打开涵的家门,黑黑的,没有回来么?断打开灯,发现地上、沙发上满是自己的照片,都是在自己不知情的情况下拍的,每一张背面都有几行小字,比如“你面对电脑屏幕的时候表情最幸福。”“你已经在沙发上坐了很久,在想什么呢。”之类的话。断笑。然后听见按快门的声音,涵从卧室里开门出来,冲她笑,生日快乐。

我以为只有我自己记得。

涵从厨房拿出几个苹果,送你的礼物。

呵呵。第一次有人送苹果给我。

这不是苹果,是情书。涵把它们一一摆在断面前。每一个苹果上面有一个字,连起来是:我想照顾你。

这几个字利用了光合作用的原理,但是需要很久的时间和很深的心意。

断把那几个苹果吃掉,然后说,我把这句话记在心里了,谢谢你。

涵看着断,你这算是拒绝么?

对不起,我不想骗你。

圣诞的时候,涵约她去看电影。早上刚下过雪。全世界看起来很纯洁,隐藏起所有的罪恶。“银妆素裹”,多美好的词。路上总有嬉笑的学生从身边跑过,踩在雪上,嘎吱嘎吱的,走着走着竟有些感动。以前她是讨厌雪的,像是地球的面具,给人全部的假象。现在居然喜欢上这种别人口中柔软纯美的东西。

其实对雪是有着同情的。你不能给它温暖,你的亲近就是对它的毁灭。

断喜欢夏天,喜欢毒辣的太阳。一个人在烈日下走,感到胳膊上血管膨胀地跳,断觉得很幸福,因为她还活着。她想,如果,血管能在这时候胀裂,会有多幸福,倒下的时候,笑容会不会像血那样鲜艳。

她和涵进了影院。王家卫的《2046》。喜欢这个导演的风格,就像喜欢梁朝伟的眼睛,两个迷一样的男人。

断后来知道那个酒吧老板叫衣。衣,平静的声调,波澜不惊。衣。她叫她,然后看着她从里面走到吧台前。同年同月同日生,对方又是自己喜欢的人,多好。

最近总有些有着蓝色眼影猩红嘴唇的女人凑过来提醒断,衣被大款包养云云。断并不如她们想像的惊恐,她们失望地走开了,临了还疑惑地看了断一眼。断不明白,这就是那些可怜女人的惟一乐趣么?

断知道衣有个四十多岁的男朋友,她也见过,是个英俊而凛然的男人,四十多岁人的凛然。抬重物的时候手臂上有微微凸起的青筋。穿暗暖色羊毛衫。断从未见过他穿西装。她厌恶太过正式的东西,一板一眼,有条有框。这是个没有老去的男人。最重要的是,他没有一般四十多岁男人的啤酒肚和粗鲁的谈吐。他像父亲爱女儿一样爱她,这是一个成年男子节制而温暖的爱,像棉被一样覆盖了衣20岁的年华。只是,那个男人在别的省,有一个和她差不多大的女儿。多庸俗的情节。可断依旧觉得他们很配。断相信他们在爱。世间所有的爱情,没有结局没有未来才会完美,才会被人们记住。

涵其实很好,可他错就错在他不应该对不爱自己的人好,让她觉得惶恐、不真实,所以她离开。现在暂住在衣家。那个男人不在的时候两个女子相拥而睡。有的时候衣会随着他去别的城市出差，空旷的两室一厅只有断一个呼吸的生物。

有一天在她看着调酒师手中做好的“一刀两断”时。那个调酒的大男孩说，我叫梵。因为这个名字，她冲他笑了一下。梵·高的梵。这个一生孤寂的男人，她想哪天自己能喂饱自己后，要到他的坟前，抚摩碑上的每个字母，我爱的文森特·梵高。

“这杯酒送给你。”两种颜色，完全隔离却相互依偎。“为什么？仅仅因为我的名字里也有个断字？”“因为你是可以懂它的人。”断笑。“可是我不会品酒。”喝下，一大口一大口，听到喉咙里咕咚咕咚的声音，终于明白安妮宝贝为什么说这种声音寂寞。

偶尔她心情好，会化妆出门，她喜欢看到人们眼中的惊艳。不背包，因为她不会浪费一上午的时间化妆只为了买东西，况且她也没有精致的小包。向来不喜欢皮包，觉得包里会浸出动物的血。喜欢买有刺绣的衣服和牛仔，最喜欢穿的还是牛仔裤，喜欢的那条可以穿到洗得发白，耐磨、坚韧，不像套装之类太过娇嫩，为保护它还要克制自己。断向来不是个受得了束缚的人。身上一件饰品也没有，包括那条和忘一样的项链。那条项链是个很简单的手掌，用一条黑色的细绳穿起来。记得当时洗澡都不肯摘下。但是从摘下那个项链以后，再没有戴过别的。她的脖颈只能接受有爱的项链的束缚，和她一样固执并且无可救药。

偶尔去珠宝店晃。不喜欢钻石，觉得冰凉。心里面认为珍珠和玉是最好的饰品。玉能感知你对它的抚摩，珍珠是由蚌一心一意养大的，那是蚌的孩子。没钱也阻止不了她到首饰店去看，目不转睛。她希望它们能感知她的爱。

童话里总有一个女巫走出来说，我可以帮你。即使付出自己的声音和永恒的生命。没有爱，要那么长的生命有什么意义呢？为什么没有人走到断眼前，说我知道你找的人在哪，断宁可失去一切她现在依赖的东西，色彩、音乐、物质、文字甚至网络。只为找到那个懂得的人。因为这所有一切，都是为了填补没有爱的空白。

断推开咖啡店冰凉的门，看见忘坐在窗边的位子上向她微笑。还是寸头，但是穿着一身西装。断开始失望，自己穿着纯白色衬衫，领口有大朵刺上去的玫瑰，紧身牛仔裤，左腿上的罂粟一直蔓延到凉拖上，没穿袜子，单在右脚小趾上涂了大红色的指甲油，艳俗，但是断觉得好看。断在忘对面坐下，她不喜欢靠窗的位置，讨厌被人窥视。她在想，别人看到他们坐在一起会以为这是次糟糕的网友见面么？如此的不协调。荒唐，她看着面前那杯咖啡，想到这个词。忘总是那礼貌得无懈可击的微笑，说，你过得还好吧？

如果对面是别的男人，她会转身就走，可偏偏说这话的人是忘。断只是笑笑。太阳射进来，晃眼。断皱皱眉，抬眼问他，你呢？你和K怎么样了？

我和她挺好的。

哦。断喝了口据说不错的爱尔兰咖啡。苦，比扎啤还苦。

怎么样？我挺爱喝的。

还好。断勉强笑笑。店里陆续进来很多人，空气里暧昧的颗粒增多。断开始想念那杯一刀两断。虽然她曾经喜欢过他那么久，可依旧不懂。阳光烤得她有点渴，又喝了一口，依旧不喜欢，原来以为他是和自己那么相似的人，有骄傲上扬的嘴角，有倔强的姿态，有放肆的口气，有清澈的眼睛。现在他什么都没了，和他身边来来往往的人一样平庸而温和。为什么自己总是一相情愿地希望周围的人都不要丢失年轻的锐气呢？面对这个没有童贞的男人，她开始怀疑这是不是自己喜欢了那么久的人，怎么会变成这样呢。

时间就像钉在墙上一样停止不前。她低头喝那很难喝的咖啡，听他讲学校的一些事情，曾经那么想知道他的生活，现在为什么听不进去呢，甚至有点不耐烦。当他说到自己是体育部部长而不得不每天起早不能像其他学生一样偷懒时，断突然把勺子扔进杯子里，发出很大的响声。忘愣了一下。断想，自己似乎第一次对他不耐烦吧，那些为了讨好他低声下气的日子，已经漂到自己想不起来的地方了。

对不起，我想我不喜欢这儿。

你也说说你最近的生活吧。忘打破一路的沉默。断低下头，路灯打在她脸上，有很重的阴影。他这是否又是一个礼貌性的询问呢？

我经常会在没钱买烟的时候去酒吧借烟抽，没钱吃饭的时候会对很丑的三十多岁的老男人笑，问他可不可以请我吃顿饭，装得无比天真。吃饭的时候还要忍受那些男人肆无忌惮的眼光。吃到一半会不好意思的问洗手间在哪，然后把那个男人甩在饭桌上埋单。我过的是无耻的像乞丐一样接受施舍的生活。

断看了一眼忘，他们应该为自己罪恶的想法付费。

忘看着眼前这个不再扎马尾的女人掏出烟，叼在嘴里像吃糖那么自然。忘把那根让他厌恶的东西扔在地上。

这烟很贵的你知道不知道？

我不想你抽烟。

你没资格管我。

我是你朋友。

你是么？断低下头又点了根烟，狠狠地吸进胸腔，我没有朋友。两个人在一起需要忍让，需要迁就，我不耐烦。她没有抬头看他，突然就厌烦了他那双永远忧愁的眼睛。他只会说祝你幸福，可他从来不说她怎么样就算幸福了。

我清楚我爱的不是你，是我想出来的一个很好很好的人，只是恰好，你在我视线中而已。断看着忘脚上那双皮鞋，已经忘了他穿上球鞋是什么样。即使爱着，也是那时的忘而已，和眼前这个男人没有任何关系。她突然很悲哀地想起，那时候的自己不也见不到一丝痕迹了么？两个面目全非的人站在一起怜悯地看着对方，多可笑。

你变得我都不敢认了，断。

不觉得我有表演天赋么？想要多纯有多纯。多好。

可是你过得不好。

过得好不好是我自己的事情，谁也没有资格对我指手画脚。行了，你回吧，不早了。

我先送你回去。

我打车回。

我不放心。

断笑，我有什么让你不放心的？

我要送你回去。

为什么所有的人都以为自己可以命令别人？

今天我家没人，想去你家坐会。

是我租的房子，不是家。

断和衣合租的房子空荡荡乱糟糟的，客厅只有一张大沙发。断递给忘一盒酸奶，不好意思，我这没茶。忘接过酸奶笑。

你什么时候走?

这么不欢迎我?

断从卧室出来,手里拎着一个袋子。我是说你不急着回的话玩会儿游戏。

你也玩这些?

没钱交网费的时候打发时间的。

他们打游戏打到半夜。你不困么?断盯着屏幕问他。

还好,你呢?

我过的就是这种朝九晚五的生活啊。断笑着看了一眼忘,早上九点睡晚上五点起。你终于又输了。他们放下手柄,靠在沙发上。

你不上班么?

是不是怀疑我拿什么养活自己?

嗯,看你不像能在公司待很久的人。

断打开音响,听谁的歌?

有张信哲的么?

你也喜欢?

嗯。

断把地上的CD拣起来,放到沙发旁边的架子上,回头对着忘笑,平时我们不收拾的。

你还喜欢我么?

不。

别回答得这么快,我不信。

如果心里还有一点喜欢话我也会喜欢上别的人,但现在丧失了任何喜欢的能力,不对任何人产生任何感情,包括你。

忘沉默了一会,还是说说你现在的工作吧。

靠网站、做FLASH、做插画挣钱。有的时候会卖掉文字。一个人其实没有什么花销,这些就够了。

你为什么不找一份固定的工作呢?

我没有办法和那么多人相处,而且我早上起不来,呵呵。

忘笑。你一直管K叫孩子，其实你也只是个孩子而已。

可我不是好孩子，没有人分给我糖吃，我只能自己去买，吃到牙疼，我依然不是好孩子。

忘扭头看着断，第一次离她这么近，却是第一次真真切切感受她的遥远。一直以为她还是以前那个会大哭大笑、歇斯底里的女孩。今天才发现，她真的已经离自己太远，再也不会见自己一面就脸红，再也不会给他打电话在电话那头哭，再也不会在电话旁守一天只为了等自己的电话。

她到底变成了什么样呢？

以前喜欢谢霆锋，单纯的因为他帅。那个时候只听快歌，写诗也尽量压韵，以为这样就能打动人，现在会去听每一首歌背后的故事，试着体会每一个字背后的心情，不再追求浮华的表面。

她的手机响了，铃声是朴树的《我爱你，再见》。

你晚上不关机么？

要手机就是为了让人随时找到我，关了就没有任何意义了。断到阳台去听电话，整个客厅响着那首《白月光》。什么时候，断也听起这样的歌了呢。

白月光心里某个地方那么亮却那么冰凉每个人都有一段悲伤想隐藏却欲盖弥彰
白月光照天涯的两端在心上却不在身旁
擦不干你当时的泪光路太长追不回原谅
你是我不能言说的伤想遗忘又忍不住回想
像流亡一路跌跌撞撞你的捆绑无法释放
白月光照天涯的两端越圆满越觉得孤单
擦不干回忆里的泪光路太长怎么补偿
你是我不能言说的伤想遗忘又忍不住回想
像流亡一路跌跌撞撞你的捆绑无法释放
白月光心里某个地方那么亮却那么冰凉
每个人都有一段悲伤想隐藏却在生长

现在断喜欢朴树，也许人的年纪一大，眼光就会不一样了吧，心境也变了。忘记起断在QQ上告诉过他，看见朴树唱歌认真的样子就想哭，她的资料里是几句歌词：再没什么能让我下跪，我们笑着飞灰湮灭；人如鸿毛，命若野草，无可救药，卑贱又骄傲；无所期待，无可乞讨，命运如刀，就让我来领教。

断回来就打开了电脑,说这个星期的生活费有着落了。

你经常在凌晨收到他们的电话么?

什么时候都有,知道他们为什么经常找我么?不是我做得有多好,因为我快,而且多小的活我也接,明天傍晚,不,已经是今天了,我就能把成品送过去,敬业吧?断对着屏幕嘿嘿地笑,像个吃到糖的孩子般开心。

为什么不找个男朋友照顾你呢,你这么辛苦。

我不需要,断敛了笑,我足够坚强,足够强大。你睡会儿吧,我进去给你拿被子。忘总是能让断手足无措,即使她经常以为他不能再左右自己,甚至现在,她还会想,他是用的我的被子呢。

忘看见电脑桌面是两只牵在一起的手,下面有四个字:不离不弃。

她做好已经是早上十一点,倒在床上发短信告诉忘冰箱里有早餐的时候,突然明白枫当时的心情,这与细心与否虽然有关系,但关键是你心存怜惜。他不吃早饭的话会胃痛。

手机铃声响起,是梵。梵叫她一起去健身房。我希望你能生活得健康一些。

嗯。改天再说吧,我昨晚没睡。挂了电话,才两点。断骂了一句翻了个身。铃声又响,摁掉,再响,关机。断终于得出一个结论:梵=烦。捂上被子继续睡。走进一个幽长的胡同。没有别的路,只能直走,一直走,却总走不到尽头,她开始跑,越跑越快,两边的墙也越来越高,断想回头却发现来路多了很多个路口,回不去了,再回头想继续走下去,刚才眼前没有尽头的路变成了死胡同。

梵对断说,我想和你一起承担。她看了他一眼,把烟放进嘴里,掏打火机。他皱眉抢下她嘴里的烟。我想帮你。

冷笑。我怎么样关你什么事?

我知道那个人在我之前,我想帮你忘了他。有什么用,如果能忘她早忘了。惟一的办法是找把锋利的刀,把心里有他的部分切除,不留一点痕迹,血流过度而亡。断没有理他,又翻出根烟,点燃,扭头就走。吐一个烟圈。为什么所有的人都以为自己是救世主?

回到租的房子,饿了。断打开冰箱,空空如也。该死,一点也没留下。她晃到楼下,饭店里人满为患,于是她进了便利店,买了饼干、橙汁、牛奶和一大堆糖。每个好孩子都有糖吃,每次吃糖的时候总会对自己说,我是个好孩子。已经习惯于这种自我宠溺,容不下别人打搅,她提着大堆食物走出超市。

回家的路上看见网吧大片的蓝色。

进了论坛看见自己的楼里那些善良的孩子，最后看见梵刚刚发的跟帖：要幸福起来……。梵的签名里只有一句话：哑巴说，相亲相爱。忽然之间就很感动，给他打通了电话却不知道要说什么，沉默了半天，她说，晚上一起吃饭吧。梵很快地回答，好啊，那么去哪呢？

厨房里碰撞的锅碗和吵闹的电视剧让断冷清了许久的房间热闹起来。自己为什么会同意让他来呢？是因为厌倦了各种熟食和各种饭店的味道了么？是因为他说自己是二级厨师么？或者仅仅因为他签名档里那句话？

相亲相爱，多美的词。

鱼香肉丝、水煮肉片、酸菜粉条都是很平常的菜。果真好吃。她问他，你怎么知道我口味重？

你对人太过淡薄，总有那么一处是过于人的浓郁。

她笑，那你怎么知道我爱吃辣？

因为冰箱里有好几瓶辣酱。

她低下头，自己还有几分幸运以后再遇见这么细心的男人。

我要走了。

我知道，所以我在你走之前要对你好，以后再吃到这些菜的时候，能记起来我。

为什么不像别人那样要求和我一起走？

我怕你会拒绝。

我在攒路费，可是花得速度太快，攒了很久也不够。

你去哪？

贵州。

我以为是云南。

我的根在那，即使不曾在那里生活。

断问衣，你不走么？

衣摇头，走上来抱住断，希望你早点遇见那个能让你停下来的人。

我去贵州就不走了，那有我留下来的足够的理由。

你会回来看我么？

只要你的酒吧还在,只要我还活着。

其实路费我可以给你,我不给你路费只是为了能多留你住一阵子。

我知道,所以我也不那么用心地攒。但现在我必须走,涵来过。

其实你一直都在逃避。

其实我们都是懦弱的人呢。断提上笔记本,你不送我么?

不了,就送你到门口,当做你晚上就能回来。

那晚上见。断背着牛仔挎包走进电梯。

她在电话亭抓着电话,我知道你很忙,对不起,但是我不知道还能给谁打电话。

他只是温和地说,下雨了,回家吧。电话亭不能完全遮住雨,她的头发和衣服还是湿了。你不要这样,你需要朋友。

我一个人活着挺好。

可是你不快乐,哪怕你像以前那样玩玩也罢,不要仇视所有的男生。

我不想做一个坏女人,对不起,我知道我不会给别人带来快乐,但我想和一个人说说话。

真的,不要这样。你的任性会伤害自己。

我只有权利伤害自己了。

你别这样对自己。找个男朋友吧,让他好好疼你。

我不需要,没有人给得起我要的温暖。一阵沉默,就这样吧。她挂了电话,这么多年,他只会说你别这样,一脸忧愁地看着她,甚至从来不象征性地拥抱她一下,站在那么远的地方,说你要对自己好点。这么温和节制的男子,她只能从那忧愁的眼神里搜索一点点的温暖,狠狠地记住,试图说服自己,他在关心我。她在这个爱过的男孩面前束手无策,这么多年过去了,也还是一样,即使内心已没有了爱,还是习惯于记住他说的每一句话,是谁说过,习惯是一种毒。

最后一个电话了,她把那张电话卡放进包里,这个从小长大的城市,住着忘、牧、涵、衣、梵。将要和这座城市彼此遗忘,能抓住的线索仅仅是这张买来给忘打最后一个电话的电话卡,永远也不会用完,只会过期,像她曾经的爱情。

乘出租车往火车站赶,细细的雨划过车窗,没有痕迹,但疼不疼只有它自己知道。断努力记住这座城市最后的姿态,包括路边的树,路上的灯,广告灯箱,甚至堆在路边的垃圾。终于,要彻底离开。

听到飞机轰鸣，不喜欢飞机因为它离地面太远，满眼只是白色的云，刺眼的白，她喜欢火车经过隧道的那种暗无天日。只有车轮和铁轨的撞击声，那么单纯。火车拥挤吵闹，闷热，但是安全。

断找到自己的座位，还好，靠窗。坐定后发现面前的桌子上有一个很眼熟的表，拿起来细看，看到那道划痕时，梵已经坐到她对面。

梵笑，惊讶么？

我只是奇怪你怎么会买到我对面座位的票。

和这个位子的人换了车票呗，笨，笨。呵呵。周围所有的人都说你是个聪明的女子。第一次被人说笨居然感觉不错，喜欢上这个可爱的字。桌子陆续被他从超市袋里拿出的零食占满。最后提出一袋果冻。

虽然听说吃这个会老年痴呆，但我觉得女孩都会喜欢的吧！老年痴呆了我养着你。断抬眼看梵，他正在帮她开食品袋。身边从没有人对她说你老了我养着你。奇怪会对这么一句话有反应，难道自己一直等的，是这句话么？梵把撕开口的零食递给她。

你不怕我胖了抱不动我么？

那也是你胖了才去考虑的事。车上大都是经常出门的成年人，月台上没有护送的亲友团，零散有几个相拥而泣的情侣，那么用力地拥抱，仿佛要把对方嵌进自己的身体，以后再没有机会分离。断看着梵下垂的睫毛，多好，不用分离，不用和谁告别。

火车开动，她和他各占一排座位，梵脱下上衣，整齐地叠好，递给断，你睡会儿吧。断把它放在座位上，躺下去，脸靠在梵烟灰色的上衣上。汗水健康的咸味。闭上眼，流下泪来，她告诉自己，这不是幻觉。她现在靠着还有他体温的上衣，嘴角还有他买的零食的残渣，能真切地看见那个给她温暖的男人坐在他对面，这次真的不是幻觉。

等她昏昏沉沉地醒来，梵已经趴在桌子上睡着了，穿着纯白色秋衣，肩胛微微起伏，安静。衣服是内心的折射还是用所谓纯洁的白色掩盖内心呢？车窗外隐约有房子的轮廓一闪而过，最多的，还是光秃秃的山，一座座一群群迫不及待地远离。整个车厢，只听见铁轨声和人们轻微的鼾声，断开机想看看现在几点，却收到两幅照片，一张是她在电话亭里给忘打电话，一张是她走进火车站的背影，断看了看号码，是涵。原来他是知道的，只是不愿说出来，断在想，涵拍下这两张照片时是什么心情呢？他曾经那么用心地帮过一个人，可这个人现在却不告而别，他一定不再想见自己了吧。还有枫，他现在怎么样了呢？

枫正坐在北京一家酒吧里等悠。悠是个典型的南方女孩。精致，纤细，丹凤眼，刚刚迈进大学。悠觉得有一个英俊的软件设计师男朋友是无比骄傲的事情。即使自己只会用电脑聊天。她喜欢让枫在宿舍楼下等她，然后她在一片艳慕的眼光里勾住枫的脖子。悠正面对着镜子化妆，每次出去，她宁可迟到也要把自己打扮得无懈可击。那是她最大的资本，却不惟一，还有一个就是她出手大方。枫需要她的大方等同于他需要她的美丽。悠却以为，有枫的温情、拥抱、亲吻，有她的沉迷、快乐，这就是爱了。每一个女人致命的错就在于以为可以对温情的男子说未来。枫不需要谁的未来。每次身边的女人开始说我们以后要怎么样的时候，她就和他没有以后了。希望过于沉重，枫担不起。

枫开始深刻地怀念断，她从不要求他以后要做成什么样，以后要过什么样的生活。枫大口喝酒，当一个人想念得剧烈的时候，他都会加重自己的动作。八点七分。这是第三次迟到，尽管枫对悠说过，他厌恶等人。八点九分，枫掏出手机给悠发短信，你不用来了。十分，枫站起身，埋单。走出店门的时候关机，他不想听任何解释，尤其是他不爱的人，他不缺女人。

回到那间断曾经生活过的房子，依旧乱七八糟，而且狼狈，再没有第二个来为他整理房间的女人，那天她是把钥匙狠狠地扔在地上走的。那两把钥匙现在还在沙发底下某个角落里睡着，再也不会有人打搅，多好。阳台上也不会有喝着牛奶晒太阳的断了。那个狠心的女人，怎么邮件一封也不回呢？

断眼前梵的这双手修长，没留指甲，果真是个干净的孩子，一直不曾听说他和哪个女孩关系暧昧，却单单对自己说我想帮你，他是在暗示么？

断的食指从他的手肘滑到指尖，这般细致的皮肤，又是一个有人宠的独子。断暗笑，他离开酒吧还能做什么。大概想出来玩或者证明自己是男人了吧。可爱的孩子。习惯性地把烟夹在指间找打火机，想起梵，把烟放回烟盒，单为了那双干净而节制的手，她今晚不抽了，打开一瓶果汁，心想终于找到理由束缚自己。

第二天断醒来的时候发现对面的座位是空的，没有丝毫痕迹证明昨天这里坐过人，难道是自己在做梦么？也好，起码昨夜过得并不孤单。站起身去厕所，去意外地看见拿着毛巾的梵，断跑上起捏捏他的下巴。嘿嘿，刚刮了胡子，性感吧？断轻轻抱了抱正在傻笑的梵。真好，你还在。梵的身体因为诧异而略显僵硬。她放开他自顾自走向厕所。喂。梵叫她。嗯？你不用毛巾么？断接过雪白的毛巾，谢谢。

断回到座位上，他放下手中的书，问她，你去贵阳住哪，不会是住你家吧？

不回去，我的作息时间谁受得了。

那就好，咱俩合租吧！

别，要不房东就疯了，把他好好一个家整得像猪窝。

你总是抗拒男人的殷勤。

你是在献殷勤么？怎么不提前告诉我，一点准备都没有，我现在摆好姿势听听你打算怎么献殷勤吧。

咱俩合租了以后厨房你不用进了吧，客厅你不用打扫了吧，网费和房租你省下了吧，这够合算吧？

我还有条件。

好咧好咧，我听着。

不经过我允许别进我房间，收拾也不行，不准问我为什么不回家吃饭，别把人带到租的房子里。

好。

还有，不准提什么早睡早起的建议，别干涉我的生活习惯。

嗯嗯。

好了就这些。

完全没问题。

到了贵阳，梵喜滋滋地开始了和断的“同居”生活。

梵在贵阳依旧当调酒师，而且开始有烫了卷发的女人给他留电话，有用吊带裹住没完全发育身体的女生兴奋坐在吧台边看他一杯一杯地调酒，然后打听他的电话号码。毕竟梵是酒吧里难得的健康帅气的男人。

断偶尔会去榕江看望一下家人，看操劳一生的外婆和那几个还没上初中的小表妹。从不提自己暗无天日的生活，只是说在一家公司当设计师。

在父母眼里,她从小就是个听话、沉默的孩子,成绩不崭露头角却也不让家人担心,所有的人都觉得断是个乖孩子,她的成长轨迹几乎符合所有家长的希望。初中以后她就不在家人面前展现自己暴躁的一面,甚至高中时的好友也不曾知晓她的黑暗到底有多深,她自己也不知道,直到接触网络,遇见了一些寄生虫指引她把手伸向那潮湿而陌生的自己的内心。

断和梵过着各自的生活,并不清楚对方在什么地方工作或者和什么人打交道。

我要在地上画满窗户,让所有习惯黑暗的孩子,都习惯光明。断因为这几行字爱上那个自杀的诗人。能写下这些话的人有足够资格蔑视这个肮脏的世界,死亡是获得贞洁的惟一途径,断对这句话深信不已。

街上来来往往的情侣不一定都相爱,谈恋爱只是一种姿态,证明自己还有人宠,还可以对谁无理取闹。全世界的人都觉得孤独是可耻的,所有的人都在尝试摆脱孤独,其实只是不孤单了而已,两个人走得再近又如何,照样的擦肩而过。谈恋爱是结婚前的必修课,只是一个途径而非结果。爱上的不一定能一起生活,现实和时光时时刻刻在改变着我们心中那个叫爱情的东西。自己还有清澈眼神的时候,好友问你相信爱情么?现在想来,甚是迷茫,谁能告诉我什么是爱情?谁敢说自己握着的,就是爱情?

毕加索说,爱情是不存在的,有的只是爱的证据。断没有。断身边甚至没有忘的照片,连以前的信件一同烧掉了,她那时以为毁掉证据就可以忘记。可是她居然忽略了,他,就叫忘啊。亡心,这是他早就料到的。

断发了个帖子,只有一句话:幸福,这个太过奢侈的字眼,我注定要在找寻它的路上耗尽一生。她并不奢望会有什么人跟帖。她只是在倾诉,QQ上有一个人亮着,叫逃易。因为这个名字,断愿意和他说话。

你觉得幸福是什么?

我叫老婆的时候,我爱的女孩会回头冲自己笑。这般温暖的解释,让断的心一下子软了下来。老婆。已经许久没有听见这个词了。

易,她叫他。那么,可以聊聊你爱的女孩么?

我在找，从未放弃希望。你觉得什么叫幸福。

早上醒来身边爱着的人握着我的手。

咱们的愿望太过琐碎。上帝大概看不到吧。

很简单却很奢侈。

感动于那对相濡以沫的鱼。

可结局是相忘于江湖。

但是他们爱过，真心实意付出过。断点开他的资料：做一个干净的人，有一颗干净的心。干净又是一个奢侈的词。断突然想见他，这么多年来第一次感动于一个人说的话。

你在哪个城市？

贵阳。

我想见你。那边沉默了一会。

好，我在罂粟酒吧等你。

如果我们不能相互认出的话，就当做什么都没有发生，好么？

罂粟酒吧。灯光昏暗。充斥着欲望和酒精。断选择酒精。吧台边坐着几个妖娆的女孩，一个戴眼镜穿印有人头的黑色T恤的胖男人。一个染了头发一身铁链的痞子，都不应该是逃易。一杯色彩迷幻的酒放在她面前。我要的是扎啤。

这杯酒叫逃易。身后一个人说。

断回头，是梵。

你一直都不了解我，射手座的人都只会往前看，我只是从你身后跳到你面前而已。

但是你带着面具。

如果你知道是我，还会和我聊么？那你现在打算怎么处置我？

梵不顾断的询问，把她带到郊外，喂！别打算干什么犯法违纪的事情啊！断在车后座警告梵。先别摘眼罩，好，下车，慢点，往前走三步，好了，摘吧。一大片黄艳艳的向日葵占满了她的视线，每一片花瓣都张扬地向着太阳。断记起一句话：向日葵在烈日下幸福地死去。“它们每一株都知道我有多爱你，每一株都是为你长大的。”断把头深深埋进梵的颈窝，从来没有人给她这么恰如其分的惊喜，我爱你，梵。

现在想想，大概也是有人把梵带过来的，把家人送回家乡，独自打拼，遇见牧，离开；枫，再次离开；火车上遇见涵，认识衣，喝下“一刀两断”，兜兜转转一大圈，只是为了认识梵。

梵比涵小两岁，却总是从微小的事情里给她温暖。从不自以为是地替她作任何决定，两年几乎是道鸿沟。

断发短信给忘：有时候，隔两年就像隔了一个年代那么远，回信说这个世界本来就很疯狂。是K吧。孩子，是你吧，有时候羡慕你的年轻，希望你永远不要看到世界的真相。断犹豫了很久打过去电话，想听听K的声音，没想到接起电话的是忘，他说她已经走了。

你觉得你遇见了合适的人了么？断想，是他也好，谁都一样。

这么问是不是你找到了？

干净而且和我息息相通的一个男孩。

很幸福？

我很满足，不敢说幸福，怕一说它就没了。

希望他能好好对你。

他对我很好，像你对K一样。

一直希望你能找到能照顾你的人，很高兴你没有等太久。

嗯，我还有足够的时间和他一起走。

你爱他么？

别说这个字好么？我负担不起。

你依旧觉得不安全么？

是，在我死去之前什么都有可能再改变。

你和K那么不一样。

所以愿意保护她的人总是比我多，男人总是希望剧情按自己的想法发展，包括你。

男人总是希望有人能信他编出来的幻觉，以此来满足自己的虚荣心。断知道必定有大多数男人是厌恶她的，纵使她漂亮。因为她会揭穿他们的谎言，看着那些男人唾沫横飞地勾画出来的美好的未来冷笑，笑出声来。

梵和她买了台小电视，买了台二手DVD用来放碟片。笔记本不够让断看过瘾。断很享受通宵看碟的透支感，抱着一杯茶，蜷在沙发里，看着电影里或清澈或隐忍的脸，每次看完一些喜欢的片子，恍若隔世，或者因体力不支沉沉睡去，那个晚上会没有梦。梵如果有时间也会陪着她看。看电影的间隙她侧身看梵的鬓角是不是变白了。有时候他们会对着MV唱，唱王菲、朴树、许巍……那么多首歌里面，他们合作得最好的是《广岛之恋》。

梵会给断买一大堆小吃回来吃，一地狼藉。断只在黄昏吃饱以后打扫，总是满满一袋垃圾，他们也只在倒垃圾的时候散步，社区里会有很多花甲老人也在外面散步，他们像一对夫妻在夕阳下慢慢地走，断把手放进梵的口袋，很温和地对着每一个善意的老人笑，每天的这个时候温馨平和。但在梵的口袋里他们的手指交错缠绕。

彼此都压抑着情感，不然拥抱时他不会那么用力，像是要把断这根肋骨嵌回她本该在的地方，令人窒息的拥抱，那么用力仿佛从未爱过。

屋里音响放到最大，关着灯，他们就这么躺在铺满CD和书本的地板上，一直抱着，断把头放在梵的颈窝一言不发。梵吻断半干的头发或者她的眼睛。断喜欢他把手放在自己脖颈上，像对孩子一样。

她说，我头疼。窝在沙发里不愿起身，梵伸出手捏她的太阳穴，他的手掌几乎覆盖了断的脸。你的手好大。你的头好小。好点没？嗯，断迷迷糊糊地回答，她眯着眼看到梵俯下身来，他的发梢已经触碰到她的额头。但是梵坐起来，走开。断有些失望，她在想，和这样的男子接吻会是什么感觉，也许嘴里还会有青草的味道吧。呵呵。

梵和断过了几个月相依为命的生活。早上梵收到短信，他的朋友告诉他航空大学设了成人班，让他去试试。他多么迷恋飞翔的感觉，空气迅速穿过头发、衣服，张开四肢，没有可以依靠的东西，急速下坠。眩晕。这是蹦极永远无法达到的。但是现在他没有办法离开这个爱着的女人，这样的女子，他再也不会遇到。他没有把握断会和他一起去北京，因为断厌恶大城市里人们冰冷的面孔。梵没有告诉断。他想决定了以后再说。但是梵的那个朋友自作主张地发短信告诉断说已经在那所大学附近联系到了房子，他发过来这么一句话：在北京你会有更好的发展。

血浓于水，断把梵的唇咬出血来，我知道你要离开，我要你记住我。梵抱住她，你知道的，我爱你。

我也是,所以我不会怪你,我会给你足够的自由选择。

你不和我一起走么?

我不会因为谁而爱上某个城市,如同我不会因此而憎恨它。不想因为爱的人而妥协。我爱你不代表我会跟着你走,你,我,都是自由的,互不干涉,我想你的时候,会抬头看北方的天空。我不会以爱情为借口牵制你,如果有爱,你会回来的。

那你会不会去送我?

不去,我憎恨离别,我怕我会不让你走。

你这个倔强的女人。梵说这句话的时候半是怜惜半是遗憾。

梵打开旅行箱,把衣服一件件叠好放进箱子里,断坐在客厅听着梵收拾东西,听着箱子拉上,上锁,然后听见梵拖着它走出卧室。断一直看着地面想像梵的表情,不敢去看梵的眼睛,她怕看不到不舍。梵蹲下来,手指穿过她的头发。就两年,两年后我会回来的断。断抬起头扬起嘴角,找到你我用了二十年,两年不够我再遇见像你这么好的人,我会在这里等你。

我走了以后要记得吃早饭,我买了微波炉,饭凉了要热一热,洗衣机用完要开着盖晾几天,要不然会有霉味,晚上不关机的话别把手机放在枕头下面,以后别再熬夜了,我不想回来看见熊猫。梵揉着断的头发笑。

梵走到门口回头说,老婆我走了。断一怔,梵第一次这么叫她,原来这两个字从梵嘴里发出音来,是如此动听。断过去抱住梵,两年以后你一定要回来,回来以后咱们结婚,好么?是,断想和梵结婚,这样才算进入他的生命。梵放下旅行箱死死抱住断,咱们现在就去注册吧,我不想再等两年,我怕你后悔。

证书被断小心地放在床头柜里,现在她有资格说梵是她的男人。断仔细端详照片上那个微笑的男子,这是我的爱人呵,她告诉自己。然后把他的笑容贴在心口,像所有在回忆的人一样浅浅地笑。

但是断有一天后悔没有和梵一起去,现在她看到的只是一具已经没有温度的尸体。

断握着梵冰凉的手,我好不容易才遇见你,老天后悔让咱俩相爱了么。“在我死去之前什么都有可能再改变。”断想起她对忘说的话,又是预言。她每次说过的话都像咒语一样以血淋淋的方式证明它的有效性。断甚至都来不及去咒骂命运。她现在只能守在梵旁边不停地说话。她说现在梵还没有喝孟婆汤,她要一直和他说话,即使他喝下汤也会记得她。周围也劝不走只好让她在冰凉的太平间守着他。所有的人都以为她只是在表达思念。

梵走后，断的房间只放王菲的《烟》，她知道她再也戒不掉他手心的温度，他炒的菜的味道，以及他为她做过的种种。

有一种蠢蠢欲动的味道
让我忍不住把你燃烧
把周围的人都赶跑　对我也不好
我知道　我知道　我戒不掉

戒不掉　花非花的情调　心瘾叫我无处可逃
戒不掉　雾非雾的线条　梦想颠倒
梦幻还是闻到　泡影还是看到

满足指缝一时的无聊
变成脉搏跳动的倚靠
吻着你就忘了烦恼　你变成烦恼
想不到　想不到　我戒不掉
戒不掉　吻你没有必要　可又有什么更重要
戒不掉　枉我自诩骄傲　不拿着你就会烦躁
戒不掉　灭了味觉就好　可我的心没那么高
放下你　假装拈花微笑　问题在于
如何平复心跳　平复我的心跳
如何平复心跳　平复我的心跳

梵留给断的只有一张结婚证书和这一小盒骨灰，可断说梵把他所有都给了自己。断在梵进火葬场那天坐在地上流泪，她无法想像自己爱着的人消失得无影无踪，抱着梵的骨灰盒以后，断开始后悔没有过梵的孩子，如果有，她会告诉他，你的父亲有多么优秀，看着孩子长大，长成和他父亲一样俊朗的男子。可是没有，“如果”的意思是现在不可能。“如果”，多么讽刺的词。

断没有梵别的照片，她把结婚证上的梵扫下来，放大。他们甚至没有别的合影。留给断的只有梵这一张用黑框框起来的模糊的结婚照。梵的相貌被定格在这一张相片里。那时的梵脸上隐约还能看出来幸福。现在他一脸幸福地看着断，看着断离开他之后的生活。

断把梵的骨灰盒放在他以前住的房间里,开始学着做饭,学着做一个妻子,每次吃饭,断就把菜端到梵遗像前,说自己又进步了。

到了那边换我照顾你,我的梵。

到那边如果我变成老太婆了,亲爱的,你还能认出来我么?

我去看你父母了,即使以前不曾见过,但感觉是亲人,因为我们共同爱着你。他们老了很多,我能感觉到。因为你不要我们了。她没有说出口的是,梵,因为我也很老了呢。

报亭的喇叭一遍遍响着:昨日有一名女子坠楼而死,初步分析他杀的可能性不大……

衣关了电视,你终于还是选择了和梵一样的下坠速度,跳下楼的时候你是什么心情呢,你幸福么。

悲剧的定义是用一辈子的时间忘记一分钟爱上的人。

还好,断只用了一年。即使没有忘记,但也不会再失去。

你爱我么?

爱。

真的爱?

真的。

有多爱?

……就像死。

那天的云是否都已料到
所以脚步才轻巧
以免打扰到
我们的时光
因为注定那么少

风吹着白云飘

你到哪里去了

想你的时候

哦　抬头微笑知道不知道

魔幻季节

◎米你曲奇

[我和我的家庭]

在我们的国度里,没有一年四季的区分,因为我们那里四季都是春天。温暖的微风总是那么轻柔地吹着,没有一丝寒冷的气息。漫天都会弥漫着栀子花的香气,浓烈但并不呛人。我就是在这里长大的,我今年只有16岁,是个花季般的年龄。我的父母和姐姐们都是这么说的。在家里，我是最小的,所以我有着众星捧月般的生活,那让我觉得我是个骄傲的公主,而不是亚德里王国(我们国家的名字)里的一个普通人。在这里生活的人们都是无忧无虑的，从他们每天脸上绽放的笑容可以看的出来,这里确实是个好地方。

我们的家住在很高的山上，那是个四季都开着栀子花的地方。远远望去,这座山会在你眼前呈现出耀眼的白色，那栀子花翠绿的叶子在阳光的照射下显得有几分透明。我很爱这座山,所以我管它叫爱吾山。我的父亲和母亲一共有六个孩子,而且每个都是女孩儿,这让人很是兴奋,因为在我们国家里,女孩儿是十分罕有的,而且我们家的每个姐姐包括我在内都有着绝美的容颜。这让我们百家一下子就成了名声显赫的人家，在国内都是人尽皆知的。我的父亲百川是个挺拔的男人,虽然他称不上俊美，但每个见过我父亲的人都对我父亲硬朗的外形印象深刻。如果是女子,就一定会被我父亲的硬朗所倾倒。但我的母亲明慧却是个例外,每次我母亲把我温柔的抱在怀里讲她和父亲的恋爱史的时候，我都能看见母亲如初恋般少女般的眼睛里透出梦幻的色彩。母亲说她第一次见到我的父亲就是在那个特殊的魔幻季节里，那时候父亲从她的身边走过,黑色的风衣在白色的雪花中形成鲜明的对比。父亲的个子本来就比一般人要高,所以在这个特殊的季节里又显得特别突出和醒目。母亲当时正在和她的姐姐看满天飞舞的雪花和樱花花瓣,没有特别留心这个伟岸的男子,但是她的姐姐却注意到了父亲突出的外形,兴奋地拉着母亲的手,一个劲儿激动地说:"真是太少有了!真是太少有了!快看!"母亲因为姐姐意外反常的举动而看向姐姐手指着的方向,突然发现离自己不远的地方站着一个高大的男子,五官虽不算俊美却有着迷人的魅力。母亲也是很惊讶,但却没有她姐姐那样疯狂的举动,只是扳过姐姐的手,用平静的声音说:"走吧。"说完就拉起她的姐姐没有回头的走了。从那个时候起,父亲就认定我的母亲就是他一直在找寻的女子,直到最后父亲娶我的母亲为妻。

[魔幻季节]

在我们的国家里是没有冬天的,所以不会有下雪的现象,但是每年的7月却会飘着温暖的雪花。这是个很特殊的季节,因为像我们这里这么温暖是不会也不应该下雪的,但在7月确实会飘一个月的雪花。而且飘雪的也只有离我们家那座山不远的洛姬山,那里是个长年种着樱花树的地方,但是却只有到了每年的7月,雪花纷纷扬扬落下的时候,那里的樱花才会开放。整个山都会笼罩在一片白色和淡粉色的世界里,所以那里就变成了观赏雪景的最好地点。

在这个时节会飘雪开樱花是件很神奇的事情,所以没有人能解释这到底是因为什么,但老人们都叫它"魔幻季节",这个古老的称呼一直沿用到现在。它在每个人心中都是一个有着诱惑的季节。而且听这里的老人说,在这里相爱就可以得到最幸福美满的爱情。对这一点,我是从来都不怀疑的,因为我的父母就是最好的证明。所以我是极为迷恋这个季节的,我老是幻想着在那里能展开我人生中最壮美的爱情。

[神秘的占卜]

在我们那里,每个孩子成年后都会有成人的礼节,而最后要做的就是去最好的几个预言家那里去占卜,据说有个叫梅塞吉斯的人是全国最有灵力的预言家,但他的性格却十分怪异。他虽说是最强的预言家,却不肯为尊贵的国王预言吉凶,这让国王很是恼火,但毕竟是一个国家的国王,所以他还是显现出皇家应有的气度,没有再去追究梅塞吉斯对他的不敬。而梅塞吉斯也很有礼貌地隐居在一个偏僻的地方,几乎没有人能够找到他,除非是到了每年成人礼占卜的时候,他才会出来为他认为有特殊命相的人占卜,而且不收任何物品和金钱。这也让很多人崇拜和尊敬,所以每年都会有很多人在各个地方不停地寻找这个传说中的预言家。

在我18岁成人的时候,我的父亲已经准备好将我带到另一个预言家那里去占卜。那也是个很有名气的预言家,但和梅塞吉斯比起来就逊色许多,但从当天在他家里出出入入的人群可以看出这个预言家还是比较突出的一个。我是家里最小但却最受父母和姐姐疼爱的人,理所当然的父亲要给我找最好的预言家给我占卜,但是让父亲遗憾的是没有找到传说中的预言家梅塞吉斯为我占卜。我明白父亲的苦心,对这样的结果我已经非常的满意了,因为这也是花了家里50万加利才换来的。在我们那儿50万加利可以买下整座庄园,而要挣到这么多的钱需要我的父母再辛勤劳动十五年。

在外面排队的我显得格外兴奋,因为我还从来没有见过这么多的人,而且都是和我一样大的人。但大多数都是男子,女子显得特别突出,而像我这样有着绝美容貌的更是所有人注目的焦点。在我前面是个高个子的男子,他很有礼貌的和我打招呼并介绍自己说是住在伯爵庄园的次子,叫萨库。我对他并不感兴趣,我只是对这里的人来人往有着极高的热情,我喜欢这样热闹的景象,一切都仿佛是在一个巨大的聚会里进行着一次愉快的旅程。当他问到我的名字和家庭时,我感觉这个人简直是极度无理的人,连全国最有名的家庭都不知道,更何况看见我的面容就应该知道了,除非他是瞎子。要是在往常,我一定会毫不客气地训斥这个有眼无珠的家伙,但我今天的心情格外的好,不但没有训斥他,还会用不带任何感情的声音回答他的问题。当我说完我的名字时,他就已经爆发出惊愕的声音了,从他尴尬的表情中我体会到了一种自豪的快感。然后他就用一种尊敬的口气跟我进行交谈,我们就这样有一句没一句地聊着天。这时我感觉有人在我背后轻轻地拍了我一下,那力度让我感觉到这个人像我的亲人,熟悉但又陌生。我很快地回头,看见一个手中握着一个淡紫色水晶球的男子,他的年龄应该和父亲差不多。他温柔地看着我,那眼神让我有种想睡的冲动,在不经意间,我就随着他走出了长长的队伍,我觉得似乎那个叫萨库的人在叫我,但我却没有回头的意识,只是一个劲儿地跟着眼前的这个人走,一直走到我父母的身边我才从刚才的恍惚中清醒过来。我的父母和姐姐很快地把我拉到他们的身后,用警惕和迷惑的眼神看着那个古怪的男子。那男子用极为低沉的声音对我的家人们说:“我就是你一直要找的预言家——梅塞吉斯。”我从父亲的脸上看出怀疑的心绪,我知道我们谁也没有见过这个传说中的预言家,所以没有人会相信面前这个人的话。那男子也看出我们的疑惑,就伸出双手,一只手举在空中,另外一只托着水晶球的手在空中不停地摆动。然后他把那只举在空中的手放在水晶球上,我从父亲身后探出头,看见那里面有些模糊的影像,我努力地想看清楚,却发现怎么也看不清楚。当那些影像消失的时候,那男子就说出了我生活中所有的细节,连6岁时还在吃手指他都能说出来。但我的父亲还是将信将疑,拉着我的手始终都没有放松。那男子显然对我父亲的举动很讶意,但他并没有离去,而是拿出藏在黑色披风中的一个小巧的魔棒,那上面刻着飞翔的雄鹰和优雅的凤凰。传说这是梅塞吉斯的代表的动物,它象征着力量和智慧。只见他举起那支魔棒在空中轻巧一挥,我就已经感觉到有一阵猛烈的风向我吹过来,然后我就看见漫天飞扬的雪花。在传说中,只有灵力最高的人才能召唤出最不可能出现的事物。我看见我的父亲很激动,我明白我们都相信了这个挥舞魔棒的男子是梅塞吉斯了。他看着我们笑了,然后对着已经从我父亲身后走出来的我说:“亲爱的百年,我是来为你的成人礼作占卜的。”我也笑着看着他,然后对他点点头。当我抬头看我父亲的时候,父亲对我微笑,然后就放开我的手,让我随着梅塞吉斯走到一个不引人注目的地方进行我的成人礼——占卜。

我觉得时间过得很快,不一会儿我就已经完成了我的占卜。我欢快地跑出占卜的地方,想尽快找到我的家人好告诉他们我占卜时的情形。出来的时候,我就很快找到了我的家人,他们就站在离我们不远的地方,我飞快地跑过去抱住我的父亲,他看见我兴奋的模样也变得很兴奋,可我还没来得及向他诉说我所经历的一些有趣事情的时候,我看见父亲抬头看着某个方向,我心里很气愤,父亲对我想表达的事情心不在焉,就顺着父亲的看着的方向找去,想知道到底是什么这么吸引我父亲的注意力。我看见梅塞吉斯在对着我的父亲微笑,然后父亲就放下我说:“亲爱的阿年,我先去找给你占卜的叔叔好不好,一会儿就回来,你在这儿等着我。”我虽然不明白,但还是很懂事地点点头。我的父亲疼爱地亲吻了我的额头,然后就向梅塞吉斯走去,我看见梅塞吉斯不知和我的父亲说了些什么,我的父亲就跟着他走进了刚才为我占卜的小屋。大约过了不知道多久,因为我是个很没有耐性的人,又很喜欢热闹,所以我就和我的姐姐百媚去集市逛街了,留下母亲和其他几个姐姐在原地等着父亲出来。母亲嘱咐姐姐要很快地把我带回来,否则就不好找了。我抢着回答说知道了就拉着百媚一溜烟儿跑了。等我们跑回来的时候,父亲已经和我的母亲还有其他几个姐姐等在那儿了。我有点儿愧疚,觉得自己太贪玩儿了。于是我小心地走过去,小声地对父母说了对不起,心虚地连我自己都不敢大声地喘气,我的姐姐百媚也是一样,低着头不敢看父母,就那样静静地站在我旁边。而我的父母居然没有一句责骂的话,反而担心地问:“有没有碰上什么危险啊?下次要记得早点儿回来啊!”我突然发现父亲好像比我逛街前老了一点儿,看上去没有以前那么精神了,眼神中透出些许哀伤,那种哀伤是我从前没有见过的。我怀疑是我的眼睛花了,就走近我的父亲,想看得更真切些。但我的父亲却一把把我拉到怀中,温柔但又不失严肃地对我说:“以后每次出去都要跟我说,知道吗?没有我的批准你是不能私自出去的!明白吗?”我在父亲的怀中有种要被融进去的错觉,我觉得自己好像即将面临着什么,但自己却并不知道。面对父亲的警告,我深深地点了一下头,我觉得他们好像有什么事情瞒着我,隐约中我能够感觉到我的预感是可怕的,可我不敢问,因为我怕我知道了真相会更加地害怕。

我的成人礼最后一项占卜就是在这种神秘和不安中度过的。我不知道未来会发生什么,和我有没有关系,而且我几乎从我家人的口中得不到任何有关这次占卜的信息,但有一点我是肯定的,那就是要发生的一定不会是好事。我只能静静地等待，我讨厌这样的等待，那是种没有反抗能力的接受。

［魔幻季节的到来］

转眼间又到了我最喜欢的魔幻季节了,我疯狂得想要把心中所有的快乐都爆发出来一样。我在家中又唱又跳,像一只注射了吗啡的鹦鹉,不停地聒噪。我们全家每年到了这个季节都会整理好行装去离我们不远的洛姬山看飞雪飘花的迷人景致,但今年我却发觉有些异样,我的兴奋表现会让家里的每一个人都感到紧张,我不知道这是为什么,但那小小困惑只在我的大脑里停留了几分钟就很快被即将到来的美丽景色所替代。只到临走的最后一天,我的父母才到我的房间里跟我说今年我不能去洛姬山了,我拿在手中那已经在几个星期前就收拾好的行李掉在地上,发出很大响声。因为我喜欢带一些瓶瓶罐罐之类的小吃,喜欢在一边欣赏美丽的景色的时候一边吃零食,那被我认为是我人生中最美好的时光了。但现在他们却说我不能去了,这到底是为什么？我冲着他们大声喊叫,一遍又一遍的重复着“为什么不带我去,为什么？”从他们忧伤的表情中我看出他们的无奈和不忍,但是我的这种反抗依然没有收到效果,我又哭又闹,不肯听他们的任何解释和劝慰,直到我的嗓子不能再发出任何声音的时候,我停住了哭泣和吵闹,因为无声的反抗是没有多大意义的。我背对着他们静静地坐着,没有抬头看着他们,但我却很仔细地听着他们的安慰。最后我终于答应他们不去洛姬山了,我看见他们如释重负的轻松感在眉间舒展,我明白他们一定是有什么重要的原因不想让我去。他们还说我的姐姐百媚也会陪着我的,让我安心地在家中等待。我无力地点点头,虽然还是很不情愿,但我依然没有任何办法说服他们带我去。就这样,我和百媚被留在了家里。

百媚是我们家仅次于我受宠的人,但她跟我不一样,我们虽然流着相同的血,但脾气性格却截然不同。百媚是比较温顺听话的,脾气是超级好,所以常常是我欺负和捉弄的对象,但不管我有多过分的行为,她都不会跟我生气,所以在这个家里我和她的姐妹关系最好,我很是依赖她。而且她是个很会做饭的人,手艺之高连母亲都自叹不如。她是个好学的人,也是个很好的听众和知心姐姐,每次我遇到困难或者不想和父母说的就都一股脑儿的向她倾诉。而她每次也都会不厌其烦地听我哭诉没有任何怨言。那个时候我就会想,将来谁娶了百媚谁就捡到宝啦！我从小都以她为我的偶像,但我知道我再怎么努力都不能成为她那样的人,因为我和她之间的差距实在是太大了！所以她只能是我从小到大一个美丽的幻想。

这次居然把她留在我的身边陪我这不是对她很残忍吗？再怎么样我也已经成人,不应该让这么好的姐姐来陪我度过这么无聊的一个月。我走到百媚旁边,看着她在忙着我的晚饭,手还在不时地擦着额头,我看着她忙碌有种疼在心中隐隐地作痛。我轻轻地叫了声姐,她抬起头看着我,脸上有着明媚的笑容,是不是饿了,再等会儿吧,一会儿就能吃了。今天都是你喜欢吃的菜。我跑过去拉起百媚的手坚定地说:“走,咱们也去洛姬山!”

百媚听了先是一惊,然后她很快地镇定下来,轻柔地理着我的头发说:“你要听话,你已经长大了,就不能再任性了。乖乖待在家里哪儿也别去,知道吗?”

我却激动地说:“他们不让我去没关系,可不能不让你去啊!虽然我知道他们知道咱俩关系好才让你留下来陪我的,可这次是你去相亲的大好时机啊。去年你是因为照顾生病的百洁没有去成,前年你是因为自己的腿伤不能去。今年说什么我也不能再耽误你了!你的终身大事怎么能就这样让我轻易毁掉呢!”

百媚无比欣慰地对我说:“你知道姐姐不容易就行了,那就别让我再为你操心了。”

“不行,这次说什么也不行,必须去。我决定了,要么我们一起去,要么我把你赶出去,你自己决定吧。”

百媚知道我的脾气,她了解我的程度不亚于了解自己。看见我的手已经交叉就知道我已经做了决定,谁也不能动摇。她看了看我的表情,知道再也没有回旋的余地就无奈地对我说:“好吧,既然你已经决定了,那我们明天就动身吧。回去收拾收拾,明天我们就出发。”我高兴地点头,使劲的程度都快把头点到地上去了。我承认我很兴奋,那是一种争取来的胜利的喜悦。我看着姐姐安静的面容,一切仿佛都在这种平静中暗暗催化,但我不知道,百媚也不知道。因为一切都不在我们所能掌控的范围内,我们只能等待命运的安排。

[邂逅]

我不知道我跟姐姐这次去洛姬山会面临怎样的境况,我虽然不会占卜但我有种不祥的预感慢慢地爬上我的额头,那是种难以形容的感觉,我只知道尽快到达洛姬山和我的家人会合。百媚也是很快地走着,我都能听见我们脚下呼呼的风声四散奔逃。很快我们就到达了洛姬山,山上人很多,多到我们发现不知道该怎样找到我的父母和姐姐们。不过我们最终还是找到了我们的父母和姐妹,那还是靠百媚的聪明才智才找到的。在我们的国家里,每个家庭都会拥有一种独特印记,在迷失方向的时候那独特的印记会有一种只有属于这个家庭才有的感应,而且年龄越大感应就越强。在这点上我是远远比不上百媚的,因为她处事比我稳重镇定,我一遇到紧急的情况就会慌作一团,什么办法也想不出来,大脑里只有自己悲惨死去的结局。所以我一直渴望自己长大,这样就可以像其他姐姐一样有着对家庭敏感的感知能力。但我今天的感应能力出奇的差,好像是什么在控制封闭我的感应,我不知道这是怎么回事,但我也没跟百媚或者家里的任何人说起。自从我从成人礼上占卜回来以后就再也没把心里的话对任何一个人说过了,哪怕是最亲近的百媚。

父母见到我们先是惊讶,随后便是严肃的批评,我看得出来他们对我们的到来显得格外的紧张和恼怒。我从来都没见过父亲发过这么大的火,而且最重要的是我并不觉得我有什么地方做的不对。于是我也生平第一次和父亲顶嘴,我对父亲说出了他们自私的行为,在我眼里可能我看见百媚的痛苦却忽略了父亲眼中的痛苦。当我激动地说完我想要说的话,我看见父亲的表情很难过,我知道是我的话伤害了他,但我说的确实是事实啊。父亲慢慢地闭上眼睛,似乎在口中念着什么,然后又缓缓地睁开眼睛,里面有着一种顽强的坚定。他低下头,用无比疼爱的口气对我说:"那你既然到了这里,就要紧紧跟在我们的身边,千万不能乱跑,要不然就把你送回去,而且这次是就你自己回去,可没人再陪你啦!"我看着父亲慈祥的面容,突然有种想哭的冲动,但我却没有哭,而是紧紧地抱住了我的父亲。

然后我们便开始欣赏风景,看着那漫天飞舞的雪在我们的身上和头上跳舞,我的心里有种说不出的幸福。雪就那样放肆地落下,无声无息却有着温暖的温度。远处的樱花树上的樱花也开始绽放它们的娇媚,一朵一朵似完美的锦缎上的绣花,散发着迷人的香气。我就这样傻傻地看着,觉得整个世界都变成了有着珠光色外表的绫罗绸缎,柔软温暖。就在我专注的时刻,我感觉有个人从我的身边掠过,我感觉那个人很高,应该就是父亲那样的高度吧。我好奇地站起来想寻找刚才的身影,却发现那个身影就站在不远的地方看着自己。我愣住了,不知道为什么对这个人感觉如此的熟悉,我向着那个男子走去,没有听见后面有没有呼唤我的声音。

当我站在他面前的时候,我看见了他的修长的身材和冰冷的深蓝色的眼睛。我觉得他的眼睛那样的深邃,好像可以直接看穿我的心。

"你是谁?为什么我感觉我们好像认识?"我有些迷惑地问。

他没有回答,只是冷冷地看着我,那目光有着把漫天的大雪冻结在空中的寒冷。我不禁感到有些害怕,但我又不愿意离开。过了一会儿,我听见他富有磁性的声音问我:"你叫百年?"

"对,我叫百年。你呢?"

"孤寂。上官孤寂。我们以后还会见面的,再见。"

他的语言不带感情,我只是觉得周身发冷,全身都没有力气,好像被人给掏空了一样虚弱。我就这样静静地看着他离去,我发现他走过的路是没有脚印的。

很快,我的父母和姐姐们就找到我。他们看见我看着一条干净的路发呆,父亲很警觉把我拉到身边,一边四周环顾一边关心地问:"怎么啦?看见什么了?没关系孩子,别怕,有我们呢,我绝不会让你受到任何伤害！”我没有说关于上官孤独的任何事情，只是喃喃地说：“这雪真美，我好喜欢啊！”那时我觉得整个天空飘着的雪花和樱花的花瓣都是深深的冰蓝色，那样沉静。

[回忆]

自从从洛姬山回来以后，我不知道为什么，脑海里总是会浮现那个叫上官孤寂的人。特别是他的冰蓝色眼睛会一直在我的面前萦绕。我不明白我对他到底是一种什么样的感觉，我会觉得我们很熟悉，但当我看着他的时候我又会有一种恐惧感。我这是怎么了？会为一个不相干的人胡思乱想，浪费我的脑细胞，这不是在自残吗？算了，还是别考虑那么多了，该来的始终要来，躲也躲不掉！我微微皱起眉头，我到底想躲避什么？

后来，我每天都会朝着洛姬山的方向眺望，但我却再没看见像那样的画面，没有飘雪没有飞花，当然也没有那双让我无比想念的冰蓝色眼睛。但我依然每天眺望，从来没有间断。我的家人从我们回到爱吾山就发现我变得有些沉默，没有像以前那样有什么话都会藏不住地说出来，而且百媚也开始紧张了，因为我再也没有找她谈过心。我的异常让全家都很震动，我看见我的父母常常在一起小声的讨论着什么，表情也是僵硬的凝重。要是原来，我会好奇得要死，一定会追着问个不停，但现在我好像对这些都失去了兴趣，我只关心我什么时候才能与那双冰蓝色的眼睛再次相逢。

日子就是这样每天不停地流过，像我桌子上摆放的自动翻转的沙漏，永不停止。

[上官孤寂]

我叫上官孤寂，是个杀手，在我的世界里除了杀人之外就是被人追杀。我没有朋友，只有同一个帮会里的师兄和师傅。从我记事开始我的记忆里就只有师傅这一个亲人，因为他老人家待我就像亲儿子一样。我从来不知道我亲生父母是谁，因为我的师傅告诉我，我没有父母，我是师傅一手养大的。

最近不久，帮会里出了一点儿小问题，师傅占卜说我们的帮会会被一个女子消灭掉，所以要派人去找到那个女子然后杀了她。我并不知道一个小女子怎能颠覆我们的帮会，但师傅的命令我们是从来都不违反的。在派谁去上，大家发生了争执，因为每次顺利地完成任务回来是会有额外的奖励的，而且大家又都听说这次的任务格外的简单，都有点跃跃欲试。刚开始我就没在意这个任务，因为对于我来说，现在的一切我已经很满足了，争不争这个任务对我来说意义不大。我站在大厅的门口，看着里面闹哄哄的场面，真的觉得大家为了这个任务吵很不值得。大家争辩了一会儿，还是没能争出个高下，最后大师兄决定由比武决定最后到底由谁去完成任务。大家彼此看了看，想想好像也实在没有更好方法，就都同意了。还没走到院子里，我们就看见师傅从门外回来。大家看见师傅进来都停止了脚步，这时候大师兄向师傅说明了一切，请师傅当大家的评判做出最终决定。但师傅只是微微一笑，看了看在场的所有弟子，最后终于把视线定格在我的身上。在大家还要吵着比武的时候我就看见师傅冲着我微笑了，我明白师傅是想让我去完成任务。但我始终都没有说一句话，而且我本来就是个少言寡语的人。在明白了师傅的意图后，我就开始走向师傅，我在等待师傅给我下命令和这次任务的相关内容。当我站在师傅旁边的时候，大家都不说话了，好像已经知道了结果了一样。当师傅当着大家的面宣布由我完成这次任务的时候，大家就开始渐渐离开了。直到只剩下我和师傅两个人，师傅才对我说出这次任务的与众不同。他告诉我说这次任务的目标很不明确，好像有人妨碍他占卜，因为在这个女孩儿成人的那天应该是她命里守护星最弱的时候，但师傅发现怎么也确定不了这个女孩儿的具体方位。

我问师傅为什么会选我去，难道就因为这个女孩儿不好找吗？

师傅却摇了摇头，他说之所以让你去，是因为我算出你的感应和她的感应相通，如果你看见那个女孩儿的时候，就会有种特殊的感觉。所以你是这次任务的最佳人选。

我说，好，我会尽快完成任务的。

师傅说，这次我算出你会有个劫数，但究竟是哪种师傅也推算不出来了，所以你一定要格外小心啊！

我点了点头，没有说什么，只是再看了一眼师傅的脸，发现师傅看着我的眼神很凄凉。我想说些什么，但话就卡在喉咙里怎么也发不出声音。师傅拍了拍我的肩膀，没有再看我。我望着师傅远去的背影，有种说不出的苍凉。师傅告诉我说我要去的地方叫亚德里王国，再具体的信息也就没有了，对了，还知道那个女孩儿今年18岁，叫作百年。

[亚德里王国印象]

我终于来到了这个叫亚德里的国家，看着这里，我似乎好像以前在这里生活过一样，一切都很熟悉，而且我居然知道这里有一年一次的“魔幻季节”，但我肯定我以前从来没到过这里。我真的很惊讶我对这里的熟悉，我喜欢这里整天都能看见的干净的纯蓝色天空，像被水洗过一样透明。这里到处能闻到一种栀子花的香气，但我却没有看见这里有种这种花人家。后来我打听了一下才知道，这里有户很出名的人家，在他们住的地方到处都盛开着这种花。我顺着告诉我的老人指的方向看去，发现那里并不远，大约走上半天的时间就可以到了。我就高兴地向着那座叫圣域的山前进。

这里的人民都很好客，和我们那里不一样。在我们的国家里，除了当杀手之外没有更有前途的行业了。而我们的帮会还是全国顶尖的帮会之一，所以能在那里生活我已经觉得很满足了。虽然有时会有别的帮会的人来找茬儿，但基本上我们帮上上下下都是一等一的高手，所以暂时还没有生命的危险。自从我来到这里以后，我觉得这里的空气都是温暖的，不像我们国家的空气是冰冷的刺骨，因为我们那里只有冬天。在离圣域山不远的地方，我就看见有大批的人开始向另外一座离圣域山不远的山迁移。我没有多想，不自觉地就跟着人群走向大家涌入的山，但在我的潜意识里我感觉到我会有什么事情发生，而且是很特别的事。

终于到了那座大家都在讨论的洛姬山，我才知道原来是快到了一年一次的“魔幻季节”。我能够感觉到大家的喜悦是发自内心的，而且他们看我的眼神也是十分的友好，和我们那儿那种虚假的友好截然不同。这里的人们眼睛很清澈，你从里面看不到虚伪和欺诈。他们的笑容也是很诚恳的，让我有种安全和温暖感，我承认，自从来到这里以后，这里的气氛的确会感染我，但我始终知道我此行的目的和我的职业。所以我一直都是绷着脸的，尽管我的内心不再僵硬。

我是生平第一次看见这么美的景色，美得让我窒息。原来这里的雪花和我们那里的完全不同，这里连雪都是暖的，简直是不可思议！我不知道该怎么形容这样的景色，我从没见过有这样的花在这样特殊的气候和季节下盛放，我觉得我已经不再想回到我们那个冰冷的世界中去了，我喜欢看这里的每一人，每一棵树，每一朵花。所以我想，如果我能顺利的完成这次的任务的话，就跟师傅说我要留在这里，永远不再回去。

[百年印象]

当我暗自下着决心的时候，我突然有种奇怪的感觉，我觉得好像我要找的人到了。我能明显地感觉出她的存在，她的气息和我一样，我们都是属于同一个星相的统一守护神，而这种现象是根本不会出现的。为什么会出现在我身上呢？其实当时我也在纳闷儿，不明白这到底怎么回事。

我就顺着一条小路寻找，我想看看这个我要解决的对象到底是个什么样子，会让师傅这样的人物如此费心。

当我从她的身边经过的时候，我发现我并不想留下来，我对她竟然有种莫名恐惧，我的双手在微微地抖动，呼吸也在逐渐地加快，我知道我不能留在她身边太久，尽管我可以在转眼间轻而易举地杀掉她。在我马上要走出那片让我惊叹的樱花树的时候，我发现她的气息离我越来越近，我并没有马上走掉，而是站在了原地，我想知道她跟着我干什么，如果她已经发现了我的目的，我想我会毫不留情地杀掉她的。我看见她慢慢地向我走来，她的脸是我长这么大见过最美的脸。我看见她看着我的眼神里有种熟悉的迷茫，就像我第一次见到这个国家一样。而当我们的目光相接的一刹那，我看见她微微颤动的嘴唇，我知道她在害怕，但她并没有逃走，还是站在那里看着我。我能感觉到我的眼睛的颜色在接触到她眼神的一瞬就变成深深的冰蓝色,那是我感情变化的象征。在我第一次杀人的时候,我的师傅告诉我这个秘密,后来我渐渐熟悉了杀人,眼睛就再也没有变成过今天的颜色。但我的手并没有扣紧我风衣内侧的金丝软剑,我知道我并不想杀掉她,那为什么我眼睛颜色会变呢?我没有仔细地多想,于是我就用我们帮会独特的凌空飞走掉了,因为我不想给她留下任何能找到我的标记。当我走的时候其实我是很想回头再看看她的,但是我却没有这么做,因为我怕我这么做了可能会改变什么。

就这样,我第一次见到了任务的目标人物,但我却没有当场把她杀掉。我有种感觉我们会再见面的,于是我告诉了她,她只是傻傻地看着我没有说话。我知道要在下次解决掉她我才能顺利地回去,但这次好像任务没有我想像中的简单。

[再次相逢]

对于百年再次遇见上官孤寂来说那一定是个意外,而对于上官孤寂来讲那就一定是个必然,因为那是他找到能杀死百年的最佳时机。因为只有在那个时间段里百年才会离开身边的人独处,其他时间里他是看不见百年一个人单独出现在任何地方的。孤寂觉得百年的家人似乎是有意识地在保护她,他们好像已经知道了些什么,所以总是寸步不离地跟着她。然后他告诉自己动作一定要快,否则也许就再也没有机会了。

[百年]

我此刻的心情很糟,这里是我养过的惟一一只波比兽的坟。我每隔十天就会来这儿一次,而且我在这里为小波比兽祷告的时候是不允许有别人在场的,任何人都不行。所以我的父母只好站在这个花圃的外面等。

我是很喜欢小动物的,但是我从来没有像喜欢波比这样喜欢任何我再看见的任何小动物。当我第一次见到它的时候,我就被它银白色的绒毛吸引了,而且我对它有种说不出来的好感,觉得它天生就是属于我的,尽管老板不卖,可是我还是将它买下了。而它好像也只依赖我,只听我一个人的话。对于它的死亡我是很难接受的,那是在我刚刚回到家不久,我发现波比看我眼神很虚弱,也没什么力气走路,而我当时的心思都在那个叫上官孤寂的人身上,就没有特别在意。当我发现波比死的时候已经是第二天早上了,所以我一直认为是我没有能够好好地照顾它才会让它很早就死去的。我久久地站在那里,眼里充满了泪水。当我闭上双眼的时候我感觉泪爬满了我的脸,我低着头不停地哽咽,尽力控制我的情绪,因为我怕离我不远的父母听见我哭的声音而为我担心。其实我已经来过很多次了,每次来我会忍不住哭出来,那个样子就像个天真的孩子。而这次我在尽量地忍住我的悲伤,我的双肩因为我的难过而剧烈的抖动。突然间我感觉有种熟悉的气息在我周围弥漫，我抬起头向四周张望，我看见一双在我梦里常常出现的冰蓝色眼睛，他就站在离我不远的几米外。但我只能看清他眼睛的颜色，他的容貌我却因自己的泪水而模糊。我赶紧擦干净我眼里的泪，想要真正的看清楚他的脸。然后我看见了那张每晚都会出现的面孔，特别是那双冰蓝色的眼睛。我突然想到我死去的波比也有一对冰蓝色的眼睛，当时我还在困惑像这样的波比兽是不应该有这样颜色的眼睛的，它们一般都是黄色或者是淡绿色的，这也是那个老板不肯卖给我的原因，因为这实在是太罕有了。

我看见他也在那里看着我，我们就这样对望着，谁也没有说话。我在想我们能在这里遇见真是巧，也许是老天让我们在这里相遇吧。我看见他的手慢慢地伸向风衣的内侧，于是我就轻轻地问了一句："你来这里也是祭奠什么人的吗？要拿什么东西吗，我这儿都有。"我看见他的手轻微地颤抖了一下，然后从风衣里出来的手上什么都没有。我以为他就是来祭奠什么人的，就把我准备的东西拿给他，虽然那是给波比用的，但是我想他是不会介意的。当我走过去的时候，他却冷冷地开口："不用了，你自己留着吧。"说完转身就要走。

我知道我是留不住这个人的，其实在我的心里，我很想把他留在我的身边，但是我又怕如果他真的留下来我又会失去他。这种感觉很奇怪，我总是感觉我们是不能在一起的，否则一定会有什么事情发生。我突然想到那个有名的预言家梅塞吉斯，我觉得他应该可以帮助我。但是我怎样才能找到他呢？

我见他要走，就赶忙叫住了他，他还真的停了下来，面无表情地看着我，眼中有着烦躁和不安。我从来没见过这样有气势的男子，一时间竟说不出话来。

他用没有温度的声音对我说："你再不走我会杀了你的！"

我真的很害怕，但心里却并不相信他所说的话，不知道为什么我就是知道他不会杀掉我。我没有动，还是站在原地。我不知道我的眼睛里有没有泄露出我的惊恐和慌张，但是我已经顾不了那么多了。他见我没有离开的意思，眼神霎时变得更加冰冷而且眼睛的颜色似乎又深了一点儿，我不知道我有没有看错。我看见他的右手慢慢摸向腰间，我能看见他的右手微微有些颤抖。就在他即将把手从腰间抽出来的时候，一个声音打断了我们之间紧张的气氛。

[危机时刻的到来]

他静静地出现在孤寂背后，这让孤寂很是惊讶。以他的修为一般的高手都近不了他的身，他一般在500米之内就可以感觉到贴近他的人的存在，但是今天这个人看起来是个绝顶的高手。那个人慢慢从孤寂的身后走到两个人的中间，百年惊讶得只是张大了嘴却没有声音。梅塞吉斯还是托着一个淡紫色的水晶球，面容镇定地看着百年。孤寂看着那个手里有着古怪水晶球的家伙心里有些紧张，他甚至忘记了刚才要杀掉百年的事，尽管他还是没有足够的勇气。

“您来这儿是……？”百年终于组织好了语言，她不知道要发生什么，但她感觉到他们三个之间似乎有什么特别的联系。“来帮助你们的，特别是你。”梅塞吉斯的手指向孤寂，眼神很深邃，让人琢磨不透。

“我？不可能。你别妨碍我，否则连你一起杀。”孤寂表面上说得很有气势，其实心里也在猜测眼前这个神秘人物的身份，看起来他和百年认识，应该是她的帮手。但不管怎样都一定要完成师傅交给他的任务，挡路者当然是死！

梅塞吉斯看着孤寂只是笑，没有过多的表现出更多的信息。这让百年和孤寂都很纳闷，特别是孤寂。

突然间孤寂抽出了腰间的剑，那是一把看似柔软但实则锋利无比的宝剑，这是孤寂的师傅传给他的，也是他们帮会里惟一一把由师傅传给外徒弟的贵重兵器。这也说明了上官孤寂在帮会中有着举足轻重的地位。他把宝剑很准地指向梅塞吉斯的颈，顿时梅塞吉斯感到颈上有股凉气。

“说，你怎么会来这里，你到底是谁？是不是来救她的？”

“我说过我是来帮你的。”梅塞吉斯并不慌张，让他有些惊讶的只是上官孤寂的手法精准和动作的速度。

“别废话，帮我？你知道我是谁吗？帮我，骗我我倒是相信，还不说实话就杀了你，别考验我的耐心！”

“我说的都是实话，我当然知道你的身世，而且我还知道你来的目的。我今天来就是想告诉你，你师傅让你杀的人是你杀不得的，如果你杀了她你会后悔的。”

“哦，是吗？我凭什么相信你而不相信从小把我养大的师傅呢，你再不老实说明白就别怪我不客气了！”孤寂真的是没有什么耐心再听下去了，他很怕听到梅塞吉斯说出答案，他想赶紧解决掉这里的事情。是的，他现在很恐惧。

“你是你师傅收养的，你的师傅告诉你你是被收养的这没错，但你知道你的父母是谁吗？其实你并不是这个时代的人，你手里的剑根本也就是跟着你一起来的。我不知道是你自己失去了记忆还是他们让你失去了记忆，难道你不记得我了吗？”梅塞吉斯有点激动地说。

孤寂在他说的过程中头脑中仿佛闪现了很多不完整的画面，但是都只是很模糊的一块一块地拼成不连续的断点。但他似乎已经意识到眼前这个手托水晶球的人他一定认识。

“我就是带你来到这里的人，你没有印象了吗？我们都来自一千年后的未来，那时候你还很小，因为那时在我们所在的那个年代即将发生很大的灾难,所以你的父母托我把你带到一千年前。而你的师傅的帮会就是一千年后造成巨大灾难的罪魁祸首,你父母把你带到这里的目的除了避祸再就是让你帮助未来的我们转运,你都不记得了吗?也许你那个时候还太小,但是你应该记得我的!”见孤寂的神情有些恍惚,梅塞吉斯知道他开始在寻找他丢失多年的记忆了,于是梅塞吉斯接着说:“你一定感觉到了这里很熟悉吧,那是因为这就是你在未来的故乡,而你住的地方就是她住的地方。”梅塞吉斯的手指向百年。

百年从刚开始听就已经很惊讶梅塞吉斯所说的每一个字了,现在又说自己住的地方竟然是眼前这个要杀掉他的杀手的未来的家,更露出一脸的不可思议。

“那么我们到底有什么关系,为什么我师傅要我来杀她的时候却说是她阻碍了我们帮会的将来呢?”孤寂现在虽头脑里已经有些头绪但仍然还是很乱,不知道这里面到底存在着什么神秘的关系。

“其实我们大家谁也离不开谁,因为我们本来就是……啊!……”随着一声惨叫,梅塞吉斯倒了下去,鲜红的液体染红了他白色的长袍,淡紫色的水晶球也落在地上被摔得粉碎,顿时就失去了迷人的色彩和灵力,但梅塞吉斯的脸上却有着微笑。

没有预兆,没有结局,梅塞吉斯竟然就这样死掉了。在他死去的瞬间,上官孤寂突然就想起了一切,甚至连梅塞吉斯怎样寻找他都能在头脑中闪现出画面,而且他居然还回忆到梅塞吉斯为百年占卜时的情景,这到底是怎么回事,为什么我能拥有他的记忆?他最后的一句话究竟是什么意思?什么叫谁也离不开谁?为什么他死的时候会微笑?

百年已经吓得快没有呼吸和心跳了,自从那个为她占过卜的神秘的梅塞吉斯出现以来,她就觉得一切都变得很诡异,这次的谈话更是让她迷惑。而且就在刚才,那个有名的梅塞吉斯居然就那么轻易地倒在了他的面前,最可怕的是百年居然发现在梅塞吉斯断气的一瞬间她居然有了梅塞吉斯的记忆,但似乎却不是整个的,而是一部分,另一部分好像是被什么东西封起来了,但又好像不是。不知道,不知道,这到底怎么了?为什么会发生这样的事?

警惕的孤寂已经察觉到在他们周围存在着危险,于是他很敏捷的把百年拉在旁边。这时候一个熟悉的声音穿过上官孤寂的耳朵,这个有些苍老但却底气十足的声音让孤寂彻底陷入了不知所措的状态。

[真相大白]

“原来你真的还没完成任务,要不是我这次来看看,恐怕你是下不了手的吧。”上官孤寂的师傅从天而降,瘦弱轻盈的身体落到地上没有什么灰尘飞扬起来。

“我还没确定自己的身份，不能轻易杀掉她。师傅，那个灵力高强的占卜师是不是您杀死的？”孤寂看着师傅，想从他的脸上看出一点有关他身世的蛛丝马迹。

但师傅毕竟还是师傅，听了孤寂的话并不作任何回答，只是说：“孤寂啊，你什么时候能完成任务？我给你一点儿时间解决，然后立刻回去复命就行了。”

“可是我现在不能杀她，因为我还没有弄明白……”上官孤寂的话还没有说完，他的师傅就打断了他的话：“那么你是想违抗为师的命令了，你应该违抗命令是什么下场吧！”师傅的声音立刻变得冰冷起来，眼睛里顿时充满了愤怒。

“师傅我求您不要杀掉她，您可以杀了我，因为我没有完成您交给我的任务，但是她一个女孩子是不会对咱们的帮会造成威胁的，这一定是个传言！”在上官孤寂的头脑里存在着的梅塞吉斯的那部分记忆里是绝对不能让百年死掉，所以上官孤寂拼了命也不能让百年被师傅杀掉。

“不，你不必为我牺牲，既然你师傅一定要杀死我那么我想我也是躲不过去的了。那么我死就请放了上官孤寂吧。”在百年头脑里的那部分梅塞吉斯的记忆是决不能让上官孤寂死去，百年当然会遵照伟大的梅塞吉斯的记忆去做的，因为他是最具灵力的占卜师，所以他的记忆一定是对的。

“也许我太残忍了吧！”孤寂的师傅轻轻地叹了口气，低下头沉思。

孤寂以为师傅要改变主意，就拉着百年想走出这个花园，但是就在他们转身的一刹那，百年的身体突然无力地倒了下去，就这样静静地、无声无息地在上官孤寂的身边沉了下去。上官孤寂看着倒在地上却还微笑着的百年，所有的记忆一下子全部涌了出来。

上官孤寂、百年、梅塞吉斯其实是同一灵魂，只是他们都活在不同的时空里。为了挽救自己的家园，上官孤寂和梅塞吉斯穿越时空回到了过去，但上官孤寂却因为年纪的原因与梅塞吉斯落在不同的地方，因为同一灵魂的关系，所以梅塞吉斯很快找到了百年并找到了适当的时机告诉了百年父母事实的真相，但是关于失踪的上官孤寂却怎么也找不到。为了自己帮会的前途，孤寂的师傅隐瞒了孤寂的身份并用自己的力量把当时年幼的孤寂的记忆打上了封印，所以孤寂一直都不知道自己的身世。同一灵魂的人在一起会产生强大的力量，所以以防万一，孤寂的师傅就会趁着百年在成年的时候下手杀掉她，因为在她生日那天的守护神会变得很弱，这样的情况会持续一个月左右，只要杀掉百年那么以后就是自己的天下了。但是没想到同一灵魂对对方的敏感程度超出了孤寂师傅的想像，孤寂竟然没有对百年下手，于是他决定自己动手。 按照梅塞吉斯的灵力程度应该能感到孤寂师傅的到来，但是由于当时的情况比较特殊，而且三个同一灵魂的人出现是会影响彼此的思维和感知能力的，所以当时梅塞吉斯就没有及时地察觉到，但是在梅塞吉斯临死前他还是破除了孤寂师傅为自己记忆打上的一部分封印，因为发现得太晚了所以没能都破除。因为孤寂的师傅知道一旦同一灵魂的人在一起死掉了其中的一个，那么另外两个就会完全继承死者的全部记忆，这样的话就会破坏他的计划，于是他便封掉了梅塞吉斯的全部记忆，但是没想到梅塞吉斯果然是占卜的高手，他立刻就把被封的记忆反加了一道封印。本来以孤寂师傅的灵力是完全可以破解的，但是因为梅塞吉斯死得太快所以没有能够知道他到底给自己的记忆又加上了什么封印。其实梅塞吉斯只是把自己的记忆分为两个部分并且分别给了两个人，而且这个封印的钥匙就是只要上官孤寂和百年两个当中死掉一个，整个封印就会被完全破解，如果这两个人侥幸都不死的话，那么只要过上一天，这个封印也会自动解除，只要两个人能够在一起，那么加起来的力量应该可以拯救未来的家园的。如果他们当中不幸死了一个，那么剩下的一个也会继承所有的记忆和力量继续为家园而战。

当上官孤寂抱着依然温暖但却已经没有心跳的百年的尸体的时候，他终于明白了。一切迷题全部揭晓于百年死去的那一时刻，天空透过孤寂湛蓝色的眼睛看到的却是鲜红色，是百年身体中流出液体的颜色，也是梅塞吉斯身体里流出液体的颜色，红的有些刺眼，让孤寂觉得眼睛生疼，而且疼得让他感觉眼睛里布满了泪水。孤寂没有回头看师傅，他知道师傅一定不在那里了。师傅并没有连他一起杀死，为什么？难道他不怕自己报仇吗？当他想试图站起来的时候他突然觉得自己的喉咙发紧，然后感觉呼吸困难，孤寂只觉得眼前的事物越来越模糊，他知道自己要死了，也终于明白了师傅最后说的“也许我太残忍了吧！”这一句的含义。于是他笑了，和百年死的时候的表情一样。

他到最后才明白一件事，那就是事实始终都存在，历史谁也无法改变。

但百年始终都不知道结局，因为在她的笑容里只有希望的嘱托，她相信孤寂的师傅是不会杀死自己徒弟的，尽管他们是敌人。

当然了梅塞吉斯也是不会知道结局的，因为在他的笑容里只有破解封印的欣慰和对他们两个人的希望。

所以他们都笑了。

天空里的空气还飘有一点血的腥味，也许未来的世界就是从这样的结局开始。

神鬼殊途还是同归?善恶对立还是统一?天使与魔鬼的区别是否仅仅在于称呼的不同?究竟是两重天还是一个整体?

——题记

开篇　诞生

“起初的世界是什么样子的?”我问。

阿妈没有回答我,只是笑了笑。但她却说:“不管是什么样子的,我们都要保护好它,要让世界清晰明了,不再混沌。知道吗?”

我当时真的不明白阿妈的话，不过还是点了点头,因为阿妈的表情很忧郁。

我出生在一个我也叫不出名字的地方，这里忽明忽暗,有时候甚至有莫名的笑声和哭声,从哪里传来的,我始终都不知道,我只知道我不能走出这个屋子,因为阿妈这样告诉我的。还有,我叫水芝。

据我阿妈说，我出生的时候整个房间都是亮的,而且持续了整整一个星期都没有消散,并且在我身上还有一种特殊的香气，与家族中特有的香气不同。阿妈说从那个时候起便知道我是这个家族中与众不同的孩子。

好像我的童年没什么乐趣，阿妈既是我的母亲也是我的师傅。她会精心的照顾我的生活,还会教我学习一些高难度的功夫和医术。其实我真的不太喜欢这种生活,因为每天都过的很无聊。除了练功就是分辨药材的种类和好坏，搞的每天都像杀手和大夫的综合体似的。

外面的世界是我所不能预料的，我仅能从阿

妈给的镜像中知道它是什么样子,阿妈说我是不可以走出这个房间的,所以我除了会武功和医术之外,就什么都不会了。阿妈还说我是为家族而诞生的,所以她要我好好长大。

水芝诞生了,她是我们家族中惟一一个有着绿色瞳孔的孩子。据上一辈的老人说,只有有着双重性格的孩子才会这样,所以我很担心她。

我每天都看着她长大,注意观察她的头发变化和瞳孔的颜色,生怕一个不留神头发就会和瞳孔就会有异样产生。所以我不让出去,因为外面就是两重天,连接着天堂和地狱,稍有疏忽就可能会产生不可想像的后果。据说夜魔星诞生的时候也是绿色瞳孔,而且周身散发着迷人的香气,只不过他诞生在白天,而水芝生在夜晚。

我们原本是莲花家族的后代,到水芝这代已经是第五代了的传人了。根据家族的历史表明,我应该可以活到1300岁,而我的母亲可以活到1500岁,所以年龄应该是呈递减状态的。但是水芝却不是,族里的预言家说无法占卜到水芝的年龄,这让大家都很是诧异。我并不知道为什么会这样,但是我知道我要好好保护她。其实我并不赞成水芝成为莲花家族的成员,如果有机会要让她成为一个普通的人,让她过自由的生活。但是,自从水芝出生后,外面的传言越来越多,形势也是越来越乱,这全都来源于那次出生的金光普照,而且还是一个星期。我的阿妈告诉我,只有天人才会有这样的异象,但想要成为天人的几率却很微小。

这是个可怕的迹象!因为在第三代的时候曾经有过这样的人诞生,但却在500岁后就死去了。原因是消耗灵气太多而造成的。在莲花家族来看,过早的夭折使后代的繁衍陷入了困境,但是,最终还是化解了这场本不该发生的浩劫。

水芝是我的命,是莲花家族的命!所以她不可以死!

黑暗中划过一颗流星,像是夜魔星闪烁的眼睛般明亮。

黑暗中,前行

突然间,房屋内一片漆黑,我不知道发生了什么事情,我仿佛被置于虚无的空间里。手脚麻木,但头脑却还是清醒的。我只能坐在一个地方不动,静静地等待没有结果的结果。

“阿妈!”我有些害怕的喊着我惟一可以依靠的人。声音飘荡着,代表着整个空间是个巨大不能预料的个体。我本能地缩起身,张大眼睛想透过黑暗发现什么,但是却是徒劳的。我从来都没有遇见过这样的事情,那是超出我的能力范围所不能感知的另一个不了解的世界。我知道自己已经陷入了一个前所未有的危险境地,但是我却相信我一定能够走出这黑暗,因为我知道我不属于黑暗!

突然,我想起阿妈让我随身带的青光石,那是一种特殊的石头,只要与任何东西碰撞就可以发出光来,如果再碰撞一下便会熄灭。我欣喜地拿出来,想找个地方撞一下,凭着感觉,我发觉四周似乎是空的,没有任何可以借助的物体。心急之下我懊恼地拍了拍自己的脑门儿,然后我就想到怎样让青光石发光了。不知道自己是不是太过于用力了,感觉被石头拍打过的头有点晕。火光照亮的那一瞬间,我看见了阿妈的脸!

我突然就感觉心一下子沉了下去,头更晕了,呼吸有些困难。

我看到了一张不成人形的扭曲的脸,伤痕累累满目疮痍,但我知道那张脸是阿妈的!

我用颤抖的手想上前摸一摸阿妈的脸,却怎么也抬不起手来。我看着四周,一间一眼望不到边的房间,没有尽头的走廊,墙壁上的画像丑恶极了,虽然也是带着翅膀,却与我家墙壁上的画大相径庭。我不知道那画的是谁,我也不想知道,我只想带着阿妈走,离开这里。

"你竟然没有哭?"

我抬头寻找声音的方向,没有结果。那声音让我厌恶,我发誓,如果让我看见他一定会让他不得好死!我愤怒地寻找着,大声地重复着:"有本事出来。"

"哈哈,我有本事出来,只怕你没有本事出去啊——一个小丫头,怎配有绿色的瞳孔,怎能有金色的光环!哼!"

"你到底是谁?是不是你杀了我阿妈?"我怒吼着,并没有发觉我身体的变化。

"杀她还用我吗?她算什么,一个使者罢了。你才是我们的目标,知道吗?只有你才配让我亲自动手!"声音里充满不屑,空气中却弥漫着熟悉的气味。这不是……

"我?我只是一个和我阿妈一样的使者罢了,你要杀就杀我,为什么要动我阿妈。你个败类,不知廉耻的家伙,有本事就现身一对一的较量,躲在暗处算什么高手!"

"你想用激将法吗?不用激我也会出现的,我只是想再多留一会儿藏秘星而已。你早不在我的处理的范围内了。"

"那好,你就出来吧,我不想再和你多费一句话。这样也是浪费我的时间,如果早点出去也许我阿妈还有救,你快出来!!"我声嘶力竭地叫喊。我感觉到手心很热,似有一股火焰要冲出我的掌心。我下意识地张开双手,里面出现一颗红色石头,但是却异常柔软,外面似乎只裹了一层薄膜,吹可弹破般的脆弱。从外面可以看见里面的微微发暗的细丝,根根分明。

"很好,看来你已经开始觉悟了,赤炎已经出现了,证明你是真正的藏秘星,我们没有找错人。"

我不得不承认,眼前的这个人有撼人心魄的眼睛。明亮的不像话。怎么刚才我没有发现这双眼睛呢?

“在想什么？是不是在想刚才怎么没有发现我对吧。我的眼睛是不是特别亮？其实你的也一样。你没觉得我们有什么相似吗？”

是的，我们的瞳孔颜色一样，那么他是……

“是啊，我是传说中的夜魔星，而你就是传说中与我或配对或对头的另一个神话传说中的藏秘星！”

不可能，我怎么会是阿妈口中说的藏秘星呢？那是家族中最伟大的守护者，也是整个两重天的捍卫者。

“你看看你的头发。”

我转过头去看了看我的头发，已经由原来的金色变成鲜艳的红色。这就代表着……

“不管你怎么说，今天我要带我阿妈走。你说你是夜魔星就让我走，否则我一定对你不客气！”我知道如果再不走，我可能真的就救不了我阿妈了！

“好吧，不过你来也是送死。就凭你和你手上的赤炎是跟本打不赢我的，既然你那么想死，那么就来吧。不过，说回来，其实我们本是一体的，为什么你不跟着我直通两重门呢？成天守着那个虚无的东西有什么用呢？”

“少说废话，来吧！”没时间了，必须争取时间！

我拿出别在腰间的青铜环，准备开始一场生死之战。为阿妈而战，为家族而战，为整个两重天而战。

就在我准备动手的时候，夜魔星却不见了。只留下他狂妄的笑声渐渐消散在空气里，我慢慢重新被黑暗吞噬。

此时，手里的青光石已经不知去向。在黑暗中摸索是件艰难和痛苦的事，有眼睛却没有用处。我只能趴在地上，慢慢用手摸着光滑着石板向前移动。把武器别好，定好心神。就这样我一直摸索了四个多小时，却怎么也找不到阿妈的身体和出去的路。我一下就崩溃了，坐在地上开始哭泣。一想到阿妈的身体还没有找到就更加伤心，越哭越伤心，越哭越大声，终于我忍不住对着暗无边际的黑暗咆哮了一声，然后我便没有了知觉！

外面的天空是什么样子的？阿妈的哭泣声仿佛就在我的耳边，那么近，近到我可以闻到泪水的咸味。我想伸手擦干阿妈脸上的泪，但是伸手却什么也抓不住。

黑暗中，我看见两双明亮的眼睛四目相对，寒冷的，绿色的眼睛。

我在走吗？这又是哪里？阿妈又在哪里？为什么在黑暗中我可以不用摔倒一直向前走？从这里出去是什么地方？

我拼命地向一个方向走,那没有尽头的黑暗让我恐惧。身后留下了什么,是什么路,有什么人,我全部都不知道。

“孩子,不要回头,一直向前走,前面出去就是风口了。看见风神跟他说:‘风雷星动,莲花盛开’就可以了。一定要记住!千万要记住啊!!”

“阿妈?是你吗?不要怕,我会把你带出去的,不会让你死的!阿妈?!”

“孩子,这是我最后的‘真言’,你一定要记住,出去找到风神,他会帮你的!我已经不能再保护你了,你要坚强起来!要守护‘莲花’家族,守护‘两重天’!”

“不!……”

七彩石

我是个红发绿眼睛的女孩,大家都称我为“阿碧”,其实我也不知道自己叫什么名字,但觉得这个名字并不好听。

这里是“风林口”,里面住着很多老人,不过虽然他们看起来非常的年迈,但是身体却非常的好。有时候还可以凌空飞起,甚至飞去很远的地方找一些莫名其妙的东西回来。一来一往大概也需要三四天时间。不过他们每次带回来的东西都会让我看,他们说是在帮我什么石头之类的东西,有的石头形状和颜色都非常的怪异,而有些根本就不像石头。就好像今天他们找回来的这块,好像羽毛一样柔软。通体透明,没有一丝杂质,如水滴般清澈明亮。他们管这块石头叫‘橡胶石’,因为拿在手里是可以把玩的。听说是从什么‘乌国’带回来的,非常罕见和稀有。

我好奇地盯着这块奇石看,觉得很漂亮。就跟一个叫不解的爷爷要来看看,其实我并不是想要,而是觉得这块石头非常眼熟,有点像我曾经见过的一个什么东西,也是很软的,也是很透明的,但像是颜色还是什么不对。所以不一会儿我就把石头还回去了,送回去的时候我发现大家的脸上都很失望,难道他们非常想让我拿走这块石头吗?

“难道这块灵石也不是吗?那究竟要怎么找呢?真是让我头疼啊!”

“阿木爷爷怎么了?您究竟要找什么样的石头呢?让阿碧帮你找啊,反正我在这里也已经休养了很久了,也很想跟您出去溜溜呢!”

“乖孩子,不用了。我们去找就可以了,你就待着这里吧,这里比较安全。”

这时,另一个老者站起来说:“我看还是让她出去跟咱们一起找吧,因为她是主人,她对石头的感觉会比咱们都敏感,这样不但不会耽误时间,而且还不会浪费其他资源。而且‘不二门’那里也需要人手,不能再这么漫无目的地找下去了。”

“我看这样不错，就照门宿说的办吧，也让孩子出去一起找。”

“可是我答应过芙蓉要照顾她的呀！万一出了什么问题那么整个三界就都会乱的！这责任我可担不起，不能让她去！”阿木一脸的担忧，说什么也不让我去。

“等等，你们到底要找什么样的石头？”我还是不明白为什么我出去就会危险，仿佛以前也有人对我这么说过。是谁呢？

“阿木，我看就告诉她吧，老这么瞒着也没什么用，最后她还是要知道的。因为她最终还是做出选择的，也许还会赔上自己的。”仁保看着我的脸，眼神里充满期望。我能感觉到在我身上即将揭开一个我不知道的大秘密。

“好吧，那么阿碧，我就告诉你你的来历！你要仔细听好，要有勇气承担你的责任，不要逃避，不要恐惧，因为只有你才能做到，别人代替不了你！”

我困惑了，就在那一瞬间，一股熟悉的味道慢慢飘散在空气中。绿色，黑色，让我惊心的颜色出现了。那双仇恨冰冷的眼睛，我仿佛就在那一瞬间看到了！我紧紧握住拳头，终于想起来那个有流星划过的夜晚，那双与我相同颜色的眼睛，那个爱我的、永远保护我的阿妈！

“是石头，红色的石头，像鲜血一样的颜色，没有血腥味道，但却异常柔软。是红色的，红色的，红色的……”我喃喃地说，脸上没有表情，一切的事情都重新回到我的脑海里。我的手，我的阿妈，我的眼睛，我的身世，我的剑。

记忆，我的记忆重新找了回来，藏秘星重新亮了起来！

“没错，你就是传说中的‘藏秘星’。”

“那么谁是‘风神’？”

“我就是。”

我看见阿木爷爷走了出来，他表情很难看，但却威严不可侵犯。

“我阿妈说你可以帮我的，你要帮我！”我努力让自己平静下来。

“我会的，现在最重要的是找到七种颜色的石头，你已经有了一颗，就是‘赤炎’。还剩下六颗，所以我们这几天一直在找这几块石头，但是始终没有结果！所以他们想让你跟我出去一起找，因为你跟石头有着本质上的联系，应该会比我们更快找到它们！”

“我知道了，我一定会尽快找到。”

“但是会有危险的，你也知道你是个很重要的人，不能有任何危险，否则会出大乱子的。”

“放心吧，我一定会完成我阿妈交给我的任务，而且您不是也说过要帮我的吗，所以我一定会不辜负大家的期望。让所有的东西保持在原来的地方不动，让已经清晰的三界不再混沌。”

“那我们明天就出发吧,明天去雾上找找看。希望可以有所收获！”

天色是透明的吗？灰色、蓝色、还是白色？为什么我看不见呢？因为我的眼睛是绿色的吗？还是天空原本就没有颜色呢？明天,让我遇见那六块神奇的石头吧,让我的阿妈在幸福的地方看着我微笑地继续生活。

橙寒

白天的空气是甜的,裹着蜜一样的香,而夜晚的空气是苦的,幽暗气息的不让人喜欢。黑暗中神秘的气息是诱人犯罪的最好契合点,在没有光的世界里,自己仿佛就变成世界的主宰,容不得任何人无理放肆。

那么绿色是归属于冷色还是暖色？橙色应该是暖色的吧。那温暖应该像寒冷的天气里,屋子被炉火包围后窗上留下的水蒸气。这石头听说叫“橙寒”,应该会有这样的效果吧。希望它能帮我守护住两重天！

树林茂密的让人害怕,远远望去像是一个硕大无尽的洞门,一眼看不到底的绿色植被,究竟蕴藏着怎样的秘密？那没人到达过的最深出,是否存在着那颗能带给我力量的石头？

飞鸟的声音渐渐由近到远再到无,证明着我们已经到达了人烟罕至地带。四周弥漫着白色雾气,使前面的路显现出不可小视的威严。突然就发现头顶的天空被狠狠地分割的不成样子,像是被人撕扯的布条儿、散乱的几何图形。更深地向里探寻,发现我们似乎是要走到了尽头,前面高耸的石头挡住了我们的去路,而在巨石的后面可以听到潮涌的澎湃。

后面再也没有路了！

“有什么特别的感觉吗？”风深关切地问我。

“总觉得它很近,但是好像又很远。”不清楚自己到底想要表达什么,但是有个感觉却真实的在心里,只是现在还不能够说明白。耳边呼呼的风声越来越响,让我几乎站立不住。“风神,这风怎么了？怎么会这么强,您不能控制吗？”

“是啊,看起来有些不对劲,我看我们还是早点离开这里吧,明天再去别的地方找找吧。”风神脸上的表情开始严峻,事情似乎开始出现了他所没有预料到的变化。

我抬头看着破碎的天空,熟悉的气味接踵而至,预感出现,眼前出现冰凉的绿色的眼睛！

“你们已经走不出去了！”一个声音出现,终于,预感被证实,夜魔星毫无预警的现身在幽暗的树丛中。

“啊？怎么会是你?！现在是白天,你怎么会出现的！”风神吃惊地望着只露出一个头的夜魔星。

“因为这个地方不错啊，为我挡住不少阳光和热度，也省去我不少的麻烦。否则还要再做一个幻象战场。”夜魔星淡淡地笑了笑，眼睛的绿色变深了许多。

风神慢慢地移到我前面，侧头轻轻地对我说：“一会儿如果真的要战斗，你不要管我，你要先走。我在这里拖延时间，你翻过这块巨石就能看见海了，然后找到海神，他们会帮你继续找到你需要的石头的。等我脱了身就会去海神那里找你，一定要记住！”

“哼！你们谁也出不去！你以为凭着你一个人可以拖延多久？你也太小看我了吧！”

“一定要先找到海神！”

夜魔星神秘地一笑，随即把整个身体从树林里显现出来，这次我看清楚了，他有一对黑色的翅膀！

我慢慢地解下腰间的青铜环，准备背水一战！

突然间，我感觉到风似乎小了一点儿，然后我的双脚开始腾空。我惊讶地说不出话来。然后，我看到风神在与夜魔星激烈地打斗，夜魔星的掌风凌厉而凶狠，完全不给对方留有活着的余地。我站在旁边每次想上手的时候却总被风神挡在前面，眼看风神快要不行的时候，我已经升到了一定的高度，离风神和夜魔星越来越远，无法再用我的力量帮助他了。在我绝望的时候，竟然从我脚下出现一道橙色的光芒，一块像琥珀似的石头慢慢浮上来。我渐渐可以感觉到一丝温暖，随即却是一阵冰凉。我张开手，一把抓住了它，石头为多棱形，上面橙色和白色交错纵横。我“呼”的一下子跃升很高，已经看不见风神的身影，只有远处的夜魔星冲我诡异的微笑。

海神与清蓝双生石

头还在“嗡嗡”作响，一股咸味伴随着风飘进飘出，清蓝色缓缓出现在我的眼前，我就听到了大海的哀鸣。神经末梢猛地被什么击中，头脑开始正常的运转。

在海底的神殿，一个温柔的女子站在我的身边关切的看着我。看见她释然的微笑，我知道我已经从刚才的险境中脱离出来。

“你是，海神？”我觉得嗓子有些干涩，呼吸也有些不顺畅。

“是的。你醒了就好。”海神终于轻轻地呼了一口气。

“那风神呢？是不是已经……”我有些喘不上气，一时间话就被硬生生的卡在喉咙里，像快被淹死的人已经只能光张嘴却喊不出救命的无奈。脸上一阵阵发紧，不知道是不是缺氧造成的。

“是不是感觉呼吸困难？先把这个吃了，吃了以后就会好的。”海神拿出一颗像珍珠一样的珠子，手感光滑而且芳香四溢。我拿在手里把玩了一会儿，实在感觉憋的不行了才放进嘴里吞咽。果然，难受的感觉消失了,呼吸正常的根本不像是在水底。

“看来好多了,我知道你是想找七彩石的,但是目前我也不知道在什么地方,不过我会帮你找的,你先好好休息吧。”

“不用了,我想我还是自己找吧,毕竟这是件很危险的事情,我不想拖累你。”

海神没有说话,但眼神里却透出坚毅,她用眼神告诉我她一定会帮助我的。

不知道该怎么收拾现在的局面,那已经是我不能够控制的未来,结果对于我来说是让我恐惧的但又必须接受的。阿妈是怎样承受的呢?从来没想过自己有什么与众不同,但看着一个个死去的天神,我的罪孽似乎还没有终结的航标,这样的日子还要过多久,我只是想平静地生活,怎么竟演变成现在的样子!

我站起来,不知道该如何继续下去,风没有静止,阿妈的笑容还在眼前,那没有任何危害的脸是如何让夜魔星毫无理性地残忍剥夺了呢?也许现在是我该做些什么的时候,我应该出去找找,或许他们并没有死,也许还活着,也许只是被夜魔星打成重伤。那么我该怎么跃出这不知道有多深的海底呢?

我向周围走了走,发现走来走去只是在原地无休止的兜圈子罢了。我懊恼的用脚狠狠地向下踩,结果我却向上腾越了几米。而且停下来也没有向下掉!真是太神奇了!比阿妈教我腾越轻功要强出许多。我就开始不停地向下踩,脚下好像总有一块硬地可以让我借力似的,不一会儿,我就飞出了海面,稳稳地站在水面上毫无下沉负担。

从来没在水面上行走的经历,此时我感觉异常新鲜。我一直都不知道原来水是可以借力的,像弹簧一样可以反弹的很厉害。现在的大海一片宁静,少女的温柔荡漾在一上一下的波涛中,阳光反射下的水面犹如镀金般明亮,将我的心一点一点烘烤干净,连一点杂质都不留下。白色的泡沫放肆地飞舞着,一段让人惊艳的飞天从这里跃出天际,把海天一线冲破成无数个白色的盲点。我展开双臂,自己已经可以自由飞翔了。闭上眼睛,感受阳光最后的热度,觉得它已经不能再像刚才一样把温度重重地砸向我了。现在的它已经疲倦的开始着急回家了。我觉得自己有点孩子气,天真的有些可笑。于是放下双臂,双手合十,对着太阳诚心祈祷:希望再不会有人牺牲在无谓的斗争中了!

原来海真的是无边无际啊,如果生命也是如此就好了,那么阿妈他们现在就可以永远和我在一起了。伤感不知不觉偷袭了我,悲伤从中牟取一线生机,愤怒也跑出来无理取闹。我的血液开始如岩浆将要喷薄而出般沸腾,周围也开始泛起一股一股的海水,爆烈的难以招架。有种什么感觉,说不上来!

“还不回去吗?现在站在这里很危险!”

我突然发现我的身边已经站着一个男子，一脸冷酷但却似曾相识。“你是？”

“海神！回去吧！”没有情绪。

“海神？难道有两个海神吗？那么那个女子是……”原来有两个海神的吗？天神的职位也可以两个人共用吗？

“是的，我们是兄妹，但是却从来没有见过，因为我们是罕见的雌雄同体，她是白天出现，而我则是在夜晚。清楚了就回去吧，这里现在并不安全。”

我抬头看了看天空，天色果然是快暗到底了，远处海和天的边线也已经开始没有分割的痕迹了，徒留下海独占了整个的空间，如黑洞般魅惑。

“好，但是要怎么才能再下去呢？”

“哈哈，海神也一起在这里啊，太好了，你已经不用下去了，我一会儿送你们去别的地方！”

“夜魔星！”

“夜魔星！”

我和海神同时脱口而出，看来他惊讶的程度不亚于我的！

海神开始张开双臂，顿时大海开始形成无数个旋涡盘旋在夜魔星周围。浪柱很高，没有尽头地无限上扬，气流很猛，耳边轰鸣声震彻云天。

“哼，想用‘万海归一’？你觉得会有用吗？笑话！看我的！”夜魔星说罢双手相握，然后再拉开，出现了一道紫色的波纹，泛着银色的光，双手随即向上一扬然后用力向我们的方向飞来。

“你闪开，让我来对付他，你去找雷神，找到他之后让他帮你先找到七彩石，那个比较重要！”海神伸出双手在面前画了一个圆圈，然后光没有打在我们身上，而是打在了一个无形的个体上，应该是海神布下的防御壁垒。

“不错啊，防住了我的‘金波崭’。看看下一个能不能接住啊！”夜魔星双手举过头顶，然后交叉握住，小臂向下屈然后猛的向我们这里打出一个黑色的像浓雾般的球体。

“是黑刹拳，要站稳啊！”海神警告我。

这一拳果然很厉害，我被震得差点站不住。

“如果有风就好了，也许可以帮我渡过难关！你不是有‘橙寒’吗，借它的威力吧！”

“啊！好，可是要怎么让它出现？”可以帮忙我自然很高兴，但是我真不知道如何让它们自动出现，因为每次它们出现都是在我不知道的情况下。

“用意念！不过要快！”海神正在努力抵抗，手上出现了跳动的经络。

“好，我试试！”我闭上双眼，开始在心里祈求‘橙寒’的出现，希望可以借助它来度过危机。

“现在再求是不是有点晚了，你应该早就准备好随时和我战斗。看你们这么辛苦也真是过意不去，就来个稍微狠一点的着数来送你们一程吧！”说完，夜魔星开始将双手平放在胸前，向上抬起来越过头顶然后再慢慢地向下落，顿时周围的海水静止了，但是却没有猛烈的着数向我们袭来。他只是轻轻指向海神，一道白光闪过。我们的壁垒就已经被粉碎了，水珠四散，如被爆破后的石头，颗颗具有杀人于无形的威力。但是海神并没有受伤，而是完好的站在那里。

“你说你一个人在这里打有什么意思，不如把她唤出来一起战斗那比较有趣味！”

“什么?！你这个狠毒的家伙！”

然后海神全身开始抖动，先是轻微的，然后是剧烈的。他紧紧地捂住了自己的胸口，像是要被撕裂开一样，分裂也许和溶解一样痛苦。我正准备向夜魔星发起攻击，却发现根本不能动，原来自己竟也感觉和海神一样痛苦，好似也曾经有过这样的经历。头立刻就像被人用力向相反的方向拉扯，分裂原来真的和溶解一样痛苦。我不能动弹，自己仿佛已经不再是自己了，另一个我好像就要呼之欲出。然后我见过的那个女子出现，她从男子的身体中幻化出来，像是某个突然爬出别人身体的怪物。虚幻的，但又的确是存在的。

“哥！”

“莲莲！我终于见到你了！”二人终于相见，但竟然是在这样的时间和地点，玩笑大了是会让人伤心的。

我终于恢复了正常，刚才的疼痛似乎是在梦中，现在竟然没有任何感觉了，难道是幻觉？我拿出武器，做好了战斗的准备。此时‘橙寒’出现，我开始腾空，渐渐与夜魔星飞到一样的高度了。我直视着他，用眼神告诉他我不会退缩。

“很好，有斗志才能有勇气。准备好了吧，那三个人一起上吧！”

我举起手环，开始运气，把力量都运在双手，这样也许可以获得更大的威力。然后我忽然就觉得脚下水气上涨，我的身体整个都向上飞去，难道是……

我向下看，果然是海神在托我向上飞，而莲莲已经被夜魔星击中了一拳。耳边的风是冷的，心也是冷的，眼泪竟然滴下来依然是冷的。怎么能又重蹈风神的覆辙，怎么能自己又安然地逃脱?！我是个丧门星吗?

穿过大雾一样的云层，我停止了向上飞。张望四周发现没有人烟，只有大朵大朵漂浮的白色半透明体，这里应该就是天界下层‘枉归生’了吧。眼泪怎么又流下来了呢，自己怎么就这么软弱呢？我是罪孽深重的吧，我不可被饶恕！

左眼的泪水，右眼的泪水，合在一起了，它们是青蓝色的双生石！

我握在手里，放在耳边，就听见了大海波涛的声音！

雷神，生死一线；黄绽石，最后的光芒

到底我要做什么，要伤害多少天神？那些石头究竟有什么用，为什么阿妈让我一定要找到它们呢？

脚下的云，天上的神，我心中的阿妈，这一切该有结果吧！如果说我是维护两重天的最好守护者，那请让我先守护住我身边的神吧！如果说我的力量大于一切，那么请让我的力量先驱赶那些邪恶吧！如果我的能力不够，请让我以生命作为代价！

苍天之中难道没有真正的圣体了吗？要如何才能让我的力量强大起来，我真的不知道了，迷惑了，犹豫了。但决不能让自己退缩，因为真正的较量还没正式开始。

我慢慢地向着一个方向走，满眼都是白色絮状物体，飘来飘去。这里是什么地方？

前方是没有尽头的，后方是我来的路，上面依然是天空，而脚下应该就是我亲爱的圣灵们的亡魂了。手里的石头越来越多，但能帮助我的人却越来越少，究竟应该怎样换算二者之间的关系，那些世间的生命啊，如果让你选择的话，你会选择石头还是天神呢？

“你在这里胡思乱想有什么用？不如拿出勇气找齐7块石头和我勇敢的战斗！”

“怎么会是你，你是怎么知道我在这里的？你跟踪我？用‘灵影’法吗，真是无耻卑鄙小人行径！”

“你听我说，你必须要有斗志，要愤怒，要有决心，要勇敢。抛弃你的懦弱吧，奋勇挥动双臂撕杀！”

“你放心，我会收集到所有的石头跟你决一死战的！”

“夜魔星，你别想伤害她，你知道她是三界最重要的人。你这么关心石头难道你想据为己有？哼，今天有我雷神在你就休想得逞！”

我不知道雷神是如何找到我的，不应该说我是如何走进雷神的管辖范围内的。本来想自己寻找其他石头的，看来现在又要连累一位天神了。

“雷神你不用担心，他伤害不了我，你先走吧，其他的事我来应付！”不能再拖累别的人。

“哼，你果然出现了，看来我的计谋得逞了。哈哈！其实她是藏秘星，我原本杀死她就是有难度的，我知道你们得到了莲花家族的暗示会协助她完成守护使命，所以我以要杀她的行为来一个个消灭你们，这样就可以减弱她的力量。就算她集齐7块石头又如何，她根本就不会开启和释放那些石头的能量，所以就跟没有拥有是一样的。现在你出现了，我看我的任务也就基本上完成了。干掉了你，她就会没有任何依靠只能自己来对付我了！”夜魔星的话字字清晰，嘴上的动作忽快忽慢，然后终结的时候还不忘挂上一个威胁的笑容。

“你真卑鄙！怎么可以想出如此恶毒的伎俩！你会不得好死的！天都不会饶你！”雷神开始爆怒起来，手上的金锤也已经发出黄色的光芒，我知道他即将要动手。

“很生气吧，那就动手吧，反正早晚都要打，不如现在早打早了。”夜魔星也毫不客气的伸出左手，掌心向上挥动三下，拇指与食指相对，一个黑色的球体从掌中诞生。

“小心，这是‘黑风舞’！”雷神握紧金锤，双手交叠地转起来，面前形成一面黄色的屏障。“我不知道我能不能挡住他，所以你要先离开这里才行！”

一个黑影打了过来，击中了屏障，黑影被化解了。雷神把金锤向上扔去，然后口里念着咒语，顿时有无数个金锤向夜魔星飞了过去。我拿起青铜环，左手托出环底，铜环开始转了起来，当转到最快的时候，我便把铜环扔向夜魔星。光与影交错着，眼前似乎根本没有什么目标，黑夜在我脑海中竟是白昼，而他似乎应该与我有关。

我站在原地，看着飞出去的武器，绿色，紫色，生命，另一个我！混乱，大脑中一片混乱。是谁？怎么会有另外一个我！那是谁？阿妈在说话，她在说“风雷星动，莲花盛开”。一片金光照耀着我，雷神消失。最后一刻，我竟然没有出手保护他，我被自己的幻象所干扰，心神不能统一，神灭，魂亡。我静静地站在那里，看着金光下的石头，一切是不是可以结束了？

不二门，生死交接

“你满意了？现在就剩下我和你了，我们做个了断吧！”我没有别的选择了，只有让夜魔星得到应有的下场。

“不用打了，我们根本谁也赢不了谁。你现在跟我走，我带你去个地方。”夜魔星收起翅膀。

“怎么？怕了吗？还是你早就知道根本不是我的对手？不用花言巧语了，要了断就干脆些！”我才不会相信他的话，一个恶魔似的人物。

“跟我走就对了，要不然你会……”

话没说完，我就看见了更不能让我相信的事情。

“要不然你会后悔的。水芝，你好吗？你还没见过我吧。”

怎么会有另一个自己？我看着越走越近的身影，发誓那绝对是和自己一模一样的脸。我有姐妹吗，而且是孪生姐妹！为什么阿妈没有告诉我，我会有个姐妹。

“她不是你的姐妹，她就是你，另一个从你身体中分离出来的你。”夜魔星靠近我，轻声对我说。

“是啊，我们本不是姐妹，你就是我而我就是你，所以我们本该就只活一个。所以有你没我，有我没你！”话还没说完她就甩出一道黑色的风，凌厉且速度极快。

我腾空跃起，额头上出现‘橙寒’，风声在我周围，形成保护的气墙。周围开始聚集细小的水珠，水气慢慢从云层中渗透出来，围绕在我的身边。.

“哼，有几块石头有什么了不起。夜魔星，快把那几块石头给抢过来。”她瞪着我，用凶狠的语调来发泄心中的不快。

“好，你等着。”夜魔星张开双手，用力和在一起拍打着，我的周围刹时变得极为安静，像是我走进一个禁声的世界。安详宁静。我闭上双眼，心中平静了下来，仿佛什么纷争都不复存在了，世界终于得到了升华，而三界也终于得以超度。

当我睁开眼的时候，发现我到了一个另外的地方。然后我发现了所有的天神的神体，我抬头看去，发现自己已经来到了‘不二门’。

他们看上去没有任何改变，只是听不见也看不见，失去意识。

“来到了‘不二门’，你就应该去拯救他们了。”

夜魔星突然出现在我的身后，我惊诧地望着他。难道恶魔也可以走进‘不二门’吗?!

不二门中的秘密

“你怎么进来的，这里你是不能进来的呀！”

“其实是我把你带到这里的，因为我知道你原本就很内疚，认为是你害死了他们。其实你错了，他们根本就没有死！”夜魔星此时已经没有当初的凶恶，而是静静地站在他们旁边，眼神中带着忧郁，态度恭敬。

“你这是什么意思？”

“你看，他们的元神并没有散，他们只是消耗了太多了灵力而暂时失去意识。因为他们把最珍贵的内宝都给了你，就是那五块奇石。我原本就没打算伤害他们，只是想让他们把体内的石头唤出来而已，所以现在你还可以唤醒他们。”

“那么，我当时看到的幻象也都是真的了？”

“当然，因为那就是你所亲身经历的。我们原本就是这7块石头中的两块，你是绿幽石而我是紫幻石。其实我们属于异性同质，是一颗星星的两块相同的石头罢了。你的母亲在临走前对你说的话其实是说给我听的。我原来只见过你的母亲和另一个你，所以并不知道她只是你的替身。那个时候另一个水芝在和你的母亲守护着一重天，也就是人、鬼交接的地方，那个地方重要但却最危险。本来那是需要你去守护的，但是以前也曾有过藏秘星出现但却因灵力过早的消耗而夭折了，你的母亲为了不让你过早地死去，就用自己的法力重新在你体内分离出另一个一模一样的你出来，帮助她守护一重天。

但是她却只把开启宝石的力量留给了你,因此,另一个水芝也没有像你一样的超出一般的能力。”

“那你为什么还要这样对待那些天神们呢?特别是我的母亲!”我还是不能理解其中的究竟,夜魔星到底说的是不是真的,现在我开始有些混乱,但以前的记忆似乎开始被慢慢唤醒了。

“说实话,刚开始我并不知道那不是真正的你,你的母亲也没有告诉我。直到有一天另一个水芝来找我,她说她想找到7块石头来增加法力以便更好的保护‘一重天’。你也知道,我与你原本就是其中的一块,所以我也没有多想就答应她了。谁知道,她竟然知道第一块‘赤炎’是你们的母亲,于是她要我帮她取出那块宝石。我知道取出宝石的方法有两种,第一种就是外人用的方法,把天神杀死后逼出灵石,第二种便是自身是灵石的化身,可以用念力直接开启唤出灵石。我以为她要用第二种方法,所以我说好吧,我帮你唤出灵石。但是谁知道她竟然说第二种方法取不出灵石,说只有一种方法,那就是杀死自己的母亲。她当时哭着跟我说她也不想这样,但是因为自己太想守护‘二重天’所以不得不用这个方法以及她也不想之类的话。那个时候我就开始怀疑了,因为我们本是灵石的缘故,所以不应该会有杀念,但是她却说出这样的话让我不得不怀疑她的身份。因为我只见过你母亲一面,所以没有当场证实她的身份。”夜魔星说的眼神都黯淡了下去,似乎对让我母亲失去意识感到非常的内疚和不安。

“那么,她为什么要杀死自己的母亲呢?她怎么会如此狠毒?”我开始恐慌,难道另一个自己是这般的邪恶吗,如果是的话我宁愿自己与另一个自己同归于尽,这样反而来的干净。

“我想可能是她在‘一重天’待的时间太长,而且还沾染了太多鬼界暴戾之气的缘故吧。她本来就对母亲偏袒你而嫉妒,再加上鬼界本身就是个怨恨充裕的地方。这样才导致了现在的结果吧!虽然她的修为不算高,但是她是你身体的一部分,所以灵气十足,聪明的程度是与你等同的。可惜没有能力真正地发挥作用!”夜魔星说到这里开始叹息,绿色眼睛里透出惋惜的神采。

是不是我根本就不应该存在呢?原来这一切的一切皆是因我而起,大家都是为了帮我才都失去了各自的灵力和意识。那养育我的阿妈啊,你为什么这么爱我,为了我可以活下去,你宁愿再造出一个我替代我的灭亡,我没有什么可以回报给你的,而你却为了我就这么牺牲掉了自己的一切。要归咎起来,我才是真正让人痛恨的煞星,我才是那个应该彻底消失的人!

“你不用说了,我知道我的存在给大家都带来了很大麻烦,所以我决定把灵石让给她,让她代替我守护‘两重天’,守护莲花家族并继续传承下去。”

“你怎么还不明白呢。她是要称霸整个三界的,她是要把一切都变得混沌不堪,难道你就这么眼睁睁地看着她这么胡作非为吗?那些天神呢,你的母亲就都不救了吗?你以为她替代了你她就会发慈悲唤醒他们吗?你别天真了,她要是真的有一点善良也不会一次又一次的让我杀害那么多天神。好在我只是唤出灵石，封存他们的意识，否则你现在就真的是后悔地必须去死了！我一直在跟你说你要有斗志，要勇敢，要坚强，难道我都是白说了吗？难道你连你的母亲都不想救，难道你害怕被你的替身打败吗？如果真的是这样，那么我也算是白操心了，请把你手上的灵石全部给我，如果你不去制止她的话，那么就让我去吧！"夜魔星站起来，眼神冷淡，神态漠然，仿佛已经完全不认识眼前的我了。在他眼里，我只是一个没用的小丑而已。

"那么要怎么做？只要我们联合起来就可以封住她的灵力就可以唤醒所有的天神吗？如果是的话，那么好吧，请唤出我们的灵石，我随时准备战斗！"我擦掉心中的泪，让我那软弱的心重生，让血液再次奔腾起来，这次谁都不能让我失败！

"好，现在请摊开手掌，集中精神，把所有的念力都放在手掌中心。然后心中默念：风雷地动，莲花盛开。最后握紧双手，扬起头，它们就会出现了，包括你自己的。你试试。"

"你说念的咒语不是我阿妈临走前告诉我的那句吗？"

"是的，其实她不是想告诉你，而是想告诉我，她想让我知道你才是真正的藏秘星。而我最初见到的那个只是莲花在盛开的时候一个花瓣而已。后来我也让另一个水芝念过这个咒语，果然什么反应也没有。后来我想，她既然要我去一个个杀掉天神逼出灵石，不如我将计就计顺便帮你把灵石一并找齐，这样的话就可以一举两得了。所以我并没有揭穿她的阴谋，而是一次又一次的跟你敌对。这个实在是很对不起你们！但是我想，现在应该是我补偿的时候了，所以我一定会封住她的念力让她不能再害其他天神。"所有的话终于说出来，脸上的表情也变得平和许多，原来黑色并不能代表什么，就像微笑并不代表不伤心一样。

"好，我现在开始试一下。"

我闭上双眼，伸开双臂掌心向上，注意力集中起来会聚到掌心里。然后觉得脑门一阵凉一阵热，有时还会有潮湿的感觉。我双手握紧，感觉身体里也在发生的变化。后背好像要被什么东西顶开，热气一直在持续升温。我终于忍不住大叫一声，然后我看到了我的翅膀，一对七彩的翅膀。而我的头发也开始疯狂的变长，并且全部变成银色。连我的武器也已经不再是青铜环而变成七彩铜殇了。所有的石头开始纷纷涌出我的身体，在我的前额打转，最终全部飞进我的额头，七彩莲花在我的额头上绽开。

我睁开眼睛，发现夜魔星也已经有了些改变。他的额头上也出现了标记，只不过他的是紫色的六芒星；翅膀也不再是黑色的了，而是以紫色为底的七彩图案。他冲着我笑了笑，说："你的莲花盛开了，我的六芒星也出现了，现在我们的力量才真正得以释放。所以我们一定会唤醒所有因她而失去意识的天神们的！记住，现在不仅仅可以自由支配你想运用的任何一块灵石，而且你还可以跟我一样飞！"

明天，也许就是明天，我们会迎着所有的困难向前，不管前面是什么在阻挡，我们的信心就是相信自己。明天的太阳会很灿烂吧，我想我们的笑容也会一样的灿烂！

尘归尘，土归土

在这个天体中，总有我想不到做不到的事情，一个普通人与神与鬼之间的距离有时候微小到用眼是根本看不见的。忽略了自己的心才是真正导向你进入迷途或正途的最终原因。毕竟世界还是分对与错，善与恶的。

风，水，雷，阿妈，夜魔星，我们在一个整体的平面上面，那些杀戮和血腥，和平和安详的世界啊，没有分界点的世界啊，于是我们就成为了你的分界和坐标。让所有的人都知道三界，知道善恶，知道对错，知道神鬼。

走在不知道通向什么地方的路，预想着也许根本不会发生的结果，脚步却并未因此而停顿。一步一步走的还是那么坚定，像是坚不可摧的堡垒，有庞大且牢固的地基所支撑。勇者无畏，精神确实值得褒奖！

我不知道该怎么面对另一个自己，一个与自己完全背道而驰的我。阿妈说一个人都是有两面的，善与恶同时存在，如果让善控制住，那么这个人就是好人，反之则就变得邪恶了。当然有时候人也不是绝对的好或坏，人有时一辈子也没分清楚自己到底是个好人还是坏人。那么这么说，我想我也很难分清楚我是个什么神了。

“别胡思乱想了，我想她一定会在黑幽谷等我的好消息。所以一会儿她看见你的变化，就一定知道你凑齐了那7块石头，以她的性格一定会疯狂起来的，所以一定要格外小心！”夜魔星开始叮嘱我，我也知道他很紧张，其实我也很紧张，毕竟那是自己与自己的一场正面的对决啊！

“好，我知道了。那你呢？”他现在是我惟一可以依靠的伙伴，我不希望他有什么意外发生。

“放心，你有七彩铜杖我也有我的紫云棒，没问题的！”他给了我一个无比安慰的笑容。

远远望去，云层下面就是一条通向黑幽谷的路，我们开始向下降落。穿过迷蒙的大气层，我就感觉到从黑幽谷里散发出来的阵阵凛冽的风。

“她已经来了吗？”我警惕地问。

“是的，已经来了。而且这次好像比上次我感觉到的阴气还要重，莫非她已经练就了‘阴骨转移’？这么快？”夜魔星小心翼翼地走在前面，环顾着四周。

“什么？她怎么可以练这么阴毒的着数，这是专门让鬼门关的最高差官用来拿掉小鬼们私自练习的功夫的，她是怎么学到的？”怎么会这样，她明明是看管着一重天的，怎么到头来却是神鬼不分了！

“哈哈，你才神鬼不分了呢！凭什么只有你能学上乘的武功，而我却只能学一些不入流的三脚猫功夫呢！为了你，我已经受够了委屈，阿妈真的很偏心，不单偏袒你，还把所有的能力都给了你，包括开启七彩石。而我什么都没有，甚至连自己都不是，每天只能做你的影子。这不公平，根本就不公平！你什么都有，而我什么都没有，我要成为掌管两重天的守护者，而你，就要被我封在我曾经被阿妈封存过的星辰雪山，让你也尝尝生不如死的滋味！哈哈哈哈……”

“小心，她现在正处在疯狂的状态，随时都有可能出着，要做好准备！”

我点了点头，感觉到手里的七彩铜杖已经开始发热了，看来它已经准备好了。

“告诉你们，我现在已经不是普通的水芝了，也不再是她的替身。我现在已经成为‘天刹星’了，想杀我也许你们现在还真是有些困难了呢。”她把双手合十起来，然后再打开，里面出现一个乌金的手环，模样和我以前的手环完全一样。“看看怎么样，这是我最新的武器。”

我拿出七彩铜杖，准备迎接她的战斗。

“什么？你也已经有七彩铜杖了，看来夜魔星一定帮了你不少的忙了。哼，你还真是狡猾，什么时候拆穿我的谎言的，为什么不揭穿我！”明显感觉自己被骗了，她有些恼羞成怒。

“在你念完我教你的咒语以后，但那个时候还不是太肯定，以为你是因为某些特定因素而还没完全打开灵力。到后来你说要杀掉自己的亲生母亲时，我就肯定了。而且我知道了水芝母亲失去意识以前说过的那句咒语，我就肯定你不是真正的水芝，尽管你们长得一模一样。”

“原来是这样，看来还是自己的母亲出卖了自己。都说虎毒不食子，看来她还真是偏心呢！废话少说，看着！”

我伸出左手，五指分开，右手握紧铜杖放在胸前。然后五指上下抖动，我们之间就出现了一道裂缝，周围燃烧着熊熊大火，猛兽一般不可进犯。背后的翅膀开始展开，光芒万丈。银发飞扬，屏障一样在身后开出白色的花朵。天空风云变色，涌动着不可预料的强大力量。

夜魔星腾跃在半空，在我们周围打上了一层紫色的光环，把我们罩在里面。轻轻挥动翅膀，稳定在一定的高度的时候拿出紫云棒，口中开始默念咒语，我感觉到一股强大的力量从我的头顶传来。

“哼，看来很不错，是我小看你们了。好吧，现在让你们看看‘天刹星’的真正实力！”一股邪恶之气从她的身体中瞬间爆发，黑暗顿时笼罩了整个天空，一场生死的较量再所难免。只见她双手打开，掌心出现黑色的火焰，那仿佛有着邪恶眼睛的火焰在黑暗里越发的摄人心魄。

“是‘傀儡术’，要小心哪！召唤‘赤炎’来对付它吧。”夜魔星双手紧紧握住紫云棒，慢慢举过头顶开始旋转。

我知道这个只有心神合一才能唤出奇石，于是我开始闭上双眼默念口诀，一颗鲜艳如水的石头从我的额头慢慢探出。周围的火势更加猛烈了，紧紧地包围住我们。突然间，两道黑色的光向我们冲过来，威力非常强大，看来她的能力又有进步了，果然是一个神体！两道黑光重重地打在光墙上，我在里面感觉到剧烈的抖动，手里的七彩铜杖差点没有拿住。好强的光体啊！红色的'赤炎'帮我们挡住了第一次的进攻，谁知道，这是连环进攻，两道光束并未因为第一次被挡了回去而就此罢休。第二次的进攻反而变本加厉，洪水猛兽般穷凶极恶。我看到我们的保护壁垒的光环的颜色越来越暗，就明白它开始渐渐抵挡不住了。我张开双手，把武器向上抛去，然后让它停留在空中左右摇摆，希望可以给予光圈一些力量。夜魔星也在用手中的武器不断巩固防御壁垒。最终，在第125次进攻中，紫色的光圈消失了。而我们也被击中了双臂。

“哈哈，看来你们俩的实力还是不如我啊，让我重新成为掌管三界的神吧，让过去的一切都变成空气永远都不会再有显现的一天吧！”她得意地笑着，脸上的五官已经扭曲，疯狂已经完全占据了她整个的身体，她已经开始彻底地落入了不可轮回的地步了！“你们看着吧，我要成为最伟大的神，哈哈！那么现在，就让你们去我曾经被封禁的地方去吧！”她抬起右手就向我的头顶压下来，而此刻的我已经没有什么反抗的能力了，我紧紧地闭上眼睛，心里想到了我的阿妈，那些为我而失去意识的天神们，不知不觉中额头上的七彩神石已经全部消失了，而所有失去的意识的天神们却出现在了我们的身后。

“什么？这怎么可能，你们不是全都死了吗？这不可能！不可能的！”她脸色开始出现突变，声音都有点颤抖。

我们被天神们保护着，形成前所未有的强大的坚固壁垒，七彩的光芒可以穿透整个三界，把黑夜变成夺目的白昼。我惊讶地睁开眼睛，不敢相信阿妈和天神们真的就这样恢复了。阿妈坚定地看着我，像从前一样没有任何改变。他们围成一个半圆，所有的手都是合十在胸前的。

“哼，既然都出现了，那么就一起来吧，反正今天是要了结了的。不管是谁活下来都是要了结的！”

“是的，你说的没错，是我一时没有照顾周全，让你沾染上鬼界的戾气让你一步错之后就步步错。所以，我现在要将你重新化为零，把你身上所有的灵力封起来，带你去一个地方重新修炼。”

“我才不要，你处处偏向于她最后连影子也不让我做，那么我只有想办法成为最伟大的神来让你们看看，哼！现在我马上就要成功了，你们却又联合起来想消灭我，没门，我才是最伟大的神，最伟大的！”水芝的疯狂已经快接近崩溃的边缘，心魔依然没有在最后的时刻放过她。

“不，你错了。其实你根本就没有明白神与鬼之间的区别。因为这两者之间根本就没有区别！在任何时候都不能忽略你的心，你的正气，你的善良与宽容。因为鬼界充斥着邪恶，暴戾之气也是越来越浓，你驻守在那里不单没有把鬼界的邪恶之气减弱，反而自己却进入了无法超度的恶性怪圈。你就算再伟大，灵力再高，法力再强大，你也只不过是一个披着天神外套的魔鬼，这和鬼界的那些无耻的东西又有什么分别？为了自己的报复心理而危害了这么多无辜的天神，甚至是自己的阿妈，试问这样的天神又怎么可能让天下平安，让三界安定，让两重天和平呢？你根本就没有做神的资格，却硬是要做自己做不来的事情，这样只能让事情越来越糟，让你的罪孽越来越深罢了！”我终于领悟到另一个自己所不能领悟的道理，这也是她一直无法从迷茫中找到正途的原因。一切源于欲望！

刹那间，水芝手中的乌金环“砰”地碎了，像节日美丽的焰火般向四周散掉了。

她“扑通”一声跪在了地上，哭泣声在我心里产生共鸣。

觉悟吧！

她终于觉悟了！

一场战争，不能解决问题的根本，也许一个人需要的不是战争，而是真正找回自己原来的心，原来的本。

两重天是分割点，是心中没有坐标的分界点，向什么方向跨有时候只是一步的距离而已！

作者后记：

终于写完了这篇酝酿很久的故事，一直以来我都想写一个可以有些教育意义的文章来给年纪小一些的朋友们一些生活和成长方面的经验，于是写了这篇《两重天》。这并不是原来文章的名字，原来的名字叫《我知道我不是天使》，但是大概的经脉是没有动的，只是在情节方面加入了更多奇幻的色彩而已。

两重天的意义在于你选择善与恶的方向，有时候真理和谬误其实只有一点，把握好“度”是最重要的，就像做人一样，需要在各个方面把握住度，如何抵御不该被引诱的诱惑是每个人都必须面对的事实，最后的答案揭晓：那就是欲望！有欲望是好事，因为可以让人进步。但是欲望要控制在一定的度里面，这样才可以让自己正确地把握自己的心，而不会被诱惑冲昏了头脑最后不能自拔！

最后要谢谢编辑，让我有机会可以写出这篇我很久以来很想写的文章！谢谢！

那些爱。

那些血脉。

那些执手过。

那些臭味相投。

时光席卷了一切。

故事从2003年的初夏开始，我即将面对高考。

花杀问我：笨笨一，如果考不上上海的院校你打算怎么办？

我说：怎么可能呢！我是一，天下第一，这是父亲对我名字的解析。我喜欢这个名字。

那年也是个伤感的季节。

每天早晨50分钟的自修下课后我们跑向小摊前分别买上一个饭团，揉在手心暖呵呵的。为此我们逃掉了许多本该做的早操，为此我们常被老师责骂。呵，还记得早操过后每每在广播里演讲的隔壁文班女生，现在她在北京大学过得还如意吧。

那年的黄昏，花杀和我总会去操场，花杀在操场内打篮球，我在操场旁打IC卡电话。这之后，花杀长成了一个英俊健康的小伙子，我长成了一个瘦高孱弱的忧伤者。

花杀对我说：笨笨一，你应该去锻炼身体，你应该把内心的话都告诉身边的人。

我沉默没有说话，趴在课桌闭着眼睛。

趴在课桌闭着眼睛，这是许多高三孩子在课间姿势的特写，甚至是在课上。

可我睡不着，趴在课桌想正处的高三，无尽

的学业,中庸的成绩与甚高的理想。这样的人跌下来都会很惨。

我的家乡是个小城市,即使我的家庭还不错,我依然没有手机,不是父母不愿意,只是我不想与身边的人格格不入,甚至我的多数任课老师都没有手机。我不是特立独行者。

那个时候晚自修前有1个小时的课外活动时间,每每花杀和我相约去操场,他在操场内打40分钟的篮球,我在操场旁打40分钟的IC卡电话。回到教室念念总会为我们送上2瓶七喜水。

2003年。中国。小城市。学校邮局的IC卡从未打折,0.5元/分钟的长途资费,每天会花20元电话费的高中生。我承认我是个奢侈的孩子,电话的那头是个好看的女孩。

后来,花杀玩风靡亚洲的“传奇”,我则去“榕树下”。现在花杀在手机信息里告诉我他已经不玩“传奇”了因为那是外国人发明的游戏。而我则在手机信息里告诉花杀我也不去“榕树下”了,这个全球最大的中文原创文学网是美国人建立的。

其实我没有告诉花杀现在我已经有自己的个人网站，我希望有一天花杀能通过大众传媒知道，是大众传媒。

夏天榕树上知了在叫,教室里高三学生在鼾睡,堆起来的书与埋下的头齐高甚至更高。我想若是英国的学者来参观我们祖国的高中部,他们定会以为这是一群在搞理论研究的少年科学家们。如山川般的书,可的确他们只是高三的学生,甚至还有未成年的人。当事情有了参照物,一切便心照不宣。

2003年4月。“传奇”席卷了无数的年轻人,这个时候该睡觉的夜晚宿舍会开始显得空泛起来,他们都哪儿去了?这个时候该学习的白日教室里的鼾声此起彼伏,年轻的头颅深深地埋藏在书堆里,他们都会是累了吧。

通宵上网打游戏者能不累吗?

学校开始严惩,在开年级会议的时候花杀被推上演讲台,在有次早操过后花杀也在广播里和后来上北京大学的那位女生有同样的待遇做演讲,不同的只是花杀念的是“悔过书”。

其实我们都知道这是老师的苦心,还有50天,谁都可以再进步。

2003年5月。学校组织了高中里最后一次集体游玩,目的地是几公里外的一个花园,仿清的。

花园里有收费的游轮,门票是学校里给买的,老校长当时是这样说的,你们大家也为学校做了不少的贡献,经学校的批准这次门票全由学校的财务处报销。其实这次的游玩是这所中学的一个传统,只是时间从6月提前到5月。20多年过去了,高考的时间终于变了。

花杀,小一,树树,舒欣和我坐上了一条游轮,念念没去,这样廉价的游玩并不适合公主。

一群人在做高考前的最后一次放纵,谁都知道回去后学校会更加严厉我们也会更加自律。

静下来后大家在游轮上讨论理想。

花杀说:无论考上什么学校我都会去上。

小一说我会去上海的,舒欣想考哈尔滨工业大学,树树说南京大学。我没有说话,我想文化成绩比我更为中庸的念念现在怎么想的?不过学艺术的总会轻松些的。

呵,我们真是一群单纯的孩子,大学是我们此刻惟一的理想。

2003年6月。高考落幕,全国卷的难度系数前所未有的大。

考完数学班上所有的女生无一例外地哭了,那是一份真实的伤心欲绝。记得那天晚上我紧紧地抱着妈妈没有说话,那一夜,念念、花杀、小一、舒欣都没在我身边。

后来,填报志愿,等成绩,等通知书。

花杀录取到上海专科的一所院校,小一录取到中国人民大学,念念录取到北京广播学院,舒欣录取到了东北的吉林大学,而树树则被调剂到广西的一所一般本科院校,我自己被录取到天津的一个本科院校,各奔天涯,这只是开始。

2003年暑假。我决定去上海玩然后乖巧地去天津念书。

2003年夏天的上海,炎热。

干净的地铁,整齐的高楼,汩汩留下的汗水以及眼角被掩饰的忧伤。

2003年9月。大家都各自开学,一切很安稳,生活湮没了所有,曾经的理想全被打败。

念念给我打电话说笨笨一你要是难受就来北京找我玩,于是一个周末我就去了北京。当我第一次站在天安门前的时候完全被它的恢弘给震慑住了,我们买了学生票到城楼上,放眼望去,长安街上车来车往,天安门广场,毛主席纪念堂等。我突然觉得北京和上海就是不尽相同,有的东西无法感同身受,你必须身临其境。

毛主席纪念堂前的文字更是深深地震撼了我,一般公园或者纪念馆前写的文字都是“参观须知……”或者“游览须知……”或者类似的话语,而毛主席纪念堂前写的文字则是“瞻仰须知……”。我特别的震撼与崇敬,这种崇敬是从心底油然而生的。

去天安门广场的时候顺便瞻仰了人民英雄纪念碑。看得出来其实在天安门广场上也有穷人,他们专拾别人丢弃的饮水瓶,的确让人心酸,在天安门广场拾破烂,呵。

怎么说呢?不过比起那些沿街行乞的无业人员他们可爱得多。

然后乘地铁去了念念在读的广播学院,去了小一在读的人民大学,还有这之后的颐和园,经过清华大学门口,看见北京大学蓝旗营的路标,呵,都是我曾经的天堂。

北京,中国的心脏。

2003年10月。树树给我打电话说,笨笨一,我想你了,特别的想。在电话这头我紧咬着牙没有说话，我的手机没有来电显示，我忍了忍没有哭起来也没有咬破嘴唇，我坚强地说了句：哼，我没有想你谁想你呀！

其实说完的时候我差不多就要哭起来，有思念的泪水在回旋。

树树说：那就算了吧，我现在在天津站，本来我带了些广西的土特产之类的，你不要我就当街卖了吧。

我说：啊，你你，你在天津站了，居然没通知我，哼，我这就去接你。

这是"十一"，有7天的假期，40分钟后我站在了树树的面前，两男子在大众面前拥抱着久久不说话，还好这里是大城市，没人会以为我们俩是同志，即使是真同志大家也会见怪不怪的。

我们都只是大一的新生，显得那般的漫不经心与毫无目的。大学不是天堂却依然很美好，我想，它至少让我学会了些什么。

接下来便是很常见的那种好友在一起，那种幸福无须再言语。

晚上睡觉的时候我们都躺在宿舍里我的小床，我说过我们不是同志关系，我们同睡在一张小床上那是因为我们想节约下住店的钱。我们的父母不贫穷可我们本身却真的很贫穷，这样的一句话对于现在的大学生来说很矛盾却很真实。

2004年春节的前夕，大学的复读的和原先的毕业班班主任和任课教师都参加了毕业后的第一次聚会，我们在学校前的那个牌坊前等候复读的同学下课，没有一次等候有这般的温暖。

晚上的时候复读的同学都请完假出了校门大家一起走到聚会的地方。

中学所在的学校给考上人民大学的小一发了奖金，这些钱小一已经在中午的时候请了吃饭，是酸菜鱼，我笑话了小一。记得去北京小一请我，念念吃午饭一餐就花了差不多100元，这毕竟是在人民大学里的一个学生餐厅的一顿饭，毕竟我们都还只是没有收入的学生，我心里已经特别的温暖。离开的时候我和小一拥抱着在人民大学门口让念念给拍了一些照片，那洋溢着笑容的年轻的脸被定格，后来我又细看了那些合影，在我的眼角竟然有淡淡的阴郁。

聚会是晚上7:00开始的，班主任，任课老师都如约出席，在中国科学技术大学念书的止正走过来拉拉我问我现在过得好么？我没有说话，止正曾经睡在我的隔壁床位，呵，昨天就这样不在了。

晚上8:30时候，酒差不多了，开始有女生们拥抱着哭，班主任鼓励大家唱歌，班主任说这个大包厢可是花费了许多银子的要是不唱歌可浪费了这里的高等音响，学经济的小一说我怎么没想到呀？哦，这是老婆长期调教的结果。大家都笑了起来，曾经的猫和老鼠就这样合为一家了。

学播音的念念按原定的节目单来主持剩下的聚会，最后大家合唱了一首《朋友》，唱到"朋友一生一起走"的时候大家无一例外地哭了。

聚会结束,女生们回家睡觉,男生们结伴去网吧打CS。小一、花杀、念念和我沿街行走。

这是个小城,接近午夜12:00的时候只有街中心还剩一点余光,四处漆黑,大家坐在街角处大段大段地说话。

凌晨3:00时候大家都饿了,念念建议去大排挡吃东西,于是我们一群人围坐在餐桌上开吃起来,4个人点了4盘的炒田螺,小一说我要是再不吃等回到北京的时候就吃不上了,有人在笑。

吃完过后我们一起去网吧找止正他们,我们到达的时候止正正好被人欺负,止正骂了句:他妈的。呵,在中国科学技术大学念了半年书后依然会骂街的。

后来,天空放白,所有的人都回家睡觉去了。

这一夜,借着酒我吻了念念的额头。

2004年大一第二个学期开学了。

回到学校的时候,一切又都恢复了平常,我依然会在手机信息里给念念发"我好喜欢你"类似的文字,念念每次都回复手机信息说"你有病呀!!"。

日子很平常地过着,没有波澜也没有惊喜。

2004年5月。花杀给我打电话说班上有位上海的女生追他,请他去KFC去蹦迪,去一切可以娱乐的娱乐场所。我没有说话,花花在繁华的上海念着专科,我在传说中很好的天津念着本科,我不知道该怎样和你形容这种差别。

2004年7月。这个学期就这样过去了,真令人沮丧,没有留下任何兴奋或者伤害。

放暑假回家没有买到直达的火车票,从上海转车,花杀说等我一起回家。

这是我第二次来上海,相隔了整整一年,在见证了天津传说中的很好、见证了北京建筑的恢弘后,再来上海已经没有了先前的欲望,不过令人欣慰的是这次有花杀在等我。

与花杀在一起的日子很开心,我告诉花杀说我上次来上海我都到了东方明珠塔前却还是没有找到传说中的外滩,花杀笑得要死。

在一年以后,在我告诉一个朋友我喜欢文字的时候她对我说:你喜欢文字带来的温暖,可我丢开了,都是些阴郁的东西,我喜欢现在,转身之后的生活,繁花遍地。

在我和花杀逛完鳞次栉比的高楼,走完外滩之后我们都不知道还可以去哪里玩了。于是花杀拿过地图来找,"复旦大学","上海交通大学","上海财经大学",一个个标志跃然眼内,呵,都是我曾经的天堂。可今天,我再看见它们的时候却激动不起来,其实,只要我愿意,几十分钟后我就可以走进它们。呵,我心里有点淡淡的忧伤。

从上海回到家乡就是大学第一个暑假了,妈妈跟我讲有我小学的同学即将结婚发了喜帖,问我去不去?我说妈你去吧我不是特别习惯。我想,时间往前走,我们都长大了,而我心里一直都喜欢着念念。

我匆匆地就乘车去了念念家,我承认我是个勇敢的男孩,这只是一个小城,一个男孩孤身去一个女孩家,呀呀呀,笨笨一真是勇敢啊。

念念在家里见我来没有说话,看上去有些憔悴。

沉默。沉默过后念念和我说了一切,她说在大学有个男孩对她一直很好,一直喜欢,可是自己却怎么也找不到恋爱的感觉。

念念说:回首,转身。我才知道我一直喜欢的是你。

我抱着念念激动得不敢说话,我特别害怕念念反悔,我死死地抱住念念。

这一天,我以爱情之名吻了念念的嘴唇。

2004年的夏天,笨笨一恋爱了。

开学的日子到了,大学的校园里开始人群蜂拥而至,学校里又迎来新一批的学生,有句歌词是这样写的:我们就这样垂垂老去。是的,我们就这样垂垂老去。

2004年10月。念念开始频繁地报名参加各种主持人大赛,如央视的《挑战主持人》,"十一"放假的一周我都是待在北京,住廉价的地下室。这个时候我已经不是那个虔诚的小游客在北京就想着四处游玩。我白天陪念念比赛,晚上写自己才刚开始的长篇小说,日子繁忙却滋润。

从几百位报名参赛到最后取得决赛权的过程中念念付出了无数的心血,怎么说都有了入场券。

得知消息的那天我和念念一起买哈根庆祝,一时间的兴奋一钱袋的银子都没有了。你们还记得有期《挑战主持人》有个娇小的挑战擂主失败欲哭却始终把泪包含着的小女孩么?她就是念念,在决赛的现场我哭了,在电视机面前看重播的时候我还是哭了。

回天津的车票是用钱包里的100美元兑换的人民币买的,打电话回家要钱的时候外婆说爸妈"十一"游什么新马泰去了。这真是一个疯狂的世界,连家里的老爹和老妈也想去泰国见识一下人妖。真不知道祖上有没有曾经对太监感过兴趣的人。

2005年1月。念念从北京赶过来和我过非传统意义上的新年,那天我们买了许多的烟花,那夜有银光照耀了我们年轻的脸,黑夜掩饰了一切。

2005年的春节我以女婿的身份去念念家拜年,念念妈妈为我烧了好多好多好吃的,还为我买了保暖的线裤。

从这天开始,我坚定地认为这个世界上我有两个疼爱我的妈妈。可离开念念家的时候我还是羞涩地说了句:阿姨再见。热爱文字的我居然发不对"妈妈"这两个字的音!

2005年3月。我想写的长篇小说居然已经写到5万字了,我都开始怀疑我自己是否有这么强烈的叙事能力。

可我点了点工具栏里的"字数统计"的确是5万字,我用B5纸打印出来,呵,厚厚的一叠。

2005年3月。我认识了许多志同道合的人,我们开始来做一件不敢告诉身边与你们的事情,我们想如果成功了你们就会知道的,如果不成功认识这些人都是我在2005年取得的巨大财富,在这我想矫情地说句:谢谢你们。

2005年4月。我做错事情伤害到念念。2005年4月。我们想做的事情前期工作也已经准备得差不多了。我想,一切都快要来了,还有念念,无论发生何种事情,我都会一直在你身边。

快要结束的时候,我发现,我已经忘记了树树。

原本以为会结束的事情并没有结束,原本以为会告一段落的事情也没有告别,一回首才知道什么都不会结束的,所以让我来继续给你记录这发生的事情。

2005年4月底,我又结识了米你曲奇、游离色,我开始知道我们做的不是一件简单而单纯的事情了。我只是没有必要述说这件事情而已,你们都会看到的。

2005年4月30日,我和念念一起回的家,这个"五一"我的爸爸妈妈又出门旅游了,我跟着念念在她家里住,我们各自独睡一个房间。

南方的初夏不同于北方,烈日猛烈,每天吃不消停的西瓜,喝绿豆汤,晚上偶尔和念念的父母在一起说说梦想说说未来。

2005年5月,我和念念回学校念书,我先送念念去北京,我们一起去超市购物,猛然发现,统一冰红茶上的孙燕姿终于脱掉了那件穿了两年的蓝色背心,换上碎花衣。

2003年的夏天,我行走在上海的地铁站里,孙燕姿穿着蓝色背心的广告牌竖立在身边,奔放的样子,让人很容易就激进。

一转眼,两年的时光。

有的时候我总在想,生命给我们的时间到底是够还是不够?当我们抱怨时间短暂的同时却在有的时候又会觉得度日如年,大自然的规律应该不是我们想像的,一个凡人能做好的只有现实,我想。

当我们一面哭喊着生命的短暂一面在大学的公寓里睡懒觉,人有的时候真的不可理喻。

那天在回学生公寓的路口,准备买一份《城市快报》。阿姨说:卖完了,孩子。

阿姨叫我孩子的那一刻我心里酸酸的,在长辈面前我们一直都是孩子,孩子而已。

2005年的暑期,我和念念一起回家,下个学期就是大三了,许多高中的同学没有回家,有的在外面找兼职做，有的在实习，一个个俨然大人的样子。

念念对我说：你是我迄今为止见到的最有风度的王子，我一直对这场华丽而偶然的爱恋倾心不已，因为平凡无依却被人宠爱，即使骄傲不羁也为你卑微。

我没有说话，我也不是说不出诗意般的语言，我心里默默地说：念，今生，你一将是一我惟一的女人。

之所以没有敢说出口，因为，上次称念念为女人的时候，结果对方娇滴滴地说：人家还是女孩好不好。

当时我就败了过去。

暑假快要结束的时候，我们是从南京转车回天津的，和南京的一个叫虞渊的女孩子说好了，在南京见面。

虞渊是论坛里的一个女孩，见面之前我和念念的定义是：这个1991年出生的女孩定是个布娃娃似的小P孩。

早上8:00到南京后，我们签了晚上11:30去天津的火车，我们在火车站找了一家小旅馆先将东西放下，然后再和虞渊见面。

念念累了，一到小旅馆就睡下了，我则下楼去找个公用电话联系虞渊，我当然知道，手机在南京是属于漫游区域。

联系上虞渊差不多都将近12:00了，后来知道的原因是，这个小孩趁着暑假，在家里好好享受玩游戏的快感，玩到凌晨3:00多才睡下，手机又弄了静音。

哎，我叹了口气，虞渊分明是个女孩子耶。念念说。

我们约好在夫子庙见面，我说：我穿着件粉红色的衣服的。

虞渊说：好，我马上就到。

见面的时候我败了过去，这哪像个1991年出生的女孩，个头有165cm，皮肤白皙，比我14岁的时候成熟多了。

虞渊说：晕呀，你这也是穿粉红色衣服？

我看了看自己的衬衣，只有星星点点的几条粉红色的条纹，的确是比较不切实际。

后来，我们去了新街口那边的地下商场（商场具体叫什么名字，记不太清楚了）。

地下商场里卖的基本上是年轻人的东西，风格都比较诡异，虞渊喜欢的几种神的面具都还没有到，依别的几种神的面具看来，她看中的那几款应该更不错，真是个很有审美观的女孩。

念念买了一条招财猫的手链，挺清新的，不错。这是到目前为止惟一一条让我们都达成共识的手链。

在一个喝冷饮的地方,念念和虞渊都选择了百事可乐,我点了瓶矿泉水。

因为我一直没有休息,我有些累了,下午4:00多的时候我们就约定我和念念去超市买些吃的,虞渊回家。

和虞渊告别的时候我们还真是有些依依不舍。

在超市里面,虞渊发信息过来说:呀呀呀,我没带钥匙,55555,妈妈要等5:30才下班,你们再带我玩一会。55555。

我昏了过去,这个看起来比较成熟的女孩,在骨子里果真还是个小P孩。

买东西时候问虞渊要不要什么东西,虞渊说,不要啊不要啊。

从超市里出来的时候都差不多5:30了,我们和虞渊道别,临走前,我说:等过些日子,你把地址给我,我把书给你送过去。

虞渊笑笑说:再见。

说真的,我特别希望,有机会,再见这个女孩子。

回到小旅馆的时候已经6:00多了,因为火车站离小旅馆比较近,所以我们就先在小旅馆里睡下了,手机闹钟调到10:10和10:30。

先前是和小旅馆的店员说好11:00之前退房的。

我想,我和念念累了,睡得极死。

店员猛烈的敲门声吵醒了我,我打开门,店员说:现在11:00,你们该退房了。

我看手机,果不其然,赶紧收拾东西,连脸都没顾得上洗,还好,火车等了我们。

开学的前一天,我在北京见了coffee,米你曲奇,陌陌,游离色和庆庆。

我们6个人在一起做即将呈现在你们面前的这本书,我们也有了自己的名字:北十字。并且为此建立了网站:www.atshi.com。

广告时间,想了解更多有关“北十字”的信息吗?详情点击:www.atshi.com。啦啦啦。

(浅一:我比较衰,花钱建立的www.qian1.com就这样被无情地抛弃了。)

出书是一个艰辛并且无助的过程,当然,对于名家来说,此过程易如反掌。

我不想找借口说:我为此付出了多少努力,多少时间,因为做件自己喜欢的事情,我是如此地乐意。

十一月一日,周杰伦发行了他的《十一月的肖邦》。景寂发信息问我:浅一哥哥,JAY的新专辑都发行了,你们的书呢?

我回复了一个字:等。同时,我打电话过去催出书的编辑:快点呀快点呀。

一边装深沉,一边装可爱的我。

陌陌和蝎子终于将网站完善了,我一有时间就往《纪念年华》版块上发我的日记,当然不是记今天吃了包子和馒头,而是记今天和谁吃了包子和馒头……

日记在继续,和念念的恋爱在继续,我时常去北京看她的;日记在继续,和大家做的书在继续,我时常打电话问编辑书的进度;日记在继续,学习在继续。

公元2005年驶到了它最后一天,我去邮局的邮箱取信,我很失落,花杀没有给我寄新年贺卡。

很多事情,好像我就快触及了,很多事情,好像已经抛弃我很久了。

公元2005年12月31日,我站在学校空旷的操场上,迎着风,拿着手机,却再也找不到花杀的号码了。

你说:是谁,将我的过往删除了。

滑音过场

◎浅一

滑音

这不是一个高贵的话题，我也没有故作深沉。

只是前些天，经过北京站的地铁口前，看见一个留着长发，弹着吉他，大声唱歌的男青年的时候，突然想写下些什么。

很自然的，我就想到了路德维希·冯·贝多芬，这个在1819年彻底丧失了听力的音乐家。

北京，应当是中国最有艺术气息的城市，从历史建筑到现代人文。建国起，多少追求艺术的青年纷纷来到这里，寻找他们自己灵魂的家园。

于是，不知道从什么时候开始，“北漂”这个词，盛行开来。

人们都喜欢用这样的一个词：人生若如初见。

很多时候，很多事情，都一样。

人们往往觉得，第一次做的时候，是最认真的，做艺术的更是，因为，在开始的时候，他们所追求的东西最为纯粹。

当然，流传千古的人，他们是一直认真。

但不是每个有追求的人，都是一帆风顺的。

李岚清就曾在《李岚清音乐笔谈》中就谈到命运与大音乐家过不去的问题。

乐圣贝多芬在逐步失聪的苦苦挣扎中，竟坚持作曲近30年。1824年，他54岁创作完成最后一部交响乐作品《第九交响曲》(《合唱》)时已经完全失聪。这种把音乐当做自身使命而显示出的惊人毅力，不能不令人肃然起敬。

一个人从目前的生命的时间上来讲，都不过区区百年，应当珍惜这些有限的时间。

从个人角度来讲，没有物质的保证的确是不

行的，但我们，尤其是才刚20岁的我们，绝对不能将物质追求摆在生命的前列，物质只是生活的保障，并不是我们终极想要的东西。

命运与成才，是历史遗留下来的问题，A和B同样才华横溢，A命运好，得到了器重，才华得到了最大的发挥。B最开始的时候和A一样灵气，可是长久地不受器重，长期的压抑，连基本生活都得不到保障，于是逐渐失去了灵气，失去了创作的才华。

诸如此类，生活中比比皆是。

当然，有不相信命运的人，在各个领域。那幅著名的《向日葵》，那个凡·高，穷困潦倒到死，却不忘对艺术的追求，这样的人，当然更令我们肃然起敬。

还有一个就是专一的问题，你应该知道，你不是王，所以，一个人的力量是极其有限的，如果你对一种东西特别感兴趣，你就一定要专一。

音乐大师肖邦就对此做得淋漓尽致。

在第一流的艺术家中，肖邦是惟一把他的创作生活集中于钢琴上的大师。他除了写精神化了的舞曲形式之外，还写幻想曲、谐谑曲、叙事曲、即兴曲、前奏曲、奏鸣曲，而他的那些夜曲则是他在孤独中的梦幻，他向静夜倾诉着一个人的最恳切的渴望。

在钢琴领域来说，肖邦又是一位多元化的钢琴大师。

最近，华语流行乐坛小天王周杰伦将新专辑命名为《十一月的肖邦》，更是表达了对这位音乐大师的敬意。

对于今天，生活迅猛得让我们无法沉思，一切都像是标榜上了快餐的标签，有位叫“一别过场”的网民，在看过贝多芬、巴赫、柴科夫斯基、德沃夏克、莫扎特、肖邦、卡巴列夫斯基、帕格尼尼等音乐大师的故事后，发出这样的感慨：这些伟大的音乐家让人心生由衷的敬意！我几乎很少听古典音乐，看来有机会真应该“恶补”一下了，一直感觉现在的音乐比过去的音乐肤浅很多，甚至有些让人绝望，现在的音乐更像快餐，也许这是时代的命运吧！

他说的有些偏激，但有些的确就是事实。

这里，我们仅就乐者发表看法。

命运的不济与才华的横溢。

那个弹着吉他，大声唱歌的男青年，音色真的不错。

过场

生命是一个过场。

当我写完这句话的时候，易初初从宿舍外走进来，他说：这是一个病句。

我曾经就自己的文笔征求过念念的意见，她拿着我还未出版的长篇小说《浅一抑或艺字君》A4打印稿说：你比较擅长写病句。

我始终认为自己的文笔了得，于是我对初初说：好句子只有少数人才看得懂。

初初拂袖而去。

我曾经在最开始和曲奇探讨出书的事情，那还是4月份吧，我和曲奇还不是很熟，直白地说，我心里还提防着她。

事实证明：人才，也有错的时候。

席文弱写下：炎炎烈日下一杯冰凉透彻的绿茶让你心仪，明白生命深处的那份宁静与清凉；雨后初霁远处山头在余晖的映射下那水珠折出的光亮让绿叶更新跟亮那绿让你明白经过狂风暴雨洗礼后重整待发的坚毅与焕然一新的面貌；第凡橱里的珠宝有一块碧绿的翡翠，在昏黄的灯光下一展它的朦胧美与它体内溢出的高贵让你明白绿的典雅……

易初初记起：1992年，我是个小学生，每个周末的时光我几乎都交付在了那片有着泥土与伶仃野草的操场。而花莲总会对我的妈妈打小报告说我在哪又在哪，于是在长大以后每当看见有个小男孩被他的母亲从操场上拎回家的时候我总感觉缺点什么。

缺的会是什么呢？对，在那位母亲身边应该还有个举报并且乐滋滋的小姑娘。

颜如玉期许：成人礼上众人宣誓，我举起手，闭上了眼睛，期许我妈妈的病会好起来；期许十年后可以跟我喜欢的男孩子在喜欢的城市里住在一栋有后花园的好看的房子里；期许十年后可以拥有一辆自己的polo跑车或者至少是QQ我再也不用眼睛一直盯着公车要来的方向；期许我的爱情要轰轰烈烈要回肠荡气。

花莲论坛的ID密码：hualianaichuchu。

席文弱对艺字君说：字，其实，你在我心里，就是王八，我没有在骂你，我只是在想告诉你，你会有千年的生命。

死去的席文弱对活着的艺字君说：字，我没有因为，生命短暂而难受，我只是因为，再也触摸不到你的英俊脸庞而伤心，你知道，它有多让我流连忘返吗？

梦境里的星象师已经允诺：嗣后，我将化做一颗星，葬身天际。

字，这颗星，你用肉眼是看不见的，即使用天文望远镜也是看不见的，而我，却可以看见你。

字，星象师曾想安排：让我们如同牛郎织女，每年能见一面。

我拒绝了。

我害怕，你看见我，形影相吊的样子。

字，不要为我的死亡悲伤，以你怒放的生命，会成为一个伟大的人。

字，我没有哭，真的，你看，我的眼睛里闪亮着光芒呢。

2002年，夜，一个十七岁少年，站在十一月的风里，牵着一个十七岁的少女。

字，垂眉的少年，永远，都那么可爱……

不要感觉突兀，上面只是从《浅一抑或艺字君》里节选出来的句子。

节选只是想陈述，生命是一个过场。

每个伟大或者渺小的人对于这个世界来说，只是一名匆匆过客。

每个渺小或者伟大的人构建了这个世界，人类是伟大的物种。

物种之所以伟大，是因为其在扮演过客的同时，尽能力去为这个世界做什么，能人奉献的的确比索取的少。

《向日葵》之所以闻名，并不是因为它为凡·高带来多少财富，而是一种精神的图腾。

凡·高生前的贫困难免让我想到我们目前的北十字，贫穷却不落败。

陌陌和蝎子一而再再二三地去完成网站，从www.qian1.com到www.atshi.com，从文字到书签。

米你曲奇和游离色一而再再二三地去跑书样，写稿子，做图片，从一开始，到现在。

庆庆和coffee一而再再二三地信任我浅一，跟随着我一步步地迈往我们无法预知的未来。

是应该我坚强的时候了，我1米八的男儿，应该大声说话，有力办事。

做事情应该就像谈恋爱一样，刘德华说：以后不要让你，把时间浪费在生我的气上了，因为我想，对你好。

我以后不要让你们，把时间放在等待上了，因为我想，我已经可以足够坚强地告诉你，我们该如何地继续下一步。

总有一刻，事情会变成我们想要的样子。

即使失败，我也不会遁世绝俗的。因为，还有你们。

我站在12月的风里，怀恋：

2005年8月30日夜，北京的某个胡同，某间普通的出租房里，有两个年轻人，爽朗地哈哈大笑。

你,听见了吗?

游离色

全世界都在变,我跟不上脚步,一个人缩在我的蜗牛壳里,假装自己还没有醒来。因为我的犹豫不决,因为我的懒惰,曾经的朋友也都那么远了呢。尤其是你,我没有想到现在会是这个样子。

在日记里自言自语,像一个透明的水杯,满满的心情,别人却以为里面空荡。也好,起码不会再有人走过来对正在疯闹的我说,你不开心,然后一切的伪装都失去意义,只要我不想,没有人可以看透我,没有人可以揭穿我,我可以照着自己的心情去扮演自己喜欢的角色,真真假假。我要的就这么多,一个幻觉而已。难道连一个幻觉你都要揭穿么?

秋风又起,再也不会有人陪着我挤公车,在车上给我抵挡深厚的人群;不敢独自穿过那些幽静的小巷,我怕这彻头彻尾的黑;不再让自己沉迷在酒精中,我怕一个人醉。

习惯在一片漆黑里身边的明明灭灭,习惯心情不好的时候把某电话当热线,习惯了什么也不说的默契;习惯你在我想他的时候坐在旁边静静地听我说,然后递过一张纸巾;习惯了写打油诗互相揭短;习惯你趴在桌子上低声说心情不好;习惯没钱了直接掏你的兜。

可是时间一直在证明它的无所不能,结果现在,我们彼此遗忘。曾经最害怕的结果残忍地展在我面前,我无从逃避。

我过得不好,可是我不让你知道,只因我是个太过固执的人,不习惯周遭的变化,不愿承认我们已经远离了彼此的生活,不愿相信曾经那么相通的人现在在背道而驰。

我不想把自己的阴暗给身边的人看,我想好好地保护她们,这个世界上的所有丑恶我一个人见过就好。只是在低头赶路时低低地说我不难过。现在真的只剩下我一个人了。喜怒哀乐都自己扛着,于是我在很多人眼里变得很开朗,很阳光,很搞怪。知道吗,你曾经是最明白我的人,可这样一个人现在在做什么我都不知道。我现在所有的所有你也不知道。真的只有自己了么。

我应该感谢上帝赐给了我一个有效期三年的知己还是该咒骂他这么快就把你收回去?

好了好了,我应该知足的,因为在那段最脆弱的日子里,还有你撑着。

或许我是个不懂继续的人,一旦有一点空白就无法延续,无论我多么不愿放弃那些朋友,可面对时,又手足无措,我天生就是个没有结局的人。

我在网上说我怕现在一个人走路,走着走着就想哭,我不快乐。一个人对我说,世事喧嚣,相信自己总有一双眼睛是与你同哭泣的,只要还有这样的哪怕一双眼睛,生活或许就值得你为之受苦吧!这样想着,你还是应该快乐些,再快乐些,你的快乐是许多人愿意看到的。忽然有错觉,以为那是你。可惜的是他只和我聊了几次，就找不到了。他叫风之烧。

很久以后又见到你，一起去喝酒。几个很久没有见的，曾经是哥们的一群人见面以后居然只是喝酒。也好，有人一起喝酒不会觉得冷。

从来也没有喝过这么多酒，只是难过，想趁自己醉的时候说我平时不能说的话，可是我喝到吐都没有醉。

趴在墙上哭，没有人知道我在哭什么，我也不说。其实那些多年没见的朋友不知道，在他们看不见的时光里，我的心里已经慢慢地爬满了阴影，任谁也扫不去。根深蒂固，如同原罪。

终于，已经习惯在起风的夜里把衣服裹紧，左手握住右手，自己温暖自己。

我也终于学会在很难过的时候大声说笑话给你们听。笑得歇斯底里，四仰八叉，然后在静如水凉的夜里用比夜还凉的液体画出脸的轮廓，而且不让你们看见。快乐这种东西说有就有说没有就没有。是啊是啊，我很乐观，哈哈哈，我在大声的笑呢，你没听见么？

我的生活一片狼藉，如同我的心情。没有人来检点，我自己也不计算到底散落了多少心情，我怕算不过来。

我总是喜欢那些随时可以感受的痕迹，手指经过那些曾经的时候，会流泪。

可惜的是我们没有任何让我可以纪念的东西。

我不停地絮絮叨叨，不停地回忆，不停地把一些过去一些心情说出来写出来，只是缓解自己的孤独感罢了，我告诉自己有没有听众其实不太重要。但是自己明白，是自己不知道打电话给谁罢了。我怕面对关机的语音提示。

在我麻木了很久以后，在我习惯了走夜路以后，遇见了已经开始朝梦想前进的浅一。这个词打动了我，梦想，在这个丧失精神的淡漠的年代有几个人还在提这个词。我在这个盛夏最后的余热见到了在我生命中很重要的5个人。我们现在有个共同的名字——北十字。

我做的是美术编辑。我没有学过平面设计，我学的是室内设计，所以我的图肯定有不尽人意的地方。请大家原谅，我一直在努力，并且一直进步。

晚上睡不着的时候躲在被窝里偷笑。很庆幸遇到一群有才华有梦想并且敢于尝试的朋友。其实很多时候很担心自己懂得不够多，不太容易坚持，怕自己掉队，我一直都只是坐在电脑前噼里啪啦或者在图书馆查找资料。于我，这一切太顺利了些，直到在北京见了面，才知道，这一切，比想像的还要难不知道多少倍，不知道有什么样的力量在支撑着他们坚持下来。

由于是第一次正经八百的做事情，感觉自己长大了呢。终于，肯为梦想做努力。以前梦想总停留在想的阶段。终于。坚持下来了。哦也。

有的人看不见你的努力,甚至轻易的否定。但是当你抬起头对着天空微笑的时候,天使也会对你笑。我对每一个为着梦想的人说,不厌其烦。每一个人的努力上帝都会看到的。真的。相信我。

那些冷眼旁观的人。笑吧。等书出来你们就笑不出来了。

那些一路跟着我们走来的朋友们,谢谢善良的你们曾经给过的支持和鼓励。

一直记得那个陪我过平安夜的人QQ上的签名:只要我还能微笑,这个世界就是美丽的。很多次都是靠着这些来自各处的温暖撑过那些冷言冷语的。

自己给自己制造希望。并且坚定不移地向着这个希望前行。这通向成功的路顺畅也好,荆棘也好,有你们一起,有那么多一直关注我们的人陪着我们。我们不怕。

朋友回短信说钱这个东西让你拥有所有又让你一无所有。

我本来打算在学校的图书馆勤工俭学赚点钱来着。查资料什么的也方便一些。结果我那可爱的学校说你出不出书和学校没有任何关系。那么,我亲爱的学校,卑微的我做什么真的与你一点关系都没有了。然后我就开始嘲笑自己,简直太天真了,以为全世界的人都会有梦想,并且会去帮助别人实现。没想到成人世界里有那么多已经死去的人。终于感觉自己还活着。我还年轻。真好。

我们都为着自己的梦想.我们都还有希望.我在QQ资料里写。心存希望的人最大。

你打电话过来很认真的向我解释你没有钱的时候,我在微笑。我还以为你连解释都不愿意。我只要确定,我的那些朋友都还没有远离,都在我身边。你们都在我就不害怕。

最后还是开口问父母要的钱,然后陆续告诉身边一些人我即将实现高中就开始做的梦。G说我只能为你祈祷了。我说多一个人祈祷也是好的啊。身边的朋友一直和我一起经历每一次起落,我不孤单。我有什么可怕的。心底已没了伤口,没了那些让我疼痛的病菌。只要我不想,就没有人能伤害我。我告诉世界,我很强大。

即使我在流泪我也要把阳光反射给周围。每一个关心我的人,我会快乐起来的。

知道上帝为什么要把掌心填得满满的吗?因为他怕人们会看出空洞,因为他想告诉人们,爱情,事业,生命掌握在自己手中,摊开手心,也许就能看见自己想要的东西。

希望所有有梦的孩子都去努力实现。希望所有的孩子在看完这些文字的时候,给自己久未曾联系的朋友打个电话。告诉他们,你很想他们。

喜欢看着雪白的窗口一点一点地被我的文字占据,总有一种成就感与悲壮感,心想,总算是把自己出卖了。

那些年，摇滚正流行。

那些年，行为乖张，面目奇异的摇滚乐手。

那些年，久违而又暴戾的音乐的力量。

[01] 风花树。曾经，曾经都是昨日。而昨日是西域飘零的风花树。也许，我总算是幸福的了，在那逐渐散开的昨日中懂得了痛，但并未太痛过……

1:断章

母亲生我的时候只有十八岁。在我的记忆中。她是年轻艳丽的，冷漠而又温情的。我从来不知道父亲是谁，直到十三岁。在那之前，每次询问，母亲便会放很吵闹的音乐。她说：这是你父亲的力量。从小，我便在这样的音乐中成长。快速、健康、早熟。母亲说：你要勇敢！所以你一定要听这个。

“想要到达极乐，必先尝尽极苦。想要放弃，就得先去拥有。”

这是母亲最常说的话。

财富是母亲最不缺少的东西。她所用的是顶极的名牌。香水，口红，不画眼影，不涂胭脂。穿黑色或者暗红的衣服。除了听音乐会时候穿的礼服，没有裙子。喜欢华丽的装饰、链子、戒指。不大听国内的音乐，除了一个叫王靖雯的消瘦女子和一个叫伍佰的丑陋男人。喝酒，茶，开水以及咖啡。不喝碳酸饮料。到了我十四岁的时候，我才知道，原来母亲会画画，而且会写书。大概到了我十七岁的时候，母亲允许我翻看她的相册。一个黑发红衣的女子。神情冷淡，目光坚定。涂很鲜艳的口红，似曾相识。我才终于明白，母亲年轻时居然是一个鼓手。十八岁生下我之后，来到这古老的城市，在人头涌动里隐姓埋名。

我嫁给了摇滚，于是嫁给了轮回的悲剧。不过，很痛快。母亲如是说。

母亲常为我化妆。雪白的粉底，淡的朱红色腮红，血色唇膏，长的眼线和深绿色的眼影，惟独不为我修眉。我问过她原因。是一句很简单的话："眉是性格，不愿修饰。"这句话我琢磨了六年。

母亲的眉很乱，从来不修。外出去化妆品店，绝不接受推荐的修眉用具、眉笔、眉夹。偶尔会买全套的化妆品，走出店门口就把与眉有关部分的扔掉。每次这样，我就会看到母亲杂乱的眉毛，在风中一根根显得哆嗦又坚定。

十七岁，与母亲逛街。一个中年男人拦住去路"长安？是长安？"母亲莞尔一笑。我不是，我叫"潺安"。

十八岁，母亲说，记住，你的母亲叫"长安"。

十八岁，母亲死了。

十三岁，母亲盛装带我去过一个演唱会。那时，对众多摇滚乐队都已耳熟能详。知道那个乐队叫"蹦"。

我们坐的是嘉宾台。母亲有的是钱，每次看演唱会都是坐嘉宾台。周围的人礼貌的打招呼。离开场大概半个小时左右，"蹦"有四个人来嘉宾座打招呼。座上有很多乐手。那时并不知道母亲的历史，于是感到兴奋和欢喜。母亲见到他们，眼里很平静。略有失望。有红色头发的吉他手过来，揽住母亲的肩"小美人，你终于来了。"语句轻挑语气低沉。高大的伴奏吉他指指我"是你的孩子吗？"母亲笑了，"对，他叫七悬。"贝司手和主唱都朝我笑。我一脸失措地站在那里。母亲也在笑。帅气冶艳的吉他手吻母亲的脸，伸手摸过我的头发，领着大队人走了。

门关上有轻轻的咔嚓声，母亲的眼睛眨了一下，有泪，一滴。

演出非常成功，闪耀的灯光变幻诡异的舞台。我随着鼓点又蹦又叫。母亲很安静地坐着，一动不动。鼓手SOLO的时候。母亲突然回过头来，"喜欢吗？"我兴奋地点头，"妈妈，敲鼓的阿姨好漂亮，好厉害。"

鼓手的确漂亮，一头修长的头发散落下来，穿很华丽的红衣，蕾丝的边际，高筒的皮靴，无懈可击的妆容，酒色的嘴唇性感的抿闭，神情冷淡而目光坚定。在一束一束的蓝色灯光中尽情甩着她的鼓槌，仿佛挥着人的脊柱在猛烈地撞击赤裸的肌肤。鼓点强烈，她的嫣然一笑令我诧异。

场上大声呼叫"破军破军"。我亦然。

结束的时候，母亲带我去了后台。先是看到了吻母亲脸的吉他手朱雀和伴奏吉他玄武，贝司手劫就和主唱单站先已离开，后台堆满鲜花和礼物，除了工作人员和前来祝贺的乐手就是我和母亲。

之后，我看到了破军。她走过来，轻轻抚过母亲的脸，然后问我，“喜欢吗？”

我抬头，看到她美丽的神色。“阿姨，等我长大了，你愿意嫁给我吗？”全场哄然大笑。而破军却很认真，“阿姨只会嫁给勇敢的人。”

“那怎么样才会是勇敢的人呢？”

“要像阿姨一样！”

我心中暗喜，却看到朱雀一脸的悲伤，是不是他也太喜欢破军？

那夜是朱雀送我们回去的。母亲坐在车上，一言不发。朱雀认真地开着车。一言不发。我心中暗思破军，亦是一言不发。

回到家中，朱雀进去喝了杯茶。已是凌晨。临走时，他拥抱并亲吻了母亲。我不知道他们是否有过曾经。

朱雀走后。母亲开始为我化妆。镜内出现一个美丽的女子。然后。她叹了口气，拿出一张照片，里面一个高大帅气的男子。黑色头发，深邃的眼睛，消瘦的脸和紧闭的唇。

“他是破军，你的爸爸。”母亲的话颤抖着，却异常清晰和锐利。

“可是，破军是女的啊？”

母亲把我的脸缓缓转向镜子，“只要你和朱雀愿意，任何人都可以是华丽的妖女。你的妆是我化的，破军的妆是朱雀化的，两个妆如同你和你爸爸一样，血脉相承，是一样的。”

十七岁，翻看母亲的相册，看到母亲打鼓的照片，似曾相识。那妆容，和破军一模一样。破军。是我父亲。

2:黄昏

这个城市的冬天似乎没有黄昏。总是很亮很亮的天空突然就暗下来了。生活是硬朗的，没有温情。就像这苍穹一样，光和暗的交替是如此地迅速。让人措手不及。时常有形式高雅的白领，匆忙路过我的生活。她们和我谈巴赫，谈香奈儿的香水，谈GUCCI的手袋。提着她们自以为是的笔记本电脑陪我进出不同的酒店，不同的房间。然后又辗转睡在别人的床上。母亲留给我的钱财我始终不知道有多少。日复一日地用，依旧没有用完。并且，每个月总有一笔很大的钱存入我的账户，是破军。尽管我还是不曾叫他爸爸。他们的乐队如日中天。朱雀常来家里看我。过分的频繁让我开始有传闻是朱雀的私生子，后来又传我们是同性恋。一切，在紧锣密鼓的生活着；一切，又是那么闲散。

在下了今年的第一场冬雨之后，我开始在一间叫做DEEP RED的LIVE HOUSE弹琴。母亲教会我的钢琴和吉他,为我赢来了丰厚的收入。老板叫我悬少爷,因为他知道,我所有的钱财足够砸烂他的产业。商人都是精明吝啬而狡猾的。

我的第一场演出让我很不满意。老板明乐找来的瘪脚乐手让我气愤。我破土而出的吉他强显得与他们这么格格不入。整场演出是一次吵闹的烦躁,没有交集。来看热闹的客人傻呼呼地在底下尖叫。他们举起酒瓶,高声呼喊。他们摇动头颅。甩着长发。显得那样无知可笑。最后,我看到了黄昏。

在一群热闹悲哀的人里,她就这样不屑一顾。一切仿佛都要拜倒在她脚下。黑色高领的毛衣,黑色的长裤,黑色的长的头发,黑色的眼睛,黑色的大大的布包。没有化妆。在她看来,周围的人都是小丑。

她走出来,对我挑衅地微笑。看着我的吉他,眼神弥漫。可是,为什么我分明感觉到那样寒冷的目光,冰凉的笑容。

明乐的乐手悄然退于后台,没种的家伙。我站在这个女孩面前,觉得尴尬。

她走出来,对我挑衅地微笑。

“你不觉得你们很吵吗?而且吵得无知。是不是觉得吉他失真强一点就是重金属,头发不梳不理乱得像雀巢就是朋克,还有你,穿着名牌来这里赚个玩笑钱,是不是觉得很脱俗?”

她轻轻掠过额前的头发。翻身坐到台上,微笑。

骤然打出来的灯光把一切都闪得冷冷的。我站在台上,她坐在台上。好像对峙一般,定格。

大雾无穷尽,什么也看不见……

空气突然变得混乱。台上的人疯狂的呼啸,疯狂地起哄。耳边是乱哄哄的嘈杂。没有其他。黑色的女子抬头看我微笑。她的笑是巨大寂静的容器,吞没我所有的怒气。

一切正在结束,一切又才刚刚开始。我的举措与思想背道而驰。我对她说“是吗?”光束中飞舞的细微尘埃,如同生命一般旋转,在某处落下。

后来,一直后悔说的那句话。多么晦涩无光。

“当然!”这是女子回答的话。嶙峋的手指滑向发梢。依旧微笑。

每每想起,总觉得那是多余的消息。没有花间甜美的精魂,一如既往。和所有的一样,黯淡。

女子站了起来,缓缓走向鼓。大的黑色的架子鼓和她站在一起,是一股凄然的火焰。色彩斑斓,灰飞烟灭。

她只是轻轻地,轻轻地扬起手中的鼓槌。是那种三十块钱一副的。面对鼓,像是选择了一种面对自己的方式。相互消融。荒芜而盛大。

槌子落下的时候,天地间罪恶与优美不复存在。只是那样强烈的撞击,RUSTY NAIL。生锈的铁钉直生生钉如骨髓，蓝色的血液流动这斑斓的锈迹。那样毛骨悚然的战栗。那样深得人心的欢喜。这个女孩让我无地自容。虽然，这是我觉得。

十七分钟后，女孩倒在架子鼓的怀抱中。我回头，看着明乐。他说，“悬少爷，我明白，我叫人把她扔出去。”

“不，我要你签下她。”

这个女子，就是黄昏。

黄昏来了，与我组了一个貌合神离的组合，叫“废墟”。

她对所有人都是冷淡的。总是在台上陶醉在自己的鼓点中。旁的都是空虚的装饰，没有实在意义。

下了雪之后，白皑皑的天涯。城市的霓虹迎来了废墟的第一场演出。“脊柱废墟”。

和黄昏合作是很不同反响的。大概所有的人都这么认为。但是，我知道她是没有原因的停留，没有温度和感情。除了钱。她晕倒的夜里，我送她回家，发现她的弱点。她需要的，是钱。

城市的贫民窟。阴暗窄小的房间。酸臭的味道。地上是空的烟盒，酒瓶，镇静剂的包装和用过的注射针筒。吃了一半的泡面，发霉的饼干。以及散落在床上妖艳的衣服、黑色的胸衣。长的网状筒袜。房子的中间是一台黑色的，纤尘不染的架子鼓。定海神针一般镇住房子里无限的阴气。

除了钱，我还知道了，她爱的人。破军，还有朱雀。墙上大幅的海报，秀丽的抄写的歌词。

也许，在某个寂寞的深夜，她会痴痴看着破军和朱雀的笑容，安静地笑。像所有遇见所爱的女人一样，幸福而腼腆，羞涩又柔情。

她躺在这些中间，随意拿过一个方便面的碗就开始呕吐。之后站起来摇摇晃晃摇摇欲坠的向前挪动。趴到窗台前。继续吐。衣服上斑驳的污秽，散开的头发，嘴边残留的酒气和残渣。不知廉耻肆无忌惮地放纵。

于是，我离开。

第二天，明乐以三千元的月薪，廉价地雇用了她。

也许，她并不知道，她是DEEP RED有史以来最便宜的乐手。接受这份工作时她显得很满意。我说过，她需要钱。

黄昏加入一个星期后。明乐要求开一场演奏会。“脊柱废墟”。

大的海报贴满地铁站、电线杆。宝蓝色的底子，血红的字迹。鸢尾和玫瑰。黄昏看到海报时笑了，然后轻轻冷冷地说，“你以为你是GAN& ROSES啊？”

明乐被气得厉害，大概这个贱肉横飞的家伙无法想像一个身无分文的乐手会勇敢地得罪老板。

尽管我觉得黄昏的态度很不好,但是看到明乐扭曲的面孔还是很开心。

只是,我一直很不明白,黄昏心里藏了什么,为什么这样柔和的名字下是如此紧张和犀利的目光。仿佛不相信任何人,仿佛一切与己无关,又仿佛一切都是丑恶,没有美好。

废墟的演奏会很混乱,也许黄昏执意不与人合作。也许是其他。

在圣诞节即将来临的时候,脊柱废墟开始。这个城市里一部分地下音乐人都来看。LIVE HOUSE突然间显得窄小和不堪。空气清冷的杀住所有的阳光,金属的桌椅,舞台。凉的,悲的。这阴影足以促使以更加繁华的美丽来对待惨淡的舞台。技术不佳的伴奏吉他和贝斯以及一个长得很美唱功一般的主唱在那里摩拳擦掌作出很紧张的表情。这种表情是明乐喜欢看的。惟独没有看到黄昏。我一面着急一面欢喜地看着明乐肥大光滑的脸逐渐变得皱巴巴的。细小的眼睛几乎眯着,充满酒气的嘴不断地咆哮,"找!找!快给我找!"

我是在化妆间的角落里看到黄昏的。她正蹲坐在角落里听着CD唱机。摇头晃脑地跟着哼唱。

You say anything, whatever you like to say to me .Say anything, you leave me out of my eyes.

那一刻,我突然觉得我们都生活在各自的黑暗中,每个人都是那么孤立。黄昏只是把这种孤立表现出来,而我们,却是害怕着,将它紧紧收藏。黄昏,和这个城市的黄昏一样。似乎是那样短暂,让人无法发现。然而她却显得如此勇敢。深夜半开半醉的LIVE HOUSE,喧嚣。人与人摩肩接踵。却显得那样空荡。湛蓝的灯光闪开了演奏的开始,我们装模作样走出来,除了黄昏,都向台下点头致敬。只有黄昏。径直走到鼓台前坐下。拿起槌子就砸。剩下我们在那里目瞪口呆。她是那样专注和陶醉。鼓声那样坚挺,那样寂寥,那样郁郁寡欢,那样颠沛流离。她柔软的身体摇动着,不惊不惧,兀自带有一种自我的尊严和骄傲。

我很快点了一个曲目叫大家跟上,随着鼓点,主唱开始卖弄身姿发嗲。

没等大家跟上一小段,黄昏突然改变节奏,突兀并无可奈何。主唱掩面冲进后台,喜欢她的伴奏吉他随即跟了进去。贝斯大概觉得自己的多余,也退进后台。只剩下我,心有不甘地立在那里等候战争。

至死方休后鼓点开始衰弱。我知道是黄昏的体力问题。所以,趁着机会,赶紧坐到钢琴边,那是我的天涯。流水的冲击,细胞的抽紧,情人的拥抱。那是钢琴赋予人生的美丽。黄昏微微抬头。面无表情。我甚至无法从她的眼神读出她的心思。她是那么弥漫。

架子鼓在挣扎地发出声响,那是黄昏用尽全力作出的反抗。一动一静,一刚一柔。相互吸引却同时相互排斥。台下喝彩的人越来越多。所有的人都疯狂地涌向台前,我突然看到朱雀坐在最后面的角落里,安静地喝酒。他的面容在嘈杂的人烟和灯光中是那么非凡。那么沉默。

应该说,演奏会变成我和黄昏之间的较量。并且因为黄昏的晕厥而提前结束。却也因为战斗的新鲜感使明乐赚到了意料之中而不敢想像的金钱。

整场演奏会过后,我对其没有任何印象。除了黄昏的肆意和高傲,也只剩下朱雀那张醉心的脸。一片空旷。如同经过一场梦魇。生活回归。生命持续。寒冷的天气如同微小的重量一般。轻轻压在心间,似乎没有任何理由和留恋。但又似乎息息相关。

人是这么复杂而简单的矛盾产物。

究竟是应该抗争宿命还是应该决定随波逐流。

3:歌菲

这个城市再大也不过是狭小的束缚,间断的空间,所以,偶然的遇见就实在不足为奇。但是,歌菲的出现依旧让我觉得手足无措。无法承受的人间天籁。他说“arigatou”的时候,是那么柔美情长的声音。潮起潮落的奔腾亦只是他歌里频繁出现的颤音,那是除了“蹦”的主唱单站而给我最大的震撼。那种不属于人间惊鸿一瞥又极其愿意传唱的冲动,像是年少时看过的诗:草绿时,花开时,不要叹息她不再来。我甚至在想,这样的声音是否可以长久?

那个干燥的下午,天空有低沉的尘,歌菲带着暴戾天真的微笑出现在DEEP RED门口。面目秀丽,明眸皓齿,是自信挺拔的男子,他说:我可不可以加入废墟?

歌菲的声音和气质博得了明乐礼貌的笑容。那眯着眼睛的恶心的微笑。在明乐眼里,歌菲是他的钱,一张张经过他油腻的手用充满酒气的唇亲吻的沾满铜臭的大额钞票。

歌菲试唱的歌曲我没有听过,并不知道歌曲本身应该如何诠释。不过我看到了黄昏惊诧的目光,尽管她还是在极力维持平常的安静。歌菲没有唱完黄昏的赞成票就交了。然后她起身离开。歌菲以全票通过进入废墟。

那么,他的歌声无可非议。

歌菲不经修饰的笑容使所有人对他心生好感。包括不苟言笑的黄昏。但是,大家心里都知道,那样的笑只有不经世事或者饱尝风霜的人才会拥有,歌菲是一个二十来岁的年轻男子,拥有的,是什么样的往事?

后来,我知道歌菲那天唱的是朱雀的歌,唱的是黄昏无济于事的爱,清澈见底却深无边际的思念和彷徨。

我不禁想起黄昏那天微醉的目光,突然就很希望可以为她做点什么,哪怕只是让她看看朱雀,或者破军。以此抚慰她缠绵的伤口,他们流血盛开如同朱雀华美而绝望充满背叛和淫秽的英文歌词,令人无限叹息。

下班后通常是凌晨,歌菲有时侯会和我们去喝酒,有时则独自离开,这时候,他如黄昏一样,转瞬即逝,亦是从来不留下行踪。

工作了四个月,黄昏开始学会对人微笑,尽管那笑容近乎浅得无法察觉。她开始会说一些例如“你好”一类的简单招呼。神色也渐渐红润。虽然她打鼓还是常常晕厥。她和歌菲时有交谈,是祥和而深刻的。偶尔有人经过,歌菲总是会回过头来和来人打招呼,露出好看的白的牙齿,而黄昏会静静地朝来人微笑。每每,我都会识趣地走开。歌菲会很抱歉地拍拍我的肩膀,过后请我去喝酒,黄昏依然是微笑。

仅有一次,我听到黄昏与歌菲的谈话。我在试衣间里换衣服时,他们走进来。开始交谈。我听着他们谈朱雀及喜爱的音乐,觉得自己不耻,那样苟且和不堪。却只能一再安慰自己说是不忍打扰他们的心境。他们的谈话我只记得一句,是黄昏。

她在最末说“朱雀,是我可以钟爱一生的人,我不管他是寂寥,是落寞,抑或像他写的歌曲一样暴烈黑暗,我爱他。尽管那样的爱慕万劫不复。”黄昏很平和,她没有用到惊叹号。

透过衣服,我看到歌菲站起来,朝黄昏走去,俯下身子。他背对着我,我看不到他的面目。

随后,是一声响亮的巴掌,没有言语。

那天,歌菲很认真地向所有询问他红肿的脸的人解释,说是因为一场风流债,我没问,因为我知道了全过程。突然间,我觉得自己很小人。

那天,我遇到黄昏,看到她轻浅的笑,总有些惴惴不安。想必是做贼心虚。

歌菲终于在DEEP RED稳定的待下来,他的天籁之音在这里开始哼唱人间的旋律。明乐每天看着人流乐颠颠地数钱。黄昏和歌菲有时还是交谈。我们一群男人还是去一家叫做“路过”的酒吧喝酒。生命也仍然不紧不慢地前进,朱雀没有再在DEEP RED出现过。城市的天空有时阴郁有时晴朗。今年的冬天开始了他最寒冷的路程。我有时,竟无端想起童年念过的诗里的惬意:

“一栋房子,面朝大海,春暖花开。”

之后便开始战栗,写这首诗的人在诗完成后的不久便死了。卧轨而死,面目模糊,腥甜绽放。

4:暗涌

寒冬中炸开的新闻如同人的呼吸一般,集满白色的水气在空气中传播。朱雀准备在全国为他的个人专辑寻找乐手。“蹦”是一个集体。里面五个人时常会有自己的活动。自由并且欢乐。令人诧异的是,朱雀居然愿意向全国征集乐手。我不想问他理由,他总有自己的创意。通电话的时候,他就显得对这次活动信心十足。丝毫没有露出担心抑或不安。一切仿佛正朝着他设定的方向移动。朱雀是这么地有魄力,相反,破军专心于新歌的创作。如同冬眠般在这个冬天里如此安静,而悄无声息。

黄昏自听到消息的那一刻起就开始疯狂地练鼓。我开始看她在极短的时间内不断地买鼓槌,依然是那种三十块钱一副的,把槌子握在手里的时候,感觉她竟是这样凛冽。她不停地练,不停地气喘,晕倒,之后不停地服用药物镇定剂,刚刚红润起来的面容在刹时又变得惨白。由于我曾经到过她家,所以,她亦只愿意我送她回去。尽管是在她艰于呼吸的时候,意识仍是执意而刚强。她把自己包装在漠然里,为了免受伤害。

因为病痛,与黄昏开始熟悉起来,每次看到她家一片狼藉,我都会觉得局促不安。黄昏会给我递啤酒和七星烟,放肆地看着我笑,说,“怎么还像个小学生一样害羞啊?”我总会说,“我风流的年头你还是个丫头呢!”我说的是实话,纵使现在,我的身边亦不乏女子,我的性生活总是如此丰盛。每每,黄昏就会笑得更厉害。露出好看的牙齿,我才发现,她竟然是这么好看,她的笑,足以颠倒众生。

练习的空隙,黄昏会抽很多烟喝很多酒,然后在气喘的时候面色苍白痛苦不堪。她总是这样,刻意为自己安装防卫武器来保护自己,可是却往往在做伤害自己的事。DEEP RED里没有任何人会阻止她这样做,他们对自残,酗酒已是司空见惯,每当我抢先喝完黄昏杯里的伏特加或是轻轻掐灭她的七星烟时,她就会安静地抬头,对我微笑。她的容貌这样完好。浪荡乾坤。

黄昏终于自信满满的去参加,再自信满满的回来。脸上始终是平静的颜色。只是电视上一次次播放的入选者名单才让我们知道她一路过关斩将,杀进了决赛。只要再过一关,成为每种乐器的前三名,就可以在朱雀面前演奏。名单最后是朱雀定的。那么,黄昏,最起码可以见到朱雀一面。

名单公布的那天,空气很干燥。电视上面一张一张播送着入选者的照片。他们留着长长的金色的头发,带着阴郁的笑容,除了一个贝司手。是典型的犹太男人,有幽蓝色的眼球,透出的神色没有摇滚乐手的桀骜。仅仅是忧伤。我突然觉得不寒而栗,那种忧伤,似乎可以吞并一切。我看到黄昏盯着电视的脸,觉得很凛冽。之后,我才刹时察觉到,名单上面的鼓手空缺,于是,没有黄昏。荧幕上还在播放那些人的照片,全部是男人,好看的,不好看的,微笑的,沉默的,没有女子,没有黄昏。我回头看她,她面目凝滞。然后转身离开,一直到三天后她来找我。她离去的黑色背影,在风中显得很强韧。

那夜,我打电话给朱雀,“我希望你见见黄昏。”朱雀说,“好。”挂电话之前,朱雀说。“你知道吗?那个叫黄昏的女孩子,很像十八岁的长安。”

三天后,黄昏出现在我家门口。

黄昏来找我的时候大概是早上九点左右,我在刷牙,她没有按门铃,于是敲了很久的门我才从二楼起居室下来开门,看到黄昏。她穿着那天离开时穿的黑色衣服,很脏。脸上有疲惫的神色。

“你让我进去睡一觉。”这是黄昏开口说的第一句话,一个女子的要求,来我的屋子里睡觉,我只能说好。

“怎么不按门铃呢?”这是我试图打破沉默说的话。黄昏的回答让我压抑,她说:

“我害怕那摧命断魂一样的声音。”

黄昏是径直走向屋内的。并没有东张西望。她是认准了方向前进的没有杂尘的纯洁女子。走了一半,她停了下来。“可以拿身衣服借我吗?我想洗澡。”她的眼神很迷离。俗话带着一种可怜。我不知道这三天内黄昏去了哪里,过了什么样的生活。我只希望她能好好的,等到朱雀见她的那一天。

黄昏进浴室之前问我,“我可不可以不关门?”我吓了一跳。她微微抬了一下嘴角,“我突然有点害怕耸立的四壁。”那笑像是安慰,像是自嘲,让我动容。我带她进了浴室,为她拉好帘子。

“没关系。我在外面。”黄昏进如帘内,微微晃动的影子在帘上那样秀美。水声渐渐响起,伴随着我们的呼吸声,心跳声,安安稳稳。我突然对自己的勇气感到不可思议。我竟然可以在浴室内守着一个年轻貌美的女子,仅是一帘之隔。黄昏她带着独自的孤单来投奔一个朋友。我的良心在告诫自己,在抑制自己。我很紧张地度过一分一秒。我其实在害怕,怕自己的荒唐。一直到帘内响起沉重的喘息声,黄昏在里面轻轻的喊我的名字,断续的。“七……悬。”我怔了怔,伸手,拉开浴帘……

黄昏已经躺在床上安静地睡着,很放心,很稳妥地睡着。很熟。她的身体蜷得很紧,我尝试着将她扳平,没有成功。这是不是因为冷的缘故?黄昏躺在床上的一刻很平静地对我说“谢谢。”她说这是从小到大,惟一一次没有用药物就可以平复的气喘,我听了微笑,帮她拉好被角,叫她睡觉。一直到她睡着,我才敢回想刚才发生的那一幕,我面对的是黄昏秀丽的裸体,并且我确认,我在爱她,尽管她爱的人,是朱雀。

拉开浴帘的时候,黄昏坐在浴池里面,身体一上一下地颤动,面无血色,嘴唇发紫,口里含糊不清地发出声音:“七……悬。”

极力使自己的眼神游离开黄昏的身体,我倾尽了勇气抱住她,慢慢地抚慰,手轻轻地拍打她光滑的背部,顺着气息往下抚顺,一直到她的气息渐渐变得平缓。我的衣服已经完全湿透,可是我的皮肤清楚地感受到她的温度。浅浅的温度。我就这么抱着一个我爱的女子。到房间里,把她放在床上,为她裹好睡袍,盖上被子,让她好好休息。那一刻,我似乎觉得她的眸子里面有轻微的水气,她对我很平静地说“谢谢。”我在此刻,却突然记忆不起她的身体,只是胸前和指尖的皮肤,还存留着她的温度,香味,以及对她光滑肌体的触觉。

我看一看她,安静如同一个孩子,在熟睡中寻找她的天使街,像一首歌谣里描写的,星星睡在台阶上，天使们拿着彩色笔，画着图案在墙上。图案和天使在歌唱，忘了月亮就在身旁，图案和天使在跳舞，让那黑夜感到孤独。

那一刻，我几乎忘记了，黄昏亦只有十八岁。

那一天，黄昏住在我的家里。一直沉稳地睡。我想在那三天里，她一定很难过。可是我想不明白的是，她为什么会那么疲惫。

后来，她与朱雀终究还是见了面，黄昏很平静。朱雀并没有如同我想象的一般，要求她演奏。她也没有自荐。加入朱雀乐队的理想似乎在黄昏的眼睛里变得淡了。在朱雀的办公室里，他一直注视着黄昏，那种眼神让我觉得很熟悉，是溶化一切的温柔。

回首向来萧瑟处，归去，也无风雨也无晴。曾经，某个夜，朱雀就是这么注视着长安，我的母亲。

5:流年

十八岁的时候，母亲去世。死因很是浪漫。是吞食了破军送她的一瓶香水。她死的时候很漂亮，穿黑色的礼服裙和化淡雅的妆，房间里单曲循环播放着朱雀为她所写的歌曲——《安眠谣》。优柔的弦乐和强烈的鼓点紧紧的纠缠，扭曲，释放。

“你好吗？睡了吗？他对你一如你对他吧？夜深了。安睡吧。我在你身旁唱着安眠谣。你听到了吗？”

朱雀的《安眠谣》终于陪伴长安安睡，永远。永远。

后来，我突然想起来的，是破军的那瓶香水，叫做“ending”。

夜深了。安睡吧。我在你身旁唱着《安眠谣》。你听到了吗？让它代我哄你好好睡吧……

长安的葬礼，一连串繁复的程序，我和“蹦”的五个人焦头烂额。我没有叫破军爸爸，他也没有认我。相安无事地为着长安哀悼。之后，破军和朱雀同时站起来，他们说：“七悬，我陪你守灵。”

摇曳的烛火在长安的照片前微弱的呻吟，发出“嗞嗞”的声音。我们坐在长安的灵前，显得有些尴尬。破军一直抽着烟，不说话。眼睛里大雪纷扬，干冷干冷，没有一丝水汽。只有他右手夹烟的手指的纹路，泛黄的指甲，在隐约透着疼痛与忧伤。我甚至在想，长安是不是他的爱？破军这样丰盈的男子，是如何与长安有了爱情，生下了我。这个世界上，有多少他们的足迹？而我的出生，又是不是一场意外？一次罪孽？朱雀一直在安静地拨弄他的琴弦，是《安眠谣》，而长安，就坐在我们中间，对我们微微地笑。亦是一言不发。

这样的气氛似乎变得诡异。

堂上的照片是长安十六岁的时候照的，清汤挂面的黑的直发，流海处有一个精致的玻璃发卡，上面是漂亮的年轻的颜色，不施粉黛，明眸皓齿。那个时候，她提着自己的小提琴，往返在求学的路上。踌躇满志。她在学校新年音乐会上无懈可击的演奏，拉响了她的生命，她的爱情。那一次，在她弯腰谢幕的那一刹那，她看到了他，站在第三排的左过道上，燃一根烟后打量台上的女子。她永远不会忘记那束火光照耀过的脸，他的脸。是那么英俊，带一点点颓废的成熟。她弯下腰谢幕后抬头，没有再看到他，仿佛仅仅是一场幻觉。可是她清楚，自己是在爱了。

校音乐会结束一星期后，长安知道了他，一个年轻的摇滚乐手，长安回家后摔烂了她的提琴。那一天起，长安拿起了击鼓的槌子，她的生命终于在爱情启蒙的时候为童年画上了一个完好的句点，引出了一段残破的青春，流徙在被放逐的荒漠。

四个月后，殷红的血色弄脏了破军家湛蓝的床单，长安躺在这渐渐变得发紫的颜色上，小声地问：

“如果我走了，你还会在吗？”

那一刻，破军起身为自己泡了一杯杭白菊，为长安冲了一杯牛奶，他在微笑。

我一直不知道破军给长安的是什么样的回答，关于那一声轻柔的，幽幽的，“如果我走了，你还会在吗？”

也许，根本就没有回答。

可是，就是为了这样一个微笑，破军成了长安生命中的第一个男人，也是最后一个男人，惟一的男人。在长安的血为那张湛蓝的床单添加上花纹后，在她看到被那束火光照耀的面目后，她的爱坚定，强韧，清澈见底，至死不渝。

两年后，长安十八岁，是一个闻名的摇滚鼓手，浓妆艳抹，不修眉发，穿梭在表演场中。破军以沉醉的古典钢琴与长安的鼓天衣无缝，一醉方休。在长安十八岁的最后一个月。她终于走了自己期盼已久的道路，她在乐坛上销声匿迹，如同蒸发。

十个月后，我横空出世。生命的轮盘开始“咯吱咯吱”地转动。长安选择了一个古老的城市，隐姓埋名。那一天起，她挽起了发髻，从此叫做“潺安”。她的青春在暗香涌动中逝去。她留住的，是她很爱的人的儿子。他们相爱以来第一个儿子。她生命中惟一的儿子。她躺在病床上小声地问：

“我们应该给他取个什么名字？”

那一刻，破军起身为自己泡了一杯杭白菊，为长安冲了一杯牛奶，他在微笑。

他说：“这孩子可以叫做七悬。”

这幅画面，是这样类似于长安十六岁失去童贞的晚上，她躺在微微发紫的颜色上，用被子包裹自己的身体，小声的问：

“如果我走了,你还会在吗?”

那一年,年轻的她奉献自己,无怨无悔,以求相夫教子,相濡以沫。

我在烛光中看着长安微笑的巨幅照片,袅袅娜娜。朱雀一遍一遍弹奏他的《安眠谣》,指尖有猩红的痕迹。我顺着他的目光望去,长安眼中的柔情在火光中变得渺茫,台上一滩的烛泪。破军起身,换了另一对烛。火光一直缠缠绵绵,絮絮不止。成灰泪始干。那个夜晚温暖滋长。那个夜晚,长安终于走完了通往天堂的路,推开了那一扇云彩砌成的门。乱舞的时代终于在长安的死亡中慢慢远离了她的生命,她的破碎和喧嚣不复存在,而今现在,只有那破军一丝缕的柔情和朱雀的《安眠谣》陪伴,游荡天涯。

那一天,破军,朱雀,我。我们陪伴长安走过。想起她曾经对我说过:“想要到达极乐,必先尝尽极苦。想要放弃,就得先去拥有。”长安尝试了一生,依旧执迷不悔,她倾尽一生守候她的所有爱恋和情怀,不言放弃。她死后,有所爱的人为她守候,总算是幸福的了。

堂上,长安看着破军和朱雀,安静地微笑。她爱的,爱她的。

6:夜妆

年头终于愈走愈远,这时候的心境竟然变得很平和,我想大概是老了。

接近年关的时候,我和黄昏、歌菲相约在时代广场看了一场盛大的音乐喷泉和烟火表演。演出请来了一些校园摇滚乐队。那些简单的高中生背着奇形怪状的吉他,在舞台上摆着不同的姿势,他们做着年轻的五彩的梦。黄昏眼睛微微有光。其实。她与台上这些孩子,不过是相同的年岁,可是,她却必须担负着独自生活的责任。她的五彩的青春的梦早已幻灭,变成黑白。

身旁的年轻的男女旁若无人地相拥、亲吻,说着地老天荒的的承诺。他们幸福地想像未来,想像美好。盲目而幸福欢乐。我们站在一浪一浪的甜蜜中,表情淡漠。目光坚定。黄昏毕竟是一个女子,我想理应是有所动容的,可是,在那一刹那,她比任何人都冰冷地直视舞台,不屑,但却悲伤。

烟火在音乐中打起的时候,所有在场的人尖叫,欢畅。火光映照在黄昏美丽的脸上,在歌菲俊秀的脸上,在我的脸上,在所有人的脸上,是幸福鲜艳的红色,黄昏开始微笑,我惊奇地发现,歌菲的喘息声开始浑重,隐没在人群喧嚣中,他的脸色在火红的光中变得苍白。

烟火一个接一个此起彼落,欢笑,呼喊,尖叫声充斥着整个时代广场。黄昏终于像个孩子一般开心地笑了出来。没有任何掩饰和虚构。她便是这么的天真,在清风夜唳的晚上,执意守候她的风花树。

“当泉水干涸的时候,鱼靠在一起以唾沫相互湿润,这是相濡以沫的传说。震撼了心里的弦,这应该是值得追求一生的理想吧。”

看着烟花，黄昏如是说。平平淡淡，却暖暖深沉。

五颜六色的光亮打在她年轻脂粉不沾的脸上，那么好看，她的目光终于透彻着纯真的欢喜，没有任何杂质的洁白的欢喜。这一刹那，世界仿佛仅为了她而存在，以至我竟然忘记了身边的歌菲。

而这个时候，歌菲在不断地颤抖，喘气，瞳孔放大，颜色惨白。

最终，歌菲那一声惨叫惊醒了漫天的烟火，它们发了疯一样拼命的打开，落下，摧残了一夜璀璨后存留下满天的斑驳。人群开始欢呼，咆哮。歌菲跌跌撞撞冲出人群，留下荒漠般的嘈杂。

找到歌菲的时候，他已经在过路处喝酒了，很烈的伏特加，酒精使得他的脸色稍微红润了一些，看来已经恢复了平静。他看到我们的时候是面无表情的，只是生硬地点点头让我们坐下，我和黄昏都要了啤酒，这种对峙，似乎在表明一种信息，也许，一次长谈即将开始。

"黄昏，我实在很不想伤害你。"这是歌菲说的话，在很久的沉默之后。说的第一句我根本不明白的话。

黄昏听后只是微笑，我是一头雾水。歌菲重新陷入了沉默。时间仿佛停滞，又明明在迁徙。

"你知道吗？无论你用什么样的颜色笼罩自己，你还是那样单纯，你的世界只有两面，今天，你的十八岁，一如当初，我遇到十四岁的你。我实在不想这样。不愿意失去那样一个孩子。你知道吗？"歌菲的话很伤痛。他在讲什么？孩子？什么孩子？我什么都不明白，虽然一直奇怪为什么歌菲一开始来酒吧就可以与黄昏熟悉，他们究竟有什么秘密，我根本不知道。只能够做一个安静的听众。其实，我有些害怕他们会驱逐这么一个听众，但事实上，他们似乎什么也不在乎，又似乎什么都在乎。"黄昏，夏日的孩子是我的。"这是歌菲说的话，他在抽泣。

"那样一个烟火的夜晚，我就这么看着夏日的孩子我的孩子在我面前变成一滩的血，一团血块。我甚至已经可以看到孩子正在逐渐成型。他仿佛有眼睛，有手，有脚。有思想。仿佛就这么看着我，说，是你杀了我，爸爸。这个孩子应该叫我爸爸的，爸爸。夏日染满血的裙子，夏日锥心地冷笑。夏日的一切。"歌菲早以泣不成声，而我却依旧不知所云。夏日仿佛是他与黄昏之间一个至关重要的人物，她的存在是歌菲的痛处，撕裂开来之后无法弥补，在这么一个灿烂美妙的烟火的夜晚。

"菲，也许，你不知道，我想夏日是没有和你说起过的。她不是我的闺中好友，夏日是我姐姐，亲姐姐。我们出生相差了三年。一个代表我们父母的结合，一个代表我们父母的离异。一个带来希望，一个却是最终破灭的幻想。所以一个叫夏日，一个叫黄昏。"

"难怪你这么像她。"

"其实，你不知道，夏日是很想生下那个孩子的。她的一切是那么单纯。从小到大都是如此。她付出的义无反顾。甘愿背弃她的一切来保留与你之间那一丝的血脉相承。可是，孩子被你弄掉了，她的希望也被你弄掉了。为什么这么对她？你为什么让她喝那样子的一碗汤药？"黄昏的语气十分生硬。没有任何感情在里面。可是，我分明看到黄昏在颤抖，歌菲也在颤抖。也许，最深刻的痛都不是长长的伤疤，而是一直不可见的，深藏着的一道小小的裂口。里面是无尽的黑暗。

"歌菲，你为什么要走，离开夏日。是逃避吗？你知道夏日的今天是什么样子的？你忍心？我一直在想，你爱的究竟是什么？是夏日给你的一切，还是夏日本身？夏日是这么鲜明的女人，当然，还是你让她变成了女人。可是你又抛弃她？我其实很想问你，当你的身体覆盖夏日的时候，当你看到夏日流出来的贞操的血的时候，你究竟在想些什么？如果没有你的出现，她还是一个众人爱慕的女子。会在重点高校的舞台上跳她的古典。唱她的歌。会写很美丽的诗。会弹好听的肖邦的音乐。是你给她灌输了摇滚，灌输了背离她的古典的一切，是你让她放弃她的一切拿起凡·高的画笔，弹起失真的电吉他！而你，又在将她变得不伦不类之后杀死了她的孩子背叛了她？你爱她？抑或只是爱她能带给你的虚荣？一个被征服的美丽女子带给你的虚荣和欢喜？"

"黄昏，真的不是这样的。"歌菲的话在黄昏眼中是一片凄茫，什么也不是。

"那你说应该是什么样子的？"黄昏平静下来，脸上带着一贯的微笑。

"对不起……"歌菲的话变得微弱。

"其实，你应该向夏日说的这句话，你伤害的不是我，而是她。"

"可是黄昏，你和夏日都是那样美好的女子，我实在是不想伤害任何一个人……"

"可是你两个都伤害了！"歌菲的话还没有说完，黄昏就接上了。"菲，你伤害夏日的，远远比对我的要多得多。你知道夏日都已经给毁了啊！她以前最爱的诗是华兹华斯的。草绿时，花开时，不要叹息她不再来。她一直把这种豁达当做自己的人生理想，一直追求。她的现在，简直就是靠着这样子的一句话存活在这个世界上，生不如死。"

"黄昏，你知道吗？自我和夏日的孩子死掉之后，我真的很害怕听到烟火的声音，看到烟火的颜色。在烟火中，我总是可以看到那一滩一滩的血块，有我孩子的雏形。有眼睛，有手，有脚。而且会叫我爸爸。它的存在和消失，全部是我造成的，我害怕看到年幼无知的孩子在漫天的烟火中叫出一句温暖的爸爸，那是对我最残忍的惩罚。我甚至一度不敢听到打鼓的声音。那种强烈的撞击声，让我不得不想起我杀死我儿子时那个夜晚，也是年关，漫天的灿烂的烟火，本应该很烂漫的夜晚，却因为我而变得血腥残酷并且罪恶。黄昏，我一直很自责，不单单是自责，还有很多复杂的感情在里面，包括对你，对夏日的歉意，还有对我儿子的幻想，尽管他从来没来过这个世界上。可是，我确实流掉他的血，黏稠的血，形成一块块的血，在我面前，蔓延。一片疮痍。黄昏，这几年来，我过得很痛苦，你能相信我吗？"

……

那天夜晚,一切在黄昏和歌菲淡薄的言语中变得不再重要。悲悲凄凄。夏日这个名字的出现,让空气似是在一瞬间冷凝。这个本来应该温暖而融化一切的名字。让黄昏,让歌菲在一瞬间变得伤感,并且无可奈何。烟火的夜晚,原来也可以是异常的悲剧。摧残了一夜璀璨后残存的斑驳。烟火,一个玻璃的灰姑娘,破碎了,变不再辉煌。

原以为黄昏会难过的,原以为她与歌菲会难过的。但也许,一切只是我的原以为。

第二天,我去黄昏的住所看望她,我原以为她会难过,需要我的安慰的,可是,我却听到了不该听到的呻吟的声音。我所看到的,是黄昏与歌菲,在窄小的床上,赤裸地纠缠。她与他,就这么忘我,仿佛一个作家在她的书里写的"进入对方以忘却自己"。我不知道我是怎么走出黄昏破旧的楼房,也忘记了那一天,我是怎么过的日子。只是感觉到所有在停滞。头脑一片空白。可能,这真的就是一场真切的爱恋。一场刻骨铭心的爱里,必定有一场刻骨铭心的痛,大概真的是如此吧。

在那之后,我们依旧留在DEEP RED里面,黄昏什么也没有提起,歌菲什么也没有提起,我也什么也没有提起,平平稳稳的相处。偶尔一起喝喝酒。只是,我心里一直在痛。不为人知的。记忆并不可能变得空白,所以,我就需要最基本的掩饰。一切,便一直延续到后来。总算发生了另外的事。才渐渐冲击了这样淡漠的生活。

不过,那一切都是后来的事了。

[02]一直都很喜欢华兹华斯的诗:草绿时,花开时,不要叹息她不再来。

1:夏日黄昏

一直喜欢自己的名字胜过妹妹的。我叫夏日,她叫黄昏。我承诺着父母的结合;而她,却代表着他们的离异。看起来,我还是比较幸运的呢。事实上,似乎也是。夏日黄昏,很美的景象,并且冗长。

妹妹比我小三岁。从小她就喜欢照着我的样子去装扮自己。她跟在我后面,陪我去练习古典舞,学习钢琴……她会在我画素描和水粉的时候安静地给我递上我喜欢的菊花茶,然后在我完成作品的时候对我说"姐姐,你的画我最喜欢!"她的嘴巴是很甜的。黄昏是很乖巧很安静的孩子。她总是喜欢我喜欢的东西,就像她是我的影子一样,比方古典舞,比方菊花茶,比方烟火……总是觉得,我的一生注定与烟火沾染上关系。

小的时候,妈妈给我讲烟火的美丽。她说,烟火打响的时候,所有相爱的人,都会感到幸福。大家可以在灿烂烟火的光中看到美丽的将来。当时,并不懂得妈妈的话,只是知道,烟火是很好很好的东西。年三十晚上,终于看到了美丽的烟火。一个一个在我面前打开。就这么近,近在我的窗前。一个一个,闪过天际。仿似流星。我不知到这样的星空是否可以许愿呢?可是,我已经困了。那些闪闪的烟火,我看得模糊,五彩的缤纷的。那时候,妈妈怀着黄昏。然而我应该叫他爸爸的那个人,以种种借口离开了家,在又一个年三十的晚上。我感到难过。烟火似乎也不是那么完好。我终究还是懦弱的呢。

那一夜,黄昏在妈妈的肚子里拼命活动。

那一夜,我三岁。

终于,在那个烟火夜过后没多久,我有了一个妹妹。取名黄昏。但是,取而代之的。我再也没有看到爸爸。他和妈妈的婚姻终于结束。顺便地,也结束了我们的父女的缘分。

黄昏的出生给濒临破碎的家庭带来了生机。母亲是坚强的女子。从结婚就一直坚持自己的工作。从来不愿依靠父亲。无论他是不是她的男人。妹妹出生后。母亲同时打了三份工,都是在企业里兼职当会计。以维持生计。纵使辛苦,母亲总是在尽力让我们幸福。

也许妹妹是知道家里的环境。从小,她就是很乖巧的孩子。从来不闹不吵,安安静静的自娱自乐。感到心满意足。反倒是作为姐姐的我,时常有出奇不意想法,让所有人都大吃一惊。比方我会在学校给同学绑辫子,可是最后却绑成死结,害的同学的辫子要剪掉……每次,学校老师或是学生家长来投诉。妈妈就会无可奈何地道歉。然后在训话的时候,妹妹绝对会来替我打圆场。等我逃过一劫,她才文文静静地对我说:"姐姐,你以后就别这样了。妈妈很辛苦的。"

其实,我也是知道家里的辛苦。可是,我就是不甘心家里的辛苦,不甘心别人的幸福。

我在十四岁的时候,第一次接触到变态这个词。那一年,我一直觉得自己有点变态。可是黄昏,十一岁的小孩子,却心甘情愿地维护我这个变态。也只有黄昏。我有时侯会觉得纳闷,像黄昏这么幼小柔弱的孩子,是什么原因让她有勇气来维护我,她的变态姐姐?也因为有了黄昏,我才渐渐走出了我的阴郁。过了那一年,我也逐渐知道了,其实,自己只是一种失衡。我还是完好的孩子。是黄昏的善良,让我明白改变生活应该从完善自身开始。我于是开始学习,很多很多。

花儿开,叶子落。太阳升,月亮沉。时间的美好越来越多地被我感知。这也许是一种恩赐。

一串夜半歌声,一串纪念,一串年华。

我开始学习绘画:水粉和素描。古典舞。钢琴。每次去上课,黄昏都会跟在我后面,就算是让她帮我提画笔甚至背画夹,她都会高兴。上课了,她就在我旁边看。偶尔帮我递笔或者颜料。画水粉的时候,她又不亦乐乎地往返教室和洗手间帮我更换洗笔水。后来,我让她也一起学画了。得知这个消息的时候,可以看到黄昏明显的欢喜和遐思。

她快乐地问我:"姐姐,这是真的吗?我可以画画吗?"

那一刻,我确切地感到心酸。黄昏,其实就是那么温柔的孩子。她总是跟来我后面,却没有怨言。在她的心里,似乎只有美好。她的心里,不存在任何丑,或者恶。她只是天真善良。

从那以后,我有的东西,便极力让黄昏也拥有。我学什么,她就跟着我学什么。我买漂亮的衣服,也绝对会买漂亮的给她。我们一起学古典舞,一起画画,一起弹琴。一起游玩。我们经常四手联弹,演奏所有喜欢的曲目。所有认识我们的人都知道我们是相亲相爱的好姐妹。可是,黄昏在变得亭亭玉立之后,却依然甘愿站在我背后。为我递画笔。为我泡菊花茶。她依旧是安安静静。依旧……黄昏的个性也从小时候开始积淀,慢慢成型。安静,温和,柔弱,体贴……总之,我觉得黄昏长大了,一定可以是全世界最幸福的女人。在家里经营着小日子,当个标准的贤妻良母。成为所有人都羡慕的小女人。

不过我知道,黄昏是长大了。当我十七岁的时候,虽然她只有十四岁,可是,我把知道的一切全部告诉她,绝无保留。这也导致了黄昏的早熟。我总是觉得,让她早一些知道世界,是好的。是有帮助的。就算是到了后来,在黄昏因为明白而痛苦的时候,在我有疑虑的时候,我依然坚信那是对的。

于是,在我和黄昏在相互的扶持和维护中,童年,渐行渐远。当十四岁的黄昏懂得了在作文中写道"时光渐渐渐渐远离,我和姐姐慢慢慢慢成长"的时候,我想,我们应该是长大了。

有歌谣唱着:"一天一天时间飞跑,小小少年在长高,随着年岁由小变大,她的烦恼增加了。"

可能生活也真的是这样。在我十七岁的那年夏天,我遇上了也许是一辈子也不应该遇见的人。那一个夏天,染红了漫天的烟火,燃亮了我的人生。可是,也是那一个夏天,火势越烧越旺,灼伤了我的亲人。以及我整个的人生。

2:天天天蓝

天天天蓝。

这是我和妹妹从小许下的梦想。我们喜欢这样的一句话。我们在阳台种满喜欢的九里香,种满茉莉和金银花。我们希望把美丽留在身边。可是,当时光从我们身边流逝的时候,当我们懂得了忧愁的时候,当我们看了很多很多的时候,我们终于知道,原来,很多时候。世界只可能是世事如烟。于是,我读起华兹华斯的诗。读起海子。我喜欢他们的天真,喜欢他们忠于自己的语言。

然而妹妹,在我看着漫天的烟火背着美丽的诗篇的时候,却一直相信着天天天蓝,一直努力照料着种下的花朵许下的愿望。我想,如果有一天,花儿都枯萎了,妹妹一定会很伤心。幸好,花儿在黄昏的照料下一直很健康很美地放肆地开放。可能这是黄昏感动了花间的精魂。可是,我心里清楚,花期也许就会在某天突然结束,永不再来。这些,很可能是因为我极度容易投靠魔鬼而妹妹却永远会站在神的一边吧。

其实,喜欢也许有时候就只是习惯。尽管我一直不愿意,也不肯承认这样子的事实。我喜欢说“喜欢”。它起码带有柔情蜜意。而习惯,听起来却是那么无情。

十六岁的时候,第一次去北京跳舞。自己编的古典——梦回唐朝。只身一人,没有黄昏。那是我第一次觉得天黑的恐惧。黑暗滋生的时候感觉北京的天空很迷离,街上车水马龙,行人摩肩接踵。可是,他们没有微笑。他们带着大都市所特有的冷漠和暧昧,他们匆忙路过一切,一夜温情般的相识后形同陌路。车灯打在前方,商店五彩的霓虹,他们见怪不怪地看着这一切。那个时候正好是国庆。我看着人们打出来的漂亮的烟花火炮,觉得很难过。我无法高兴起来。一个人看烟火,原来是一件寂寞感伤的事情。习惯了黄昏在我身旁对我说,“姐姐,今天晚上的烟花好漂亮。”习惯了陪着黄昏在看完烟花后大叫“天天天蓝”。习惯了两个人的一切之后,我觉得一个人居然有一种落寞和荒凉。我开始学会想念。当这所有的浮出水面时,我感觉窒息般的模糊,又或者是另外一种的清醒。像一只鸟,飞过天涯,却明白自己最终被猎人射落的悲剧。车灯和霓虹灯打在脸上,觉得脸有点烫,如同被潮水拍打,咸咸的液体,流落在暮色他乡。我幻觉那是潮水。可是当烟花又一次打响的时候,我才突然意识到,原来,我也有泪。谁说女人是水做的,谁说“给我一滴泪,我便看见了你心中的那一片汪洋。”原来,我心中也有一片汪洋。只是,他太深邃,有时候看不见。

习惯了有妹妹在身边,习惯了说“我们”,习惯了同行,便受不住孤单。

那一夜,我在街边的电话亭打了电话给黄昏。我听到她来接电话的声音很清醒,却很疲倦。

她说:姐姐,我知道你一定会打电话回来的,所以,我一直等。

恩,那你快点去睡觉吧。姐姐也要睡了呢。

然后,我听到黄昏终于挂了电话。我仿佛可以看到她心满意足的表情。可以看到她守候在电话机面前一直等一直等。其实,姐姐并不想睡,姐姐只是害怕眼泪。黄昏,你知道吗?

我看了看表,那个时候,已经是凌晨2点……

那一夜,我决定将它遗忘。我想,起码在我回家的时候,可以开心地笑。可以高兴地告诉黄昏演出的成功。可以像她描述外面的霓虹,灿烂的烟花。

我不希望再看到破碎的美景,仿若那一夜的烟花,破碎的烟花。尽管美丽此起彼落,异常热闹。尽管人们在广场上在大街上,在一切拥挤的地方欢乐地呼喊。尽管一切都在欢腾。尽管只有我感觉寂寞。

我突然觉得自己变得很迟钝,如果不是一个人的孤单,那就不能算是寂寞了。

我在那一夜的街头放肆地笑,大声的哈哈地笑。我觉得这简直就是在自嘲。

那一夜,只是彻夜流连在城市的街头,看灯红酒绿,看纸醉金迷。

我一路对自己强调我忘记了那个夜晚，最后，在我下火车的片刻，我终于相信了自己的遗忘。我对来接我的黄昏开心地笑。就像我预期的一样。

我递给她从北京带来的纪念品。对她说，天天天蓝。

我不知道这算不算是欺骗。我只是希望永远看到黄昏天真无邪的笑脸。只是希望常常听到她温柔地对我说，天天天蓝。我没有把那一夜的烟花描述给黄昏听。没有告诉她北京整夜闪烁的霓虹。更不会告诉她天空原来可以扑朔迷离。我把他们转移到画纸上，然后看着笔尖流露出来如同图腾诡谲的、冶艳的画面，对自己说："你已经忘记了北京迷离的天空，忘记了北京烟火的夜晚，忘记了没有黄昏的孤单。"

于是，我还可以对黄昏说，天天天蓝。

我带着黄昏在朋友家里看《重庆森林》的时候，黄昏的浅色短裙终于染上了殷红的血色。我们在朋友家昏暗的厕所里拥抱，我怀抱着颤抖哭泣的黄昏微笑，我对她说："妹妹，你长大了。你拥有了一个作为女人的资格。我们应该高兴。"

客厅里面，王菲扭动着削瘦的身躯，听着吵闹的音乐。梁朝伟对着她大声说话……

那样的日子，天空总是很蓝很清澈，我们肆无忌惮。花园里的九里香开得很灿烂，它们静静地开放，静静地芳香，静静地陪黄昏守候天天天蓝……

3:十七年华

十七岁，当我第一次走进酒吧的时候，我就知道，我不再是那个需要黄昏安慰的孩子了。只是我不知道，对此，我应该庆贺还是悲伤。

也许谁也没办法想到，我的改变竟然是因为一只鸡，一只被无辜宰杀的鸡。

那一天，我陪母亲去菜市场买东西。母亲穿得很隆重，因为她即将结婚，在我和妹妹长大的日子。她又重新投入了新的婚姻。

那一天，男方向母亲下了聘礼。

我亲眼看着老板挑出一只肥大的老母鸡，他提着它的双翅，拿给妈妈看。那只鸡，就在老板手中挣扎，发出凄凉的尖叫。

看惯了悲欢离合，看惯了生离死别，那只鸡知道自己的命运，笼子里面其他的幸存者也知道它的命运。

它们很安静，他们也很安静。

惟独那只将死的鸡，凄厉地惨叫，用尽生命最后的力量做最无力挣扎和最无可奈何的哀求。

老板开始磨刀，那只鸡的叫声是前所未有的悲凉。它所剩的时间也许不过就只有那几秒，可是，到了那几秒，它都只能是绝望地度过，在恐慌和挣扎中垂死。它出生的时候，在它从蛋壳里出世的时候，它断然想不到，它的"鸡生"便只能是一场完整的绝望和临死的等待，别无其他。生命都无法苟全，何况幸福？

可悲的是，它到死都无法面对这样的现实。

当老板的刀伸向鸡的脖子的时候，刹时间，所有的时光仿佛停滞，所有的声音全部终止。那只鸡顿时变得无比僵硬，我看着鲜血从它脖子上的刀口如柱流出，我便知道，这只鸡完了，我们再也听不到它的任何声音。恐慌的，挣扎的，抑或是绝望的。它已经死了。

血很快就流完了，很快。我怎么也没想到所谓的"放血"就是这么快速并且残忍。那只鸡被扔进了滚烫的热水中，一下子就沉没在那个黑色的大坛子中，再也看不见。老板往围裙上擦了擦满是鲜血的手，回过头来朝我和妈妈微笑，他对妈妈说："夫人，烫过了以后，就可以拔毛了。"

妈妈点了点头，很满意的样子。

"老板，不如再给我称一只母鸡吧。"妈妈的声音荡漾起老板的笑容，他从容朝鸡笼子走去。笼内发出杂乱的叫声。我知道，那些鸡都感应到了杀气呢。

可是，那些今天或者明天的幸存者们，他们是在庆幸还是在绝望，又或者是在默哀呢？

当第二只鸡被扔进那只黑色的似乎无底洞的坛子时，原先的鸡已经被拔完所有的毛扔在了案板上。老板熟练地将它剁成数块。刀，锋利。飞快。那只刚死的鸡身上或许还带有原来的体温，只是，世界已经变得不一样了。

禽鸟摊特有的粪便味道和腥臭味熏得我的胃一阵一阵的灼烧和翻滚。我转身冲了出去，在街角拼命呕吐。从来没有接触过血腥的我抬起疲惫的头，却看到了旁边的野味店正在杀一只甲鱼，到处是血腥的场面。到处都是！

我忘记了那天我是怎么过来的，可是，我明白的知道，那天过后，夏日终于完成了生命的转变。

回到家的时候，黄昏很乖地过来帮忙提东西，然后去帮妈妈煮饭做菜，可是我不做这些，尽管我做的菜向来比黄昏做的要好吃，可是我不做。我打电话给班里一个追我的混混，我对他说："你今天晚上带我去喝酒。"也许他还算是个单纯的正人君子，他不断地问我为什么，问我是不是有心烦的事，问我怎么变了这么多，问我为什么愿意打电话给他。他说，像你这样没出来的混过的女孩子去酒吧很危险……后来，我摔给他一句话，我说，你不带我我就自已去。

后来，他答应了。这完全在我的意料之中。后来，我便去了酒吧。后来，我遇到了歌菲。

我终于知道，原来，没有出来混过的人去酒吧的确很危险，特别是女孩子。当很多混混围起来搭讪的时候,我完全不知道应该怎么招架。而带我来的那个人,他是个更加小的混混。他无能为力。所以,当歌菲出现的时候,一切就变的很理所当然。

他只是点了一支烟,然后轻轻说了声,“你们在干吗?”之后,我听见在场的所有人,包括那些小混混大混混还有台上唱歌的男子跳脱衣舞的舞娘全部叫他“老大”。我完全不懂得求助,也不知道该说什么话,我想,也许我会惹恼这些人。包括那个很帅气的老大。

可是,他只是回头看了我一眼,说了声,“别欺负小孩子了。”然后就离开,他坐到贵宾台去喝酒,身边有一个漂亮的女子挽着他的手臂。我一个人站在那里,显得有些格格不入。不过,我看清楚了那些女子的穿着,我知道,等我再一次踏入这个地方的时候,一切也会变得不一样。

我转身离开,那夜,我放弃了原本准备喝酒的念头。当我快要踏出门口的时候,一个小混混走过来,很礼貌地对我说:“小姐,我老大叫你以后别来这种地方玩了,他说这里不适合你。”

你老大?

就是刚才叫他们不要欺负你的那个。

他叫什么名字?

歌菲。

我说谢谢,然后离开。转身的时候,我又学到了一课,就是见风使舵,因为我清楚地看到,来告诫我的人和欺负我最凶最想拉我去跳舞的人,其实,就是同一个。不过,我感谢他,起码,他让我知道了,那个男子,叫做歌菲。

后来,我常常回忆歌菲当时的样子。清澈的眼睛,柔软的嘴唇。干净的头发,干净的脸,干净的衣服。手里夹着烟,看人的表情不屑一顾。

后来,我一直对自己说,在我看到歌菲的那一刻,我便确定了我们的关系。

谎话说了一百遍就成了现实,于是,我也渐渐不清楚,我是不是在看到歌菲的那一刹那,便知道了以后的故事。不过,我依然宁愿相信。虽然,那很有可能就只是一个谎言。

回家后,黄昏和妈妈都已经睡了,也没有人问我究竟去了哪里。我悄悄溜进房间的时候,黄昏刚好翻了一个身。我走过去帮她拉好被角,然后在我自己的床上睡下。一切,很平静。

第二次去酒吧的时候便是独自一人了,我穿得很诡异,并且化了淡淡的妆。走进去的时候,我听到有人在对我吹口哨。

那个被叫来告诫我的混混也在那里,他轻浮地笑,说:“小姐,你怎么屡教不改啊?”所有的人都哄堂大笑,可是,我当时不明白那句话有什么可笑的地方。等我知道了那些跟着笑的人都是他手下的混混的时候,我又上了一课,名字叫做阿谀奉承。

等我径直走到舞池附近，望向贵宾台的时候，我看到了歌菲，坐在最中间的位置，拿着烟点点我，叫我上去。

随后，便有人来带路，我感觉那很像台湾的爱情偶像剧——王子和灰姑娘。

面对歌菲，没有预想的紧张，他说，“你好，我是歌菲。”我也说，“你好，我知道你是歌菲。我是夏日。”“不过，我不知道你叫夏日。”我觉得我们的谈话很搞笑。他的女朋友一直坐在身边，很高雅地微笑。却仍然可以感受到风尘女子特有的气息和香味。她一直很不屑地窝在歌菲的怀抱中听我们的谈话，似乎我对她构不成任何威胁。到了后来，她甚至是留下我和歌菲两人单独在VIP房里而跑出去喝酒跳舞，仿佛一切都只是为了证明我抢不走她的男人。可是，她越是这样，我就越不甘心。

她离去的时候，歌菲坐到了我的身边。他离我就只有十公分那么近。他一直一直地盯着我看，我也盯着他，微笑着。

然后歌菲突然大笑起来，他说：从来没有一个女孩子敢盯着我的眼睛看这么久，你是第一个。

为什么？

因为，她们害怕我会看穿她们的心事。

之后，我们都在笑，好像很开心。歌菲突然安静下来的时候，我的心里突然一沉。其实，我并不是懂得伪装自己的人，并不是可以掩饰一切不让人察觉。我只是没有意识到歌菲在这些浮华的地方混了那么久，可以轻而易举看穿我，看穿很多人。我觉得我在突然间有点莫名其妙的心慌。

歌菲安静下来的时间不算长，可是我觉得过得很慢。

“你真是个单纯的小朋友，这是你的眼睛告诉我的。”

歌菲突然说出这句话的确吓了我一跳，也让我不知道还可以说些什么，回答些什么。不过他似乎并不需要我的任何回答。

“你可以给我你的电话号码吗？夏日。”这是歌菲第一次叫我的名字，我顿时发现他的声音很温柔，很成熟，很好听。

“嗯，”我接过他递过来的手机，在里面按了我的电话号码，又偷偷用他的手机拨了我的电话。

“那么，我的电话号码是……”没等他说完，我扬了扬手里的手机，按了回拨键，在他手机铃声响起的时候很是得意的笑。

“还蛮聪明的嘛。”他一边微笑一边说，然后我拼命点头，“可是，女孩子不要太聪明比较好哦。”歌菲撂下的话又一次让我哑口，我觉得他就是有这样的力量。

……

每每回忆起那个晚上，所记得的，似乎就只有这么一堆一堆的漫无边际的谈话和一队一堆漫无目的笑声。可是，后来，我却比任何人都要珍惜那个晚上所带给我的一切。

在我去了很多次酒吧之后，在我见了歌菲很多次之后，在我也不知道过了多久以后，家里便习惯了我的晚归，没有人追问。包括黄昏。她知道，她的姐姐夏日绝对不喜欢别人干涉她的生活。

我的妹妹总是很乖。总是很听话。总是很明白我。

歌菲的女朋友还是没有把我放在眼里，就算现在我已经可以喝很多的酒面不改色，就算我已经可以悠然自得地应对混混们的搭讪。她还是没有把我放在眼里。

于是，我对自己说，“歌菲是你的，你要加油。”

在我去酒吧的第十七个星期以后，我对歌菲说：“我喜欢你。我们可以在一起吗？”后来歌菲形容当时我的表情说我单纯得都变成蠢了。

我把准备送给歌菲的烟蒂的手机链递给他的时候，他说：不如你把你的名字写在那上面吧。我很听话，我在手机链子上写上我的名字——夏日。那一刻起，我知道自己逐渐沉落。可是，当我看见歌菲高兴如同一个孩子般玩弄刻着我的名字的烟头链子的时候，我感到前所未有的幸福和欢乐。

我一直追问为什么要把我的名字刻在烟头上，歌菲一直不肯说。知道很久很久以后，他靠在我的耳边，轻声告诉我：我想把你的名字永远叼在嘴边。当时我一直在笑，笑得很灿烂很温暖。可是，我没有注意到，写有我名字的烟头，是永远也不可能被歌菲叼在嘴边上的。

那一天离开酒吧的时候，我走在最后面。歌菲就走在我面前。他女朋友走在最前面。在楼梯拐角处，歌菲突然回过头来，轻轻吻了我的嘴唇，然后弯曲手指做出打电话的姿势，再用口型告诉我“今晚”。我觉得，我好像一个地下情妇。不过，我心甘情愿。

歌菲的女朋友还是在最前面走着，什么也没有察觉，我看到走在我前面的歌菲裤子后袋露出来我送给他的手机链子的一角，上面隐约可以看到我的名字——夏日。

［未完待续］

01 coffee篇

已经很久没有写字了，几乎忘了那曾经整夜对着电脑，敲着键盘，甚至可以落下泪来的日子。我本来是个敏感脆弱的孩子，甚至会为了飞鸟翅膀摇曳出来的风而伤感。只是不知道从什么时候开始，我习惯了坐在宽敞明亮的教室里上课，也能够一个人看完整场电影而不泪流满面，还可以早早爬上床乖乖的睡觉，不去胡思乱想其他的事情。这一切都在不知不觉中变得面目全非，我几乎已经忘记，我曾经是怎样的窝在漆黑空洞的房间用尽可能安全的姿势环抱住自己，流下了满地的泪水。

我试图起身去泡一杯浓浓的清咖啡，开始重拾原来的那些回忆与梦想，尽管我并不喜欢速溶咖啡里近乎让人窒息的味道，但我仍旧只是倒了一杯白水，毕竟我已经不是原来的我了。只是那些曾经让我痴狂的梦，从未磨灭。

流浪，无法到达的终点。

不记得是在哪里看过，每个人的一生都是在寻找一个起点和一个终点，如果我的起点无法选择，那么，我多么希望我的终点是没有理由的流浪。也许，只要能不停的行走，就会感到安全。

流浪的时候，去看绿色无边的麦田，坐在天边，看天空从湛蓝变成透彻的黑色。

记得有个人，曾伸出他的手，固执地对我说，你跟我走。在那个安静的夏日，一片白晃晃的青砖广场，有一个人说，要带我去流浪。然而，该泯灭的都已经消失不见，夏天的太阳炽烈地烤化了我所有的勇气,说过那句话的人消失不见,街陌巷尾,羽化而登仙。

第一次看见庆庆的时候,他从钱包里拿出一叠火车票。他说,这些都是我去过的地方。灿烂的微笑,阳光明媚,一种只有热爱流浪的人才会流露出的表情。后来网上遇见,我对他说,你应该买一张地图,用彩色的蜡笔在你去过的每一个地方画上标记。

他告诉我,我已经在地图上标了很多地方。这个时候,我仿佛看见他坐在电脑前面,嘴角微微地上扬。于是,忽然间就很想让他知道,我也偏执地热爱着流浪,只是我没有他勇敢。睡最便宜的床铺,吃最普通的食物,背着行囊,去目睹最美丽最绚烂的风景。西藏的天空,纯净且神圣。庆庆说他一定要去那里走一走,去看看那块在照片里感动了他无数次的净土。如果,到不了的地方都是远方,也许,西藏就会是一个不可企及的梦想,停留在远方,远离我的地方。

飘摇的风,寂静的夜,在某个简陋的屋檐下,哼唱最喜欢的歌。流浪的念头总是在我的脑子里乱撞,那个时候,我就偷偷把耳机塞进耳朵里,听空灵深邃的声音。热衷流浪的人应该都是孤独的,因为他们都会在热闹喧嚣的地方听到凛冽的风呼啸着刮过草原的声音,都会在黑夜与白昼交汇的时间想找到一颗流星带自己飞越钢筋水泥的监狱离开禁锢灵魂的噪音,都会在屋顶眺望着某一个方向数着天空上的飞鸟抚平支离破碎的忧伤。无端的眼泪,莫名的恐惧,缩在阴暗的角落看从窗口透射过来明明灭灭的光亮。热衷流浪的人想必都是孤独的,但是他们都揣着希望。

流浪人都在跋涉。浪迹天涯,没有港湾。走过无穷无尽的繁华与荒芜,寻觅长着洁白的翅膀唱着轮回骊歌的善良天使。在陌生的地方闭上眼睛,把细细簌簌的记忆化作氤氲的水气,弥漫在天地之间,幸福地说,我把记忆留在了每个我踏过的地方。熹微的晨光,恍惚间,也许,这就是天堂。

舞台,不可触及的战场。

我总是会做同一个梦,站在高高的舞台上,任凭镁光灯刺眼的明亮敲击我的瞳孔,心满意足地笑,笑着笑着泪流满面。那是我梦中的舞台,只属于我一个人的空中梦想。

仿佛还是夏天的样子,我躺在家里的柔软的沙发上悠闲地看着超女的比赛,十进八,八进六,六进五,一直到最后的总冠军决赛。后来,我已经不知道是在怎样的一种状态下看完这样的争夺。我始终觉得这是残酷的,甚至于有些可怕。每场比赛的结束,剩下的人在台上孤立无援地抱在一起,任凭简单的数字把她们的命运推向一个又一个的旋涡。这是怎样的一场残酷与被动呢?是怎样的鲜血淋淋,怎样的兵荒马乱?可是,比赛结束。看见她们的笑脸不断地涌现在各个城市的每一个角落,看见残酷过后每一张如花的笑靥,也看到了微笑中绽放的蔓延的无处不在的疲惫。

我默默地告诉自己,也许只有那种充斥着血腥与冷漠的战斗,才会成就出无限的光彩夺目,才能衍生出润泽的光环,这是应有的代价。

几年前,听朋友说起她已经开始自己打工,内容就是为不同的街头展台做临时的歌手。我听过她的声音,字字句句天使气息般的绝美跫音,缥缈的天籁。我羡慕地恭喜她找到了自己的梦想,可以自由自在地唱歌,那个时候,她只是安静地笑了笑,不知道为什么,我却看出了一种失落的无奈。等到几年后,我也有了机会去上她唱过的展台,站在台上,看下面路人的行色匆匆,偶尔驻足的也仅仅只是想凑个热闹。才明白朋友的那种失落源于何处。

这根本不是我想像中能独自起舞的舞台。

只听声音连歌手性别都无法区分出来的恶劣音响,夹杂沙尘不时狂卷的风,路人眼中的不屑与嘲讽,这真的与梦相去甚远。我在QQ里狠狠地打下一行字,早晚有一天,我会拥有梦想中的舞台。

我曾经找来无数的光碟,看各种各样的演唱会,看台上台下的一片陶醉。随即,我就会闭上眼睛,去感受这样的一场盛大与狂欢,甚至附和着轻声哼唱,唱尽所有的华贵与沧桑,唱尽沉沦与梦魇。

高三的那个假期,常年的压抑爆发的时光。我总是频繁地出现在各个KTV的包房,在昏暗的灯光下似有似无的舞台上实现为之癫狂的梦想,曲终人散的时候,我幼稚地骗自己说,终于,离梦想又近了一步吧。

然而,舞台终究是那个舞台,它没有变过。我依旧不能也无法靠近那耀眼的地方,因为我始终无法面对精彩背后的残酷与争夺。张惠妹有一首歌,名字让我许久不能释怀,叫做《空中的梦想家》。歌里唱,每个人都有一个梦,才不会孤单的说话。每个人都有一个家,才不会在梦里害怕。找个人说说话,不管秋冬春夏。只要有梦,就有天堂。

幸福,水蓝色的彼岸。

浅一在他的博客上说,我觉得coffee是个幸福的人。而我也习惯对每一个认识我的人诉说我的幸福,不错的,我是个幸福的人。

我有个世界上最好的妈妈。

自从有记忆以来,我就是在妈妈的疼爱下长大的。妈妈很爱我,近乎溺爱。我不断地享受,不断地贪婪。就在这样的爱里,我慢慢长大。每次说到妈妈,我都会词穷。尽管我很努力的想表达给她,我有多么爱她,就像她爱我一样,但是每次都会失败。我不明白为什么有些话对着自己最亲密的人却说不出口。一直到有一天,妈妈跟我说,等我长大,她老了的时候,她就会找个安静的地方住下。她说照顾老人是一件很累的事情,她不忍心看我累的样子。那一刻我是那么的难过,已经无泪。

我对许多人都说,我有钱以后会给妈妈买好多她最爱吃的东西,带她去周游世界,让妈妈快乐。

我没有告诉她，我有多么喜欢看见她笑的样子，可是，我长大后，这种笑容就越来越少了。我一度想证明给妈妈看，我说过的都是真的，妈妈只是不置可否地笑一笑，她说，只要你心里有妈妈就够了。

我爱妈妈。妈妈所给予的幸福是无人能及的。

我有个魔法师般的爸爸。

很小的时候，我总是很怕看见爸爸。我害怕和爸爸面对面地说话，害怕看见爸爸严肃的表情。爸爸和妈妈不一样，爸爸绝不会轻易地溺爱我，以致小时候的我以为，爸爸不爱我。

后来，直到有一天，一个阳光暖暖的下午，爸爸把我带到一个大房子里，告诉我，你不是说你喜欢落地窗吗，这里是你的新家，我觉得你会喜欢。一时间，眼泪铺天盖地。几年前，我曾不经意地告诉爸爸我很喜欢阳光从高大的落地窗射进客厅的感觉，几年之后，爸爸就用他的奋斗送给了我高大的落地窗和温暖的阳光。他像变魔法一样地给我变出这些，然后对我笑。那个时候，我看到了爸爸对我无法言表的爱。

我爱爸爸，这也是无疑的，他所带给我的幸福难以计算。那些无从描绘的，细微的，夹杂在每件事情中的幸福把我变成了太幸运的孩子，一直以来，爸爸都是我的偶像，一个伟大的魔法师，用各种各样的咒语给我变出无穷无尽的快乐。

我无数次地重复，无数次地讲给认识我的人，我是个幸福的孩子，我真的很幸福。

仍旧有许多爱我的人在给予我不同的幸福，所以，每一天，我都会努力地快乐起来。我想让爱我的人都快乐，这是我惟一能回报给他们的，幸福。

写完上面这些文字的时候，我轻轻地吸了一口气。也许，如果没有这些字，我再也不会翻出的梦和一直没有勇气说出口的爱就会这么沉寂下去。都说文字是记录的最好载体，我用心记录下了所有实现了或是没实现的爱。那些沉甸甸的梦，将承载着琐碎记忆与微小的勇气，长眠。

02 陌陌辛西娅篇

时间的穿行始终是如此波澜不惊的姿态。安然。于是想自己也没有任何波澜。看着工作室从初始的成立到如今终于结成正果。内心骄傲。

记得很多人中途的离开。带着现实和生存之中的垂首和无奈。不得不。于是知道不能挽留。只能站在原地，站在这个幸福源地的初生里目送然后继续。

可是那时候我那么想逃了。他们眼泪的温度侵没了我的手背。我失手将半杯水洒在了笔记本的键盘上。然后无法开机。我用了别人的电脑登陆，我说浅一我电脑坏了已经没有办法赶稿，其实我想说我累了我写不出东西了我不想再做了。然后我看着浅一和庆庆反复地告诉我,没有关系,没有关系,我们会等你。

浅一说卷首语我已经写好了,发给你们看。我安静地望着那篇简短的文字落下泪来。我说,浅一,写得很好的,真的很好,因为它我想要继续,并且就此坚定不移。

我掌心里握着所有离开了的人的祈望,——我们,终有一日可以看见彼此比樱花更灿烂的容颜。

庆庆说过,我们所有人,是要聚在一起的。

初始的时候,一起商定这本书的名字。浅一说,我想叫做《毋憷》,毋是不要,憷是害怕,就是我们都不要害怕的意思。

我想他一定翻了很久的字典吧。他真的很用心。他看到了我们各自的恐惧和不确定,然后告诉我们,不要害怕。

那天晚上我出去散步。出了门才发现正在下雨。空气里混合初春的灌木和泥土交杂的气息,湿润的触觉。我仰起脸伸出双手在空寂无人的操场上奔跑。速度之于灵魂的快感。在雨水里蒸腾成触手可及的完美梦幻。

我们只是在做自己喜欢的事情。我们无可惧怕。

贝斯说,我已经想到一幅《双生》的插画了,我说一幅就够了的,她说不,至少三幅吧。

我看着她为了让我更好地了解湖美拍来的一张张照片。是安静的地方,和想像中一样安和。我于是想,在那里生活着的贝斯,是以怎样的姿态,微笑静默地行走在那所安宁的校园里,她手指的温度,是否跟此刻的我一样,如此相合。

八月的时候。在北京见到浅一,庆庆,曲奇,还有阿离。

庆庆打开电脑给我看阿离做的封插。每一幅都是我喜欢的样子。浅一看出了我的疑虑。他说放心,贝斯做的手绘好好的在我那里放着呢。

然后进行的是书系的论坛建设。一整夜一整夜的修改。终于稳定下来。

我们唤它作浅一工作室的后花园——温暖的纪念。

看着越来越多的孩子加入到我们的行列。收稿邮箱丰满地微笑。浅一说,我整天待在电脑跟前都快人不像人鬼不像鬼了,你们千万别跟我一样。我触摸了一下自己的脸孔。它也已经无法归类于人或者是鬼了。可是如此充实而完整。此时此地,这就是生命的神性所在吧,我们始终都不知道它将如何降临及带来的终局。我们在一场未知的征途上,手牵着手继续。

记得一段话,很多人,很多事,原本是熟悉的,以为明天可以再继续的。于是转过身暂时放手,想的是明日又将重聚的希望。 太阳落下去重新升起来以前,那些事,就不可能再经历;那些人,就从此与你永别了。

在我们还足够年轻。足够有资格做梦的年纪。这样坚持一次。不是盲目。不是追逐。不是头脑发热。

我们已经看见在我们指尖传递的温暖。这是一场华丽的不离不弃。一场峥嵘的告慰跟依附。

当我双手合着十字仰脸看天空的颜色。已经可以看见所有人怒放的容颜。

穿指而过。生生不息。

北京

03 浅一篇

回首走过的路,笑望,好看。我想到了刘德华的一首歌曲:《世界第一等》。

我一直记得那些给予我帮助的人。

2005年4月23日,米你曲奇打电话跟我商量书的事情,先前我们都只是发的短信与电子邮件,听到米你曲奇的声音后我特意夸了她声音好听,结果这个JJ特得意地说:那是,我是北京的。

我当时就败过去,我说:你这不是欺负我乡下小孩吗?

2005年4月24日,这天中午我差点哭了起来,不是有人教训了我,也不是因为事情进展得不顺利,我知道有些事情必须得有等待的过程。

差点哭那是因为我收到了一封信。

信是云南宣威一个叫"小断"的女孩子寄来的,她说她很感动,她说她想起了一个词这个词就是"义无反顾",她最后说你们要加油,这些都无所谓,怎么说我也是一大学男生,怎么也不会随便被勾起眼泪,可在信的最里端是20元人民币。

突然我有种感觉,感觉自己好似街边的一小乞丐。

小断写:

浮光掠影的年华在指缝间摇曳
我们看见阳光洒下的斑斑点点
那是令人神醉的歌谣在吟唱
那是少年还未壮志的雄心在跳动
做自己喜欢并值得付出的事
用文字、画笔好勾勒出神圣的未来
所以心中充满期待的孩子都要自信

终有一天

我们会是美丽故事的主角

象征着一切的崇高与荣耀

其实在最开始的时候我们根本没想到要做这些，我们的小小想法就是找几个人筹集一些钱，然后把大家的文字印刷在一起不要书号只要100本就足够了，我们想这算是自己对热爱文字的一个交代吧，可事情并不是想像的这样。

当第一次我和深蓝在一起，我们去找个广告公司的时候才知道传统的印刷书是需要制版的，首印至少1500册，当时我和深蓝就败过去，这不是要好几万元吗？虽然我们的父母都不是穷人，可毕竟我们本身都还只是一群花着父母钱念书的学生。说真的，那些天我一直有点绝望，或者用个自己都不愿意使用的词就是“放弃”。

陌陌和庆庆都是在最开始的时候就加入工作室来的，中间有人进有人出，感觉像免费公园，人们想进就进想出就出。

我知道是生活打败了一些人的期望与心中的美好，可我一直相信信念是不死的，我对自己说：浅一，你是千里马，你只有不停的奔跑，才会有伯乐看见。

伯乐没有来，有一群的千里马已经开始跟着我奔跑了。

这多少让我欣慰。

念念说：没有人会因为追求梦想而受伤的。

后来的一天，陌陌对我说：浅一，我的笔记本电脑进水了，我无法完成那些稿子，和那些梦。其实我知道陌陌是累了，我想她是在想找个全身而退的借口，我没有劝说，我发了我刚写完的卷首语给她看。

让我该如何来向你讲述这是一个怎样的开始，梦想在张口。

许多孩子说这其实是我们共同的愿望，我知道。

有文学院将要毕业的学姐说这是我曾经的愿望，我也知道。

只是你知道做成一件事很难，何况是要成功。

那天有个初二的孩子汇了500元来说一哥你一定要支撑住，谁都不在了还有我。

的确，初二的孩子，500元人民币。这是一种怎样的欣慰。

累的时候会去操场给那些信鸽喂食，真好。

身边走过一位艺术系的女孩身着最新款的服饰。

我拿起手机想发信息对陌陌说,

看,有这么多的人支撑着我们呢。

我看着手机笑了笑没发信息。

这只手机还是两年前的款式,其实除了旧还是挺好看的。

有些人说哈哈这群孩子真是自不量力是在做梦。

的确,我还可以告诉你这个梦很美。

结束的时候我想起罗雪娟在还未出泳道时说过的一句话。

她说:感谢一直喜欢与憎恶我的人。

是你们教会了我坚韧与执著。

我知道在世界上想是不够,必须去做。

后来,米你曲奇说:这样的卷首语过于血淋淋,我不忍心。

于是我在卷首处将它们删掉了。

庆庆说:大哥,什么我都听你的,我会一直在你身边。

我知道庆庆在说这些的时候是认真,因为从认识以来他一直都是这样做的。我看了庆庆写完的《成长的疯狂一代》后才知道原来他不仅MM泡得好而且文章写得更棒,可在表面上我还是老教育庆庆说:不要将时间都花在认识一天下的MM上了,要工作,而且做人要低调。

庆庆在笔记本电脑面前说是,我都仿佛看见他点头的样子。

米你曲奇是4月份加进来的,她给我印象最深的一句话就是:你怎么不早些让我参与进来。我当时就败过去,我想并不是每个人都和陌陌、庆庆、我这样有勇气去做一个凡人看起来异乎寻常的事,而事实上我们凡得不能再凡了。米你曲奇又说:我看见了你的决心。

陌陌、米你曲奇在北京念大学,庆庆在武汉商贸学院念书,而我则在天津商学院念书,前两者的性染色体是XX,后两者是XY。

不管以后怎么样,在大学的这段日子我想我们会一直在一起的。

如果说我们五个人一直在一起,一直扮演着我们各自的温暖角色,coffee则是意外遇见的温暖。

2005年的8月底,我们所有的人聚在了一起。

就像陌陌在给庆庆的笔记本上写的:我们终于聚在了一起,我一直相信着你的相信,美好就要来了。

末了的时候我不忘补充了一句:2005年8月26日留于北京西城某旅社。

大家哈哈哈大笑，记下这个准确日子的时候我的内心是如此的温暖。

后来，就是做书的论坛，我是搞不清楚什么FTP、PHP等的，陌陌也是，可我们还是尽所有的能力把书的论坛给做出来了，真的不容易，真的。那天有半个小时的时间论坛不稳定，我在电脑这头急得眼睛都湿润了，我对陌陌说：你知道的，书与论坛就像我的孩子一样，我是那样的珍重与在乎，可我现在却是如此的无能为力。

陌陌说：笨笨一，不急，我们还有时间。

几天之后，陌陌把论坛的各个区都做了logo，还做了flash，还给主页背景加了音乐，9月7日之前在www.qian1.com申请ID的你们，见证到了论坛的完善了吗？

当然，后来我们又有了自己的名字：北十字。因此诞生了我们终极域名：www.atshi.com。

他们都说：笨笨一，你什么时候，才能长成真正意义上的男人呢？

2005年12月于

天津商学院翠西园学生公寓

北十字书系征稿启事

全书:生活中一切的因触摸而生的创作,用文字编织成的繁华或者忧伤的网。

征稿栏目:

[主打小说]——小说专区,关于人间各种情爱,错过,等待,暗恋,分手,伤疼,失而复得,相依为命……种种感情滋味,你的眼光,你的笔触。3000-8000字以上为佳。

[魔幻小说]——带有奇幻、另类、武侠色彩或者古典题材的小说及同人系列。儿女情长,英雄气概,血脉情深……都可尽显其中。3000-5000字以上为佳。

[短篇小说]——考验你玩转文字的能力。让你的思想跟笔触一样成为流水一样的铺展。500字以内。

[杂谈]——书信及日记形式,可以抒情可以纪实可以只是自己独自的呓语,要求感情真实,哀而不伤。字数可控制在千字左右。

[游记·杂谈]——行走路上的所见风情,可以写成游记的形式。也可以抒写个人人生路上的淡淡感悟和对电影、音乐等的体会感受。欢迎抒情式散文的体裁。字数不限。若以诗的形式抒写心情,300字以下为最佳。

[长篇连载]——小说的长篇连载,对写手的文字功底要求更高。

纸张稿件邮寄至:地址:北京市西城区德胜门后海西沿15号 <乐雯>收 邮编:100035

文字投稿邮箱:bei@atshi.com

插画投稿邮箱:shizi@atshi.com

有疑问请登陆北十字工作室网站www.atshi.com进行征询。

(京)新登字 083 号

图书在版编目(CIP)数据

毋憷/浅一著. —北京:中国青年出版社,2006

ISBN 7-5006-6514-8

Ⅰ.毋... Ⅱ.浅... Ⅲ.长篇小说—中国—当代

Ⅳ.I247.5

中国版本图书馆 CIP 数据核字(2005)第 148888 号

美编:瞿中华

责编:申永霞

*

中国青年出版社出版 发行

社址:北京东四 12 条 21 号 邮政编码:100708

网址:www.cyp.com.cn

编辑部电话:(010) 84015594 营销中心电话:(010) 64065904

新世纪印务有限公司印刷 新华书店经销

*

787×1340 1/24 9 印张 2 插页 180 千字

2006 年 2 月北京第 1 版 2006 年 2 月河北第 1 次印刷

印数:1—6000 册 定价:18.00 元

本图书如有任何印装质量问题,请与印务中心质检部联系调换

联系电话:(010)84047104